Laura Schick

BLONDINEN KÖNNEN ALLES. AUSSER GELD

Laura Schick

BLONDINEN KÖNNEN ALLES. AUSSER GELD

Warum finanzielle
Unabhängigkeit für Frauen
kein Luftschloss ist

So investieren
Sie erfolgreich
in Immobilien

FBV

Bibliografische Information der Deutschen Nationalbibliothek
Die Deutsche Nationalbibliothek verzeichnet diese Publikation in der Deutschen Nationalbibliografie. Detaillierte bibliografische Daten sind im Internet über http://dnb.d-nb.de abrufbar.

Für Fragen und Anregungen
info@finanzbuchverlag.de

1. Auflage 2023

Türkenstraße 89
80799 München
Tel.: 089 651285-0
Fax: 089 652096

Redaktion: Claudia Franz
Korrektorat: Silvia Kinkel
Umschlaggestaltung: Sonja Vallant
Umschlagfotos: Die Hoffotografen GmbH
Satz: Zerosoft
Druck: CPI books GmbH, Leck
Printed in the EU

ISBN Print 978-3-95972-490-6
ISBN E-Book (PDF) 978-3-96092-928-4
ISBN E-Book (EPUB, Mobi) 978-3-96092-929-1

Wir produzieren nachhaltig
www.m-vg.de

Weitere Informationen zum Verlag finden Sie unter
www.finanzbuchverlag.de
Beachten Sie auch unsere weiteren Verlage unter www.m-vg.de

INHALT

LIEBE LESERIN*

*Leserin, die/der/das: Frauen, aber nicht nur Frauen. Väter, Ehemänner und Lebenspartner ebenso. Frauen, die in der Ausbildung sind. Frauen, die bereits im Erwerbsleben stehen. Frauen, die sich aktuell um ihre Kinder kümmern und weniger oder nicht arbeiten. Frauen, die seit Jahren das Thema Finanzen vor sich herschieben. Frauen im Alter von 20, 30, 40 und auch 50 Jahren. Denn auch mit Anfang 50 ist es noch nicht zu spät, endlich die Verantwortung zu übernehmen, die notwendig ist für ein sorgenfreies und finanziell selbstbestimmtes Leben.

Liebe Leserin also,

jetzt erst recht. Die Zinsen steigen, die Inflation grassiert, der Wirtschaft droht eine Rezession. Und niemand weiß, welche ökonomischen Auswirkungen auf unseren Lebensstandard die kommenden Jahre mit sich bringen werden: Sie nicht, ich nicht und wer doch meint, er wisse Bescheid, der hat eine bessere Glaskugel zur Hand als unsereins. Ob Zins und Inflation bei 3, 5, 7, 9 oder wieder bei 0 Prozent liegen werden, steht in den Sternen. Ob unsere Arbeitsplätze weiterhin so sicher sein werden wie heute – wer weiß? Und ebenso wenig ist sicher, ob sich der deutsche Exportüberschuss auch in Zukunft auf dem Niveau des vergangenen Jahrzehnts halten wird. Nur eines scheint sicher:

Unsere Einnahmen werden in den kommenden Jahren auf jeden Fall weniger wert sein, denn wir werden uns mit dem, was wir monatlich verdienen, weniger leisten können.

Wenn unser Einkommen in Zukunft weniger wert sein wird, dann müssen wir uns *jetzt erst recht* um unsere Finanzen kümmern. Gerade jetzt wäre ein passives Einkommen gut. Es würde zu mehr Sicherheit beitragen und uns mehr Freiheiten bieten. Denn: Es würde *für uns* sorgen. Und umgekehrt: Sie müssten sich weniger Sorgen um finanzielle Engpässe machen, zumal in Zeiten, die alles andere als sorgenfrei sind.

Das ist ein unbequemer Einstieg, ich weiß. Sie haben wahrscheinlich etwas Erfreulicheres und Erbaulicheres erwartet. Aber man muss unbequemen Wahrheiten ins Gesicht sehen, um ihnen etwas entgegensetzen zu können. Und deswegen lege ich noch eine Schippe drauf: Alle müssen ihre Finanzen selbst in die Hand nehmen. Wir dürfen uns weder auf den Staat noch auf den Partner blind verlassen. Und das gilt erst recht für Frauen!

Noch immer investieren nämlich vor allem Frauen zu wenig Zeit und Geld in ihr eigenes Vermögen. Egal ob an der Börse, am Immobilienmarkt oder bei sonstigen Kapitalanlagen: Auf einen weiblichen Investor kommen in Deutschland im Durchschnitt zwei männliche Investoren. Dabei machen Finanzen Spaß, und zwar aus zwei simplen Gründen: Erstens schafft man sich damit finanzielle Freiheit – Freiheit von Alterssorgen, Freiheit von Geldsorgen, Freiheit von Abhängigkeiten (auch vom eigenen Partner). Und zweitens verschaffen Finanzen Befriedigung. Wie beim Sport gibt die tägliche kurze Routine Zufriedenheit, weil man etwas für sich und die eigene Zukunft und Unabhängigkeit getan hat.

Daher gilt ab sofort: Wir wollen erfahren, wie wir uns am besten um unsere Einnahmen und Ausgaben, um unseren Vermögensaufbau und damit die Grundlagen unserer finanziellen Unabhängigkeit kümmern. Sie werden sehen: Es macht Spaß, mehr über Geld zu erfahren. Wir wollen die wichtigsten Themen rund um Ihr Geld besprechen: Ihr Konto, Ihre Schulden, Ihre Investitionen und Ihr Vermögen. Und wir sollten uns ansehen, wie Sie Ihr Konto in Ordnung bringen, Ihre Schulden tilgen, Ihre Investitionen ankurbeln und Ihr Vermögen aufbauen.

Warum also sollten Sie dieses Buch lesen? Ich habe darauf eine Antwort: Weil die Wahrscheinlichkeit sehr groß ist, dass auch Sie zu der Mehrheit der Frauen gehören, die sich bisher nicht um Geld gekümmert hat. Sie sind finanziell unterversorgt. Sollten Ihre aktuellen Einkommensströme wegfallen, würden Sie wahrscheinlich schlecht dastehen – jedenfalls schlechter als die meisten Männer. Selbst gutverdienende Frauen, und davon gibt es immer mehr in unserem Land, haben keine ausreichende Altersvorsorge, verfügen über kein passives Einkommen und sind damit nicht finanziell unabhängig. Um Ihnen die Gefahren dieser Situation und Auswege daraus aufzuzeigen, ist dieses Buch da.

Dazu schauen wir uns an, wie und wo man am besten investieren kann. Mit kleineren genauso wie mit größeren Beträgen. Denn für jeden Geldbeutel gibt es Wege, mehr aus dem eigenen Geld zu machen. Die Regeln bleiben dieselben. Ob Sie 100 Euro oder 1000 Euro im Monat beiseitelegen können, spielt keine Rolle. Oder zumindest keine entscheidende Rolle.

Als Immobilienökonomin vertrete ich dabei eine klare Meinung: *Eine Frau, eine Wohnung*. Ich bin überzeugt, dass der Kauf einer Immobilie zur Kapitalanlage, also einer vermieteten Wohnung, der wichtigste Schritt ist auf dem Weg zu mehr finanzieller Unabhängigkeit und wirtschaftlicher Absicherung. Langfristig schaffen Sie sich mit einer eigenen Wohnung finanzielle Freiheit.

Deswegen wollen wir genau prüfen, welche Investitionen die wenigsten Risiken mit sich bringen. Denn was Männer können, schaffen wir erst recht. Zu lange haben wir Frauen uns darauf verlassen, dass andere unsere Rechnungen übernehmen. Damit muss Schluss sein. Sie und ich wollen selbstsicherer mit unserem Geld umgehen und dieses Wissen nutzen, um unseren Vermögensaufbau und unsere finanzielle Unabhängigkeit mit Spaß und Erfolg zu managen.

Kurzum: Ich möchte Sie wachrütteln. Ich möchte, dass Sie nach meinem Buch weitere Bücher lesen, neugierig werden, sich beraten lassen. Und ich möchte, dass Sie spätestens nach diesem Buch anfangen, sich mit Ihrer persönlichen finanziellen Unabhängigkeit zu beschäftigen. Ich will nicht, dass Sie sagen: »Ja, stimmt, ich sollte mich um meine Finanzen kümmern. Noch schlimmer: Ich *hätte* mich um meine Finanzen kümmern sollen – denn dann ist es längst zu spät.« Ich will, dass Sie es tatsächlich tun und investieren. Und zwar jetzt!

Ihre Laura Victoria Schick

TEIL 1
GOLDENE REGELN FÜR UNSERE FREIHEIT

Wir müssen über Verantwortung sprechen. Viele Menschen verwechseln Verantwortung und Verzicht. Wer Verantwortung übernimmt, muss mitunter verzichten. Aber nicht jeder Verzicht ist ein Ausweis von Verantwortung.

Meine erste eigenverantwortliche Handlung auf dem Weg zu meiner finanziellen Unabhängigkeit hatte rein gar nichts mit Verzicht zu tun: Ich habe investiert, ich habe eingekauft, ich habe einen Kredit aufgenommen. Darüber werden wir gleich zu Beginn sprechen.

Außerdem möchte ich einige wichtige Regeln aufstellen und Gründe benennen. Wir werden uns die *Sieben goldenen Gründe für unsere finanzielle Unabhängigkeit* anschauen und wir werden die *Sieben Imperative für unsere finanzielle Unabhängigkeit* kennenlernen. Diese »2 x 7«, also die Gründe und die Imperative, sind die Basis für unser Handeln auf dem Weg zu mehr finanzieller Eigenverantwortung. Wir werden in den weiteren Kapiteln des Buches immer wieder auf sie zurückkommen.

Und schließlich wollen wir darüber reden, dass aller Anfang schwer ist. Wir schieben Entscheidungen vor uns her, wir negieren die Notwendigkeit zu handeln. Um den Anfang zu erleichtern, steigen wir auch ganz behutsam mit einer Trockenübung ein. Wir wollen uns den Marshmallow-Test anschauen. Bei diesem Test geht es darum, ob Kinder die Geduld aufbringen, auf ein Marshmallow zu verzichten, wenn sie dafür nach einer bestimmten Zeit ein zweites Marshmallow erhalten. Und dann wandeln wir diesen Test um in einen Schuh-Test. Na, können Sie auf ein neues Paar Schuhe verzichten?

KAPITEL 1

MEIN SPRUNG INS KALTE WASSER

Ich bin 23 Jahre alt und stehe vor meiner ersten wirklich großen finanziellen Lebensentscheidung: kaufen oder nicht kaufen? Es geht um eine Wohnung – eine Kapitalanlage, also eine Wohnung, die ich nicht selbst bewohnen möchte, sondern vermieten werde –, um ein kleines Appartement in einem nicht besonders attraktiven Haus, in einem hässlichen Entlein sozusagen. Die Wohnung kostet 53 000 Euro. Hinzukommen 4000 Euro Nebenkosten. Ich habe alles in allem 24 000 Euro Eigenkapital. Ich werde mich also verschulden. Ich werde einen Kredit in Höhe von 33 000 Euro aufnehmen. Traue ich mich?

Auf meine erste Immobilieninvestition habe ich nicht jahrelang hingearbeitet, ich bin eher darauf gestoßen worden, weil niemand die Wohnung haben wollte. Die Wohnung war vermietet. Das Haus befand sich in guter Lage. Die Wohnung war sanierungsbedürftig und der Preis verhältnismäßig. Das Problem war nur: Die Mieterin ließ niemanden in die Wohnung. Ich habe angerufen, Briefe geschrieben, war vor Ort und habe geklingelt. Einmal habe ich sogar durchs Schlüsselloch geschaut, um sicherzugehen, dass alles mit rechten Dingen zugeht. Aber es war nichts zu machen. Funkstille. Entsprechend gering war das

Interesse potenzieller Käufer. Niemand war willens, eine Immobilie zu kaufen, ohne sie vorher gesehen zu haben. Mit Recht! Darüber werden wir noch sprechen. Denn: Blindkäufe sind ein Hochrisikospiel. Was also tun?

Da kam mir eine wahnwitzige Idee: Was, wenn du selbst die Wohnung kaufst und den Schritt ins Eigentum wagst? Der Preis war in der Tat interessant. Auch die übrigen Parameter passten: Die Wohnung war im ersten Stock – 33 Quadratmeter. Das Haus war, wie es sich für einen 70er-Jahre-Bau gehört, in unscheinbarem Grau verputzt und in einer ruhigen Seitenstraße im Berliner Stadtteil Tiergarten gelegen.

An dieser Stelle betrat ich also das Feld des Risikospiels. Denn ganz ohne Risiken gelingt keine Investition. Man muss dabei aber alle Faktoren, die sich berechnen lassen, unbedingt einbeziehen. Dadurch minimiert man selbstverschuldete Risiken. Ich habe kalkuliert und die Kosten der Wohnung mit meinem Eigenkapital, mit der notwendigen Finanzierung und mit dem schlimmsten anzunehmenden Ausfall, nämlich dem zu erwartenden Zustand der Wohnung bei Auszug der jetzigen Mieterin, gegengerechnet. Selbst wenn die Wohnung von Grund auf saniert werden musste, musste sich die Investition für mich rechnen. Es könnte also sein, dass ich nochmals rund 20 000 Euro investieren würde. Würde ich auch das schaffen? Für den Kauf sprach, dass ich die Wohnung nach der Sanierung deutlich besser vermieten könnte. Und selbst wenn die Wohnung bloß in einem verlebten Zustand wäre, würde ich sowieso sanieren, ehe ich wieder neu vermiete. Diese Rechnungen und Überlegungen schauen wir uns als nächstes genauer an.

Ich habe daher drei Berechnungen angestellt:

1. Ich habe die Gesamtkosten analysiert: Dafür habe ich auf die Gesamtkosten von 57 000 nochmals 20 000 Euro im Kopf draufgeschlagen. Ich kam zu dem Ergebnis, dass 77 000 Euro für eine sanierte, neu zu vermietende Wohnung in Tiergarten nach wie vor sinnvoll sind.
2. Ich habe die Finanzierung analysiert: Dafür habe ich geklärt, ob ich mit dem anfangs notwendigen Kredit in Höhe von 33 000 Euro bei laufenden Mieteinnahmen klarkommen würde. Würde ich. Und dann habe ich geprüft, ob ich mir die Kosten und den Ausfall der Mieteinnahmen während der Sanierung leisten könnte und wie viel Geld ich dafür zusätzlich benötigen würde. Auch das schien möglich.
3. Ich habe mich gefragt, ob ich mich traue. Jede Investition geht mit Risiken einher. Das Schlimmste, was mir bei dieser Investition widerfahren könnte, wäre ein »Totalverlust«, wie auch immer die Ursachen und die Gründe aussehen. Was also wäre, wenn Wohnung und Investition weg wären? Würde ich den Verlust meines Eigenkapitals von 24 000 Euro verkraften?

Vor allem die letzte Rechnung war für mich zum damaligen Zeitpunkt entscheidend. Es kam mir dabei weniger auf die reale kaufmännische Rechnung an. Vielmehr wollte ich sehen, ob ich mich psychisch übernehme. 24 000 Euro sind viel Geld – für mich war das damals wirklich sehr viel Geld. Ich war 23 Jahre alt und stand kurz davor, alles, was ich an Eigenkapital hatte, auf eine Karte zu setzen. Andererseits hielten sich die Risiken in Grenzen: Die Wohnung war vermietet, die laufenden Mieteinnahmen deckten die laufenden Ausgaben und sollte ich sanieren müssen, würden die dafür notwendigen Ausgaben durch die dann mögliche Miete gedeckt werden. Und außerdem sagte mir meine innere Stimme, dass ich dieses Risiko von 24 000 Euro eingehen durfte.

Also wagte ich mit 23 Jahren den Sprung ins kalte Wasser meiner persönlichen finanziellen Unabhängigkeit. Ich habe diesen Schritt bis heute nicht bereut. Und dieser Schritt war der Beginn einer aufregenden Reise. Von einzelnen Wohnungen hat mich mein Weg als junge Investorin später zu Mehrfamilienhäusern geführt. Im Laufe dieses Buches werde ich davon einiges berichten.

Jetzt sagen Sie ganz laut: »Aber!« Und dann verweisen Sie auf die Zinsen. Doch da muss ich Sie enttäuschen oder beruhigen – je nachdem, was Ihnen lieber ist. Die Zinslage war seinerzeit, als ich meine erste Wohnung gekauft habe, nicht viel anders als heute. Die Zinsen für Immobilienkredite lagen bei 3 bis 4 Prozent, teilweise noch darüber. Die besondere Situation der historisch niedrigen Zinsen, wie wir sie zwischen 2018 und 2021 erlebt haben, konnte damals keiner erahnen. Hätte ich etwa auf hoffentlich sinkende Zinsen und entsprechend steigende Preise warten sollen? Eben aus dem Grund, dass wir die Entwicklungen am Zins-, Aktien- und Investmentmarkt immer nur kurzfristig voraussagen können, gilt umso mehr, dass wir uns hinter den jeweils aktuellen Zinsen nicht verstecken dürfen (wir kommen im nächsten Kapitel zu dem Punkt der Ausreden). Die Zinslage ist weder Hindernis noch Voraussetzung für eine gute Investition, sondern einer von vielen Faktoren und Prüfpunkten, an denen Investitionen ausgerichtet werden. Für unsere Kapitalanlagen spielen hingegen die folgenden vier Faktoren eine ausschlaggebende Rolle:

1. Für jede kluge Investition benötigt man ein Mindestmaß an Eigenkapital (auch EK abgekürzt). Ich hatte 24 000 Euro angespart. Davon konnte ich kein Haus und auch keine große Wohnung kaufen. Mein Eigenkapital reichte nur für eine kleine Wohnung. Der Radius meines Investments wurde klar definiert von meinem EK.
2. Wer investieren möchte und dabei finanzieren muss, braucht neben dem Eigenkapital auch laufende Einnahmen. Ich hatte ein monatliches festes Gehalt. Dieses Gehalt – also ich mit meinen Fähigkeiten und meiner Arbeit – diente der Bank als Sicherheit. Die Höhe meines Gehaltes, abzüglich der laufenden Kosten für meinen Lebensunterhalt, war für die Bank der Gradmesser, wie hoch und wie riskant ich finanzieren durfte. Der Radius meiner Finanzierung wurde klar definiert von meinem Einkommen.
3. Wer in Kapitalanlagen investiert, erwartet eine Rendite. Die Rendite in meinem Fall waren die Einnahmen aus der Vermietung der Wohnung. Da ich mit meinem Einkommen eine Sicherheit hatte, mein Einkommen aber nicht für die Wohnung nutzen wollte, bestimmten die Mieteinnahmen im Verhältnis zu meinem monatlichen Kapitaldienst (Zins und Tilgung) die mögliche Höhe des Kaufpreises. Erst hier also bildeten die Zinsen einen Bestandteil meiner Rechnung.
4. Ich habe mit meiner Investition an meine Zukunft gedacht. Deswegen war ich jung beim Kauf meiner ersten Wohnung. Auch das ist ein wichtiger Faktor – wenn nicht der wichtigste Faktor – bei Investitionen. Wer früh investiert, hat einen weitaus längeren Finanzierungsho-

rizont – die eigene durchschnittliche Lebenserwartung definiert, wie viel Kredit man sich leisten kann, da die Banken gesetzlich verpflichtet sind, nur so viel Kredit zu vergeben, wie der Kreditnehmer im Laufe seiner statistischen Erwerbstätigkeit beziehungsweise statistischen Lebenserwartung zurückzahlen kann.

Diese Prüfpunkte sind deutlich konkreter und aktiver als die vagen und vorgeschobenen externen Gründe, auf die wir noch ausführlich eingehen werden. Wenn Sie nicht investieren, weil Sie nicht genügend Eigenkapital haben, ist das in Ordnung. Dann müssen Sie am Eigenkapital arbeiten. Wenn Sie nicht investieren können, weil Sie aktuell keine laufenden Einnahmen haben, dann müssen Sie daran arbeiten, eigenständige laufende Einnahmen zu bekommen. Das gilt entsprechend für fehlende Renditen und das Zeitmanagement. Sie sehen aber, dass diese Faktoren allesamt von Ihnen abhängen und nicht von Gründen außerhalb Ihrer Wirkungssphäre. Das bedeutet im Umkehrschluss: Wenn Sie nach diesem Prinzip an Ihre finanzielle Unabhängigkeit herantreten und Verantwortung für das übernehmen, was in Ihrem persönlichen Wirkungsbereich liegt, dann werden Sie auch Schritt für Schritt mehr Eigenverantwortung übernehmen und exponentiell an Freiheit gewinnen.

KAPITEL 2

VERANTWORTUNG: JA. AUSREDEN: NEIN.

Rede ich zu viel über Geld? Eben das ist das Problem. Wir Frauen überlassen Finanzthemen lieber anderen – das kann der Freund, Partner oder Ehemann sein, der Banker oder auch der Staat, auf den wir gern blind vertrauen. Dabei sind wir Frauen es, die es besonders nötig haben, sich um die eigenen Finanzen zu kümmern. Das hat sieben handfeste Gründe – ich nenne sie die sieben goldenen Gründe dafür, dass wir Frauen etwas unternehmen müssen!

DIE SIEBEN GOLDENEN GRÜNDE FÜR UNSERE FINANZIELLE UNABHÄNGIGKEIT

1. Frauen leben länger. In Deutschland liegt die durchschnittliche Lebenserwartung von Frauen bei 83,6 Jahren und von Männern bei 78,9 Jahren. Frauen haben im Alter also rund fünf Jahre länger zu leben. Daher benötigen sie auch entsprechend mehr Geld, wenn sie ihren Lebensstandard beibehalten wollen.

2. Frauen verdienen oftmals weniger als Männer. Der sogenannte Gender-Pay-Gap ist in Deutschland weiterhin sehr stark ausgeprägt. Noch immer verdienen Frauen – unbereinigt – rund 18 Prozent weniger als Männer.
3. Es gibt mehr Frauen als Männer, die gar kein Geld verdienen. In Deutschland verdienen rund 5 Prozent aller Männer und 10 Prozent aller Frauen gar kein eigenes Geld. Es gibt also doppelt so viele Frauen wie Männer in Deutschland, die komplett von Zahlungen Dritter abhängig sind.
4. Frauen bringen mehr Zeit für Kinder und die Pflege Angehöriger auf und haben daher weniger Zeit für bezahlte Arbeit als Männer. Rund 70 Prozent aller ehrenamtlichen Pflegenden sind Frauen. Bei der Elternzeit sind die Zahlen noch deutlicher: Lediglich ein Viertel aller Menschen, die Elternzeit in Anspruch nehmen, sind Männer. Entsprechend mehr Frauen verzichten während der Pflege von Angehörigen beziehungsweise während der Elternzeit zumindest auf einen Teil ihres Einkommens.
5. Frauen stehen bei Trennungen oft schlechter da als Männer. Die Gründe haben wir benannt: Frauen verdienen weniger, mehr Frauen als Männer haben gar kein eigenes Einkommen, Frauen kümmer n sich mehr um die Pflege von Angehörigen und Kindern, und Frauen leben länger als Männer. Darüber hinaus stehen viel häufiger die Männer allein im Grundbuch, weil sie schon vor der Partnerschaft eine Immobilie besaßen, in die die Frau mit eingezogen ist.
6. Um frei und unabhängig leben zu können, muss man auch die finanziellen Grundlagen dafür haben – oder sie für sich schaffen. Andernfalls wird man nie unabhängig von den Entscheidungen Dritter – sei es des Partners, der Eltern, des Arbeitgebers oder des Staates.

7. Finanzielle Unabhängigkeit ist die beste Vorsorge gegen Familienstreit. Es tut Beziehungen nicht gut, jede Ausgabe mit dem Partner besprechen zu müssen. Wenn beide Seiten in Geldfragen frei agieren können, gibt es deutlich weniger Konfliktpotenzial in der Partnerschaft und umgekehrt viel bessere Voraussetzungen, um langfristig zusammen glücklich zu sein.

Es gibt zu jeder Zeit eine gute Ausrede dafür, *nicht* zu investieren. Denn im Suchen und Finden von Ausreden sind wir Menschen Meister. Ich wage nicht zu beurteilen, wer besser darin ist: Männer oder Frauen. Obwohl die meisten von uns wissen, wie wichtig die eigene Unabhängigkeit und Freiheit sind und obwohl wir wissen, dass *finanzielle* Freiheit und *finanzielle* Unabhängigkeit einer der wichtigsten Schlüssel dazu ist, finden viel zu viele Frauen immer wieder einen Grund, warum *jetzt* nicht der richtige Augenblick dafür ist. Sätze wie »Ich kann das doch gar nicht«, »Ich kümmere mich derzeit um die Kinder«, »Ich verdiene zu wenig« sind uns allen geläufig, wenn nicht laut ausgesprochen, dann zumindest in unseren Gedanken.

Oder die Ausrede lautet: »Ja, damals war es leicht, eine Wohnung zu kaufen.« Vielleicht haben Sie das eben auch gedacht, als ich Ihnen von meinem ersten Immobilienerwerb berichtete. Dabei konnte ich damals genauso wenig wie jeder andere wissen, wie sich die Märkte entwickeln würden. Und das gilt für alle Märkte – beispielsweise für den Immobilienmarkt, die Aktienmärkte oder die Nachfrage nach Kryptowährungen. Rückblickend sind immer alle klüger. Nur rückwirkend lassen sich eben auch keine Investitionen vornehmen.

Daher gilt für uns das Gegenteil: Lassen wir die Ausreden, warum jetzt nicht der richtige Zeitpunkt für Investitionen ist. Es gibt nie den falschen Zeitpunkt für Investitionen. Vielmehr ist es immer richtig zu investieren. Die Aufgabe besteht also darin, herauszufinden, welche Investition für einen persönlich die richtige ist.

Denn jede Ausrede gegen Investitionen ist eine Ausrede, sich nicht um die eigenen Finanzen kümmern zu müssen. Und das gilt insbesondere für uns Frauen. Wir mögen gut ausgebildet sein, leben aktiv, bewusst, gesund und verantwortungsvoll – bis auf eine Verantwortung, die wir viel zu häufig ignorieren: *die Verantwortung für unsere wirtschaftliche Basis.*

Ein eigenbestimmtes Leben wird uns Frauen nur dann gelingen, wenn unsere Finanzen stimmen. Die Voraussetzung dafür ist, dass wir uns auch darum kümmern – und das tun die Menschen grundsätzlich viel zu wenig, und wir Frauen insbesondere. Viel zu wenige Frauen haben am Ende eines harten Arbeitslebens etwas Nennenswertes zurückgelegt – und wir verdrängen die Rentenlücke Monat für Monat, Jahr für Jahr. Entsprechend höher ist das Risiko für Frauen, von Altersarmut betroffen zu sein: In Westdeutschland sind 18,2 Prozent der Frauen über 65 Jahre von Altersarmut gefährdet, während der Anteil der Männer in der gleichen Alterskohorte bei 13,7 Prozent liegt (14,4 und 13,0 Prozent in Ostdeutschland). Auch die absoluten Zahlen sprechen für sich: Ende 2019 bezogen 561 969 Personen Altersgrundsicherung. Davon waren 243 654 Männer und 318 315 Frauen.[1]

Ausreden, nicht zu investieren, finden sich immer. Mal sind es – so auch aktuell – die Zinsen, mal die Preise, mal die Aktienkurse, mal politische Unsicherheiten. Daher gilt für jede Investition: Wir dürfen uns nicht hinter dem Marktumfeld verstecken. Wir prüfen jeden vermeintlichen Grund gegen den Weg in die finanzielle Unabhängigkeit darauf, ob er ein tatsächlicher Grund ist oder eine Ausrede.

Jede und jeder in unserer freien Gesellschaft sollte zu jedem beliebigen Zeitpunkt damit beginnen, mehr Eigenverantwortung zu *übernehmen* und den ersten Schritt zu finanzieller Freiheit zu *unternehmen*. Wir müssen dafür verstehen, dass jeder Beitrag – und mag er auch zu Beginn klein ausfallen – ein Baustein ist auf dem Weg in diese finanzielle Unabhängigkeit. Denn mögen die anfänglichen Beträge noch so klein sein, sie bewirken auch, dass wir uns mit dem Thema der finanziellen Unabhängigkeit ab sofort auseinandersetzen und uns Schritt für Schritt ein Bewusstsein für die wirtschaftliche Basis unseres Lebens schaffen.

Wir werden uns in den kommenden Kapiteln mit den einzelnen Themengebieten der finanziellen Unabhängigkeit intensiv beschäftigen, und ich habe die einzelnen Schwerpunkte in einzelne Blöcke zusammengefasst. So kann man bequem Woche für Woche lesen – oder auch mal springen, wenn man sich mit einem Themengebiet intensiver beschäftigen möchte. Wichtig ist dabei, dass dieses Buch nur eine Grundlage sein kann, damit Sie selbst aktiv werden. Ich möchte Ihnen Mut machen: Sie müssen etwas ändern und etwas dafür aktiv *tun*. Jede Einzelne von uns sollte etwas an den eigenen Einstellungen zu Geld und Finanzfragen ändern. Solange wir nämlich unsere Ausgaben und unsere Bereitschaft zu investieren nicht anpacken, wird ein verantwortungsvolles und eigenbestimmtes Leben weiterhin eine Utopie bleiben, von der wir uns mit immer neuen Ausreden fernhalten.

Für unser *Tun* gibt es sieben Voraussetzungen, die wir uns einprägen wollen. Ich werde diese Voraussetzungen in den folgenden Kapiteln immer wieder ansprechen – sie bilden das Fundament dafür, um endlich in finanziellen Angelegenheiten unabhängig zu werden. Mein Ziel dabei ist klar: Ich möchte, dass Sie die Bedeutung des ökonomischen Handelns im Eigeninteresse verinnerlichen und umsetzen. Denn auch hier gilt: Nur in der Theorie zu wissen, dass es für Sie notwendig ist, sich um Ihre Finanzen zu kümmern, wird Ihnen nicht weiterhelfen. Sie müssen aktiv werden. Und dafür brauchen Sie folgende Grundlagen – ich nenne sie die sieben Imperative für unsere finanzielle Unabhängigkeit:

DIE SIEBEN IMPERATIVE FÜR UNSERE FINANZIELLE UNABHÄNGIGKEIT

1. Sie benötigen die Bereitschaft, sich Geldfragen zu widmen, statt sie zu verdrängen. Ich beglückwünsche Sie! Den ersten Schritt in die richtige Richtung haben Sie soeben getan: Sie lesen dieses Buch und schaffen so die Basis für Ihre finanzielle Unabhängigkeit.
2. Sie müssen sich offen und mit klarer Analyse einen Überblick über Ihr eigenes Einkommen und Ihr aktuelles Vermögen verschaffen. Dabei gilt ganz klar: Es geht um *Ihr* Einkommen und *Ihr* Vermögen. Bitte rechnen Sie nicht mit, was Ihr Partner in eine Partnerschaft oder Ehe einbringt!
3. Sie müssen erkennen und akzeptieren: Finanzielle Freiheit erlangen Sie nur, wenn Sie neben Ihrem Erwerbseinkommen auch zusätzliche Einnahmen erzielen. Dazu gehören Zinsen (die es in den vergangenen Jahren schwer hatten), Dividenden, wenn Sie ein Aktiendepot aufbauen, oder eben auch Mieteinnahmen, wenn Sie in eine Immobilie investieren.
4. Sie müssen auch die Kehrseite erkennen und akzeptieren: Sparen ist nicht immer gleich »Sparen«. Auf der einen Seite wird Ihnen Sparen allein nicht helfen. Denken Sie dabei bitte an die berühmte »schwäbische Hausfrau«. Die schwäbische Hausfrau mag zwar spar-

sam sein, sie baut damit aber kein eigenes Vermögen auf, sondern schafft nur die Grundlage für weitere Investitionen. Auf der anderen Seite müssen Sie Konsumschulden vermeiden. Kredite sind nur dann gut und sinnvoll, wenn Sie für Investitionen genutzt werden, um ein Vermögen aufzubauen.

5. Sie müssen lernen, in sich selbst zu investieren (das Thema wird immer wieder ein zentraler Punkt auf den folgenden Seiten sein). Das tun Sie bereits, indem Sie lernen, sich mit Finanzthemen zu befassen. Denn damit investieren Sie in Ihr Wissen.
6. Und Sie müssen lernen, in Ihren Vermögensaufbau zu investieren. Dafür müssen Sie zwei Fakten akzeptieren: Erstens reicht in Deutschland die gesetzliche Rente nicht aus, um ein auskömmliches Leben zu führen. Zweitens ist es viel zu riskant, sich auf die Einnahmen seines Partners zu verlassen. Denn finanzielle Abhängigkeiten sind die falsche Grundlage für eine gesunde Beziehung. Daher brauchen Sie Sachwerte als Grundlage Ihres Vermögens, Ihrer finanziellen Unabhängigkeit und Ihrer wirtschaftlichen Freiheit.
7. Sie werden sehen, dass dieses Buch ein feministisches Buch ist. Ich möchte, dass Sie als Frau die Verantwortung übernehmen, die Ihnen zusteht. Überall übernehmen Frauen immer mehr Verantwortung, sei es in den höchsten Staatsämtern, in der Wissenschaft oder in Kultur und Medien. Beim Thema der eigenen Finanzen aber denken auch qualifizierte, moderne Frauen oftmals noch so wie ihre Großmütter und Urgroßmütter: »Der Mann wird es schon richtig machen.« Ich sage: Schluss damit. Wir Frauen können auch mit Geld umgehen

KAPITEL 3

ÜBER GELD SPRICHT MAN NICHT. ODER ETWA DOCH?

Meinen Glückwunsch. Sie sind jung, gut ausgebildet, erfolgreich und leben im Hier und Heute. Noch nie in der Geschichte hatten Sie als Frau so viele Möglichkeiten. Denken Sie an Ihre Großmutter – was hatte die für gesellschaftliche Zwänge. Ihnen hingegen liegt die Welt zu Füßen. Leben Sie!

Und nun mein Beileid. Sie müssen schon jetzt Geld für später zurücklegen. Sie müssen *jetzt* ein Vermögen aufbauen. Sie müssen sich *jetzt* um Ihre finanzielle Unabhängigkeit und Ihre Altersvorsorge kümmern. Sie müssen *jetzt* lernen, mit Geld und Finanzen umzugehen. Sie brauchen Kapitalanlagen.

Sie werden sehr lange leben, im Durchschnitt länger als ein Mann. Sie haben im Durchschnitt weniger Jahre gearbeitet als ein Mann. Und Sie haben im Durchschnitt weniger Einkommen als ein Mann. Klar, für Sie gilt das nicht – Sie verdienen mehr und werden genauso lange arbeiten wie Ihre männlichen Kollegen. Umso besser. Dann wird der Weg zur finanziellen Freiheit für Sie umso leichter.

Wie viel Geld Sie beiseitelegen sollten, wollen wir gemeinsam herausfinden. Da geht es sowohl um absolute Zahlen als auch um Prozente. Natürlich gilt: je mehr, desto besser. Aber es gibt Tipping-Points, ab denen Investitionen in die Altersvorsorge zum Vermögensaufbau und zur finanziellen Unabhängigkeit beitragen. Umgekehrt gilt das Gleiche: Knausern Sie in den kommenden Jahren an der Vorsorge zugunsten kurzfristiger Konsumausgaben, wird sich das später rächen. Irgendwann ist ein Punkt erreicht, ein anderer Tipping-Point, ab dem Sie nicht mehr genügend Zeit bis zum Ruhestand haben werden. Dann heißt es plötzlich: Konsum einschränken! Das will keiner freiwillig tun. Also lernen wir, vorzusorgen.

Sie glauben mir nicht? Eine Zahl sagt manchmal mehr als alle Argumente: In ganz Deutschland gibt es nur 61 Rentner, die mehr als 3000 Euro Rente im Monat erhalten – 52 davon leben in Westdeutschland, 9 in Ostdeutschland.[2] Alle anderen deutschen Rentner beziehen weniger als 3000 Euro Rente im Monat. Das hat mit mehreren Faktoren zu tun. Die maximal mögliche Rente setzt sich neben den gesetzlichen Bemessungsfaktoren aus den geleisteten Beitragsjahren und der Höhe des monatlichen Einkommens zusammen. Das heißt: Um die Maximalrente zu erhalten, muss man laut gesetzlicher Theorie 45 Jahre lang in die Rentenversicherung einzahlen. Das ist grundsätzlich nicht bei allen Arbeitnehmern der Fall – und bei den meisten Frauen erst recht nicht. Zweitens aber hat der Staat inzwischen die Höchstrente de facto beschränkt. Die Bemessungsgrenze für die Rentenhöhe ist gedeckelt und liegt im Westen bei 6700 Euro und im Osten bei 6150 Euro Monatseinkommen. Das bedeutet: Jeder Euro, der darüber hinaus verdient wird, wird für die späteren Rentenansprüche nicht berücksichtigt. Selbst wenn man 45 Jahre lang 6700 Euro im Westen beziehungsweise 6150 Euro im Osten oder mehr Monatseinkommen erzielt, kann man heute nur noch 2724 Euro im Westen beziehungsweise 2623 Euro im Osten Rente erhalten.

Machen wir uns also nichts vor: Eine Rente von mehr als 3000 Euro im Monat zu erhalten, ist praktisch unmöglich, und für uns Frauen sogar beinahe utopisch. Umso wichtiger ist es, dass jede von uns selbst vorsorgt.

Dabei gilt auch noch folgende Regel: Wer jetzt schon ein gutes Gehalt hat, muss umso mehr für sich selbst sorgen. Denn erstens kommen die Mehreinnahmen der späteren Rente nicht zugute. Und zweitens müssen Besserverdiener auch für die Pflege Ihrer Eltern aufkommen.

Klartext: Wenn Sie gut verdienen, dann müssen Sie das nutzen, um später mehr Geld zu haben. Sie müssen einen Teil Ihres monatlichen Gehaltes darauf verwenden, ein Vermögen aufzubauen. Und wenn Sie wenig verdienen, gilt diese Regel erst recht: Legen Sie monatlich etwas beiseite, damit Sie später genug zum Leben haben.

Ihren bisherigen Erfolg in Ausbildung und Beruf verdanken Sie sich selbst: Sie, angelernt und begleitet von Eltern und Großeltern, haben in Ihre Bildung investiert, und das tun Sie auch weiterhin. Sind Sie Ärztin? Dann machen Sie mit Sicherheit regelmäßig Fortbildungen, vielleicht planen Sie auch die Ausbildung zum Facharzt. Sie haben sich selbstständig gemacht und führen ein Ladengeschäft? Sie sind Angestellte in einem Unternehmen und klettern Jahr für Jahr die Karriereleiter ein Stückchen höher? Wahrscheinlich (hoffentlich) schauen Sie auch unabhängig von Jobtiteln in Ihrem Unternehmen, dass Sie in Ihrem Beruf kontinuierlich neue Impulse erhalten. Sie hören also nach der abgeschlossenen Primärausbildung keineswegs auf, weiter zu lernen. Vielmehr investieren Sie kontinuierlich in Ihre Bildung und Ihren Werdegang.

Das Gleiche gilt für Ihre Finanzen. Ihr bisheriger Werdegang ist der Grundstein dafür, dass Sie ein gutes Einkommen haben.

Müssen Sie sich also fortan um nichts mehr kümmern? Ihr Einkommen ermöglicht es Ihnen, wirtschaftlich auf eigenen Füßen zu stehen. Aber wie bei Beruf und Bildung darf man sich auf seinem Einkommen nicht ausruhen. So wie Sie Ihre bisherige Bildung für Weiterbildung nutzen, so müssen Sie Ihr Einkommen dafür einsetzen, Mehreinkommen zu erzielen. Ihr finanzieller Grundstock sind Ihre aktuellen Einkünfte. Der Großteil besteht aus Ihrem monatlichen Gehalt. Nutzen Sie diese Einkünfte nicht nur für Konsum, sondern auch für den Aufbau eines Vermögens.

Wenn Sie dieses Buch lesen, werden Sie hoffentlich eines lernen (oder zumindest akzeptieren): Finanzen ergeben nicht nur Sinn, sondern machen auch Spaß. Ruhen Sie sich nicht darauf aus, dass Ihnen Mathe nicht lag. Das ist Ihrer nicht würdig. Sie müssen Ihr wirtschaftliches Dasein genauso organisieren und strukturieren wie Ihren Beruf, Ihr Privatleben und Ihr Fitnesstraining. Dazu gehört auch, dass Sie sich einen Überblick verschaffen – über die Eckdaten Ihrer Teilhabe am wirtschaftlichen Leben, über Ihre Einkünfte und Ausgaben, über Ihre Erwartungen und Bedürfnisse, über die Möglichkeiten, mehr aus Ihrem Geld zu machen.

Unser Ausgangspunkt ist folgender: Es gibt ein aktives Einkommen und ein passives Einkommen. Das eine erzielt man durch aktive zeitliche Tätigkeiten. Es setzt also einen aktiven Zeitaufwand voraus – in den meisten Fällen durch die tägliche Arbeit. Das andere erfordert keinen unmittelbaren zeitlichen Aufwand und umfasst damit Investitionen, die langfristig Früchte tragen. Das aktive Einkommen ist der Lohn für Ihre Arbeitszeit, das passive Einkommen ist der Lohn für Ihre Investitionen.

Wir wollen es schaffen, dass die Bedeutung Ihres passiven Einkommens in den kommenden Jahren und Jahrzehnten wächst. Das geschieht nicht von allein, sofern Sie nicht großbürgerlich erben – und wer tut das schon! Unser Ziel ist schlicht: Wir wollen erreichen, dass Sie im Laufe Ihres Lebens mehr Geld aus unterschiedlichen Töpfen zur Verfügung haben. Was Ihnen das bringt?

Individuelle Freiheit und finanzielle Unabhängigkeit – das sind unsere beiden Ziele. Ich habe in den vergangenen Jahren eines schätzen gelernt: die Freiheit, mich den Projekten und Aufgaben zu widmen, die mir wirklich etwas bedeuten. Ich habe auch gelernt, Prioritäten zu setzen und mir ab und an etwas zu versagen. War das schlimm? Eher war es lehrreich und stärkend. Wenn ich etwas nicht getan habe, zu dem mich der menschliche Kleinmut verführen wollte, bin ich daraus nicht unzufrieden, sondern freier und unabhängiger hervorgegangen. Das wünsche ich auch allen meinen Leserinnen. Sie haben es verdient, auf eigenen Beinen zu stehen. Solange Sie aber keinen Überblick über Ihre Finanzen, über Ihren Wohlstand und Ihre Vorsorge haben, wird das nicht möglich sein.

Was aber ist mit dem Großvater, der Großmutter, dem Vater, der Mutter, dem Ehemann, dem Bruder – ist dieses Buch nicht auch an sie gerichtet? Da kann ich nur eine Antwort geben: natürlich. Sie wünschen sich nichts anderes als eine selbstständige und freie und unabhängige Schwester, Ehefrau, Tochter oder Enkelin. Daher ist alles, was ich Ihnen in den folgenden Kapiteln empfehle, genauso gültig für andere Leser. Finanzen, Altersvorsorge, Vermögensaufbau, finanzielle Unabhängigkeit – das geht uns alle an. Sprechen wir also darüber!

KAPITEL 4
DER SCHUH-TEST

*I've spent $ 40 000 on shoes and
I have no place to live? I will literally be
the old woman who lived in her shoes!*

Carrie Bradshaw, Sex and the City

In den 1960er-Jahren entwickelte der US-Psychologe Walter Mischel während seiner Zeit an der Elite-Universität Stanford den Marshmallow-Test. Kleine Kinder bekamen ein Marshmallow vorgesetzt und wurden vor die Wahl gestellt: Entweder durften sie das Marshmallow gleich essen oder sie warteten einige Minuten und bekamen dafür zwei Marshmallows. Es gibt unterhaltsame Videos im Internet von diesem Test und den verzweifelten Versuchen mancher Kinder, nicht sofort zuzugreifen. Aus dem Verhalten der Kinder hat Walter Mischel Rückschlüsse auf die Persönlichkeit der Kinder gezogen. Langfristige Untersuchungen ergaben, dass die Kinder, die den Test bestanden und das Marshmallow nicht gleich aßen, später auch erfolgreicher waren. Sie waren sportlicher und besser in der Schule. Sie waren bereit zu verzichten, um mehr zu bekommen. Auffällig war die soziale Komponente. Kinder, die das Marshmallow gleich aßen, stammten überwiegend aus bildungsfernen und ärmeren Familien. Kinder, deren Eltern höhere Bildungsabschlüsse hatten, warteten lieber ab. Der Test sagt viel aus über Impulskontrolle und Belohnungsaufschübe und wird entsprechend viel und kritisch diskutiert. Will ich die Süßigkeit unbedingt jetzt, gleich, sofort?

Was für Kinder das Marshmallow, ist für mich ein Paar Schuhe. Und deswegen fangen wir mit dem Schuh-Test an. Wir sollten am besten am Tag des Gehaltseingangs auf dem Konto beginnen. Der Monat ist fast vorbei, Sie haben viel gearbeitet und das Geld auf Ihrem Girokonto ist noch frisch. Was gibt es Schöneres, als nach Feierabend ein Paar Schuhe zu kaufen: sei es im Laden, im Shoppingcenter oder im Internet? Wenn es statt Schuhe eine Bluse oder eine Hose sein soll, ist das auch vollkommen in Ordnung. Es geht uns um ein klassisches Konsumgut für uns selbst, um etwas, worüber Sie sich freuen.

Ich träume seit einiger Zeit von neuen Sneakers. Ich habe zwar schon mehrere Paar, aber diese hier fehlen mir noch und sehen wirklich gut aus. Das sind keine Luxusschuhe, sondern von einer der gängigeren Sportmarken. Sie kosten um die 100 Euro. Unser Plan sieht also wie folgt aus: Ich hebe 100 Euro ab und gehe zum Schuhladen.

Nun sind Sie an der Reihe. Wissen Sie, was Sie gerne kaufen wollen? Wir reden übrigens von einer Preisspanne zwischen 80 Euro und 200 Euro. Es sollte aber tatsächlich ein Kleidungsstück oder ein anderes Accessoire sein. Bitte kein Kochtopf und auch kein neues Bügeleisen. Ein Accessoire zeichnet sich schon rein etymologisch dadurch aus, dass es nicht dringend notwendig ist. Sie suchen eine angenehme Ergänzung.

Was also haben Sie sich ausgesucht?

Und nun die zweite Regel: Das Geld, das Sie für den Kauf benötigen, müssen Sie tatsächlich abheben und bar dabeihaben. Wenn Sie mit EC- oder Kreditkarte zahlen wollen, wird der Test nicht funktionieren. Glauben Sie mir: Der Umweg über den Geldautomaten wird sich lohnen. Und ehe ich es vergesse: Stecken Sie doch bitte einen schlichten weißen Briefumschlag mit ein. Und los geht's.

Ich bin jetzt im Geschäft angekommen und probiere die neuen Sneakers an. Der Schuh sieht gut aus, die Farben gefallen mir – und bequem ist er obendrein. Eigentlich eine perfekte Investition und preislich vollkommen in Ordnung. Ich laufe zwei Mal am Spiegel entlang, da fragt die Verkäuferin bereits: »Nehmen Sie den Schuh mit?« Sie meint das rhetorisch. Sie sieht ja, dass mir der Schuh gefällt und der Preis in Ordnung ist. Die Sache müsste also eindeutig sein: Diese Frau kauft heute diesen Schuh.

Kommen wir noch einmal zum Marshmallow-Test zurück. Wir sind keine kleinen Kinder mehr, und ich kann daher nicht versprechen, dass sich die 100 Euro verdoppeln, wenn wir mit dem Kauf einige Minuten warten. Aber wir sollten uns den psychologischen Hintergedanken von Walter Mischel vor Augen führen. Ihm ging es darum, einen Zusammenhang zu finden zwischen ökonomischem und akademischem Erfolg auf der einen Seite und der Fähigkeit, sich selbst Belohnungen zu versagen oder sie zumindest aufzuschieben. Wer jetzt in diesem Augenblick auf ein Marshmallow verzichtet, wird später mehr Marshmallows haben. Bei Kindern genügt für diesen Test eine Süßigkeit. Wer Kinder oder Nichten und Neffen hat, kann den Test gern mal zu Hause ausprobieren. Er funktioniert hervorragend – auch mit MAOAM, nimm2 oder Smarties.

Meine These lautet: Wer jetzt auf ein Paar Schuhe verzichten kann, der wird sich später zwei Paar Schuhe leisten können. Wir müssen nur unseren Drang nach kurzfristiger Belohnung und sofortigem Konsum zügeln. Das Gehalt ist auf dem Konto, der Monat fast vorbei und trotzdem: Ich halte mich zurück.

»Ich muss noch überlegen«, antworte ich der Schuhverkäuferin und ziehe die Sneakers wieder aus. Das ist gelogen, denn ich habe vor, den Test erfolgreich zu meistern. Ich ziehe wieder meine eigenen Schuhe an und lege die Sneakers zurück in den Karton. Jetzt kommt es auf den Augenblick an. Schauen Sie sich das Preisetikett an und merken Sie sich die Summe. In meinem Fall sind es tatsächlich 100 Euro.

Der Test wäre kein Test, wenn ich ihn lediglich beschreiben würde, aber weder Sie noch ich ihn in Wirklichkeit durchspielen. Das gilt entsprechend für alle weiteren Überlegungen, die wir gemeinsam anstellen werden. Es ist wichtig, und ich wiederhole das ein letztes Mal, dass wir die Ideen auch wirklich in die Tat umsetzen. Also: Nicht nur das Kapitel lesen, sondern ausprobieren: Mit Bargeld und Briefumschlag ins Geschäft, Schuhe oder Rock oder Hose oder Shirt anprobieren – und *nicht* kaufen.

Ich bin raus aus dem Laden und habe nun die letzte Aufgabe des Tests vor mir. Ich nehme die 100 Euro, die die Sneakers gekostet hätten, aus meinem Portemonnaie und stecke sie in den Briefumschlag, den ich mitgenommen habe. Briefumschlag zukleben und in die Handtasche damit.

Ist das ein gutes Gefühl, das sich jetzt breitmacht? Ich habe soeben 100 Euro gespart, und wenn man rein geldtheoretisch an die Sache herangeht, sogar »verdient«. Denn das Geld hatte ich im Geiste bereits abgeschrieben und gegen ein Konsumgut – meine Sneakers – eingetauscht. Ich wollte mir diesen Kauf leisten, und da es sich um einen überschaubaren Betrag handelte, hätte ich es auch getan. Das hört sich vielleicht ein wenig paradox an, entspricht aber dem Grundgedanken der allgemeinen Geldtheorie: Geld ist ein Tauschmittel und damit nur der Ausdruck von bestimmten Werten und Gegenwerten. Was wir aus diesen Werten machen und wie viel uns ein bestimmter Gegenstand wann wert ist, müssen wir in vielen Fällen selbst entscheiden. Wenn ich also bereit war, 100 Euro für einen Schuh auszugeben und den geforderten Gegenwert in Tauschmitteln tatsächlich bei mir hatte, dann war die Entscheidung gegen den Kauf am Ende des Tages ebenfalls etwas wert – nämlich dieselben 100 Euro, die ich nicht ausgegeben habe. Mein Belohnungsaufschub beim Schuhkauf ist also 100 Euro wert.

Nun aber stecken diese 100 Euro in einem versiegelten Umschlag, ich habe sie also doch wieder nicht. Jedenfalls nicht für den Augenblick – und dasselbe gilt für Sie: Wehe, wenn Sie Ihren Umschlag vorzeitig öffnen!

Meine Empfehlung also, um den Test, den wir gemacht haben, erfolgreich zu beenden: Nehmen Sie daheim ein dickes Buch aus dem Regal und legen Sie den Briefumschlag hinein. Dann stellen Sie das Buch zurück und denken Sie für den Moment nicht mehr daran!

Jetzt übertragen wir die Erfahrung dieses kleinen Tests auf die vielen Ausgaben, die wir Monat für Monat haben und die uns als einzelne Kostenpunkte nicht schmerzen, am Ende aber zu größeren Beträgen werden. Es geht dabei nicht darum, dass Sie Ihren Konsum einschränken sollen. Niemand will aus Ihnen eine Krämerin machen, eine Pfennigfuchserin, die jeden Cent doppelt umdreht. Es ergibt auch wenig Sinn, auf alles zu verzichten, in der Hoffnung, dass man dann später mehr zur Verfügung hat. Natürlich dürfen wir unser Leben in vollen Zügen genießen – und dazu gehören auch Kleidung, Elektronik, Abonnements, Reisen, Feiern. Das darf jeder für sich entscheiden, da sind wir alle frei.

Die Frage, die wir uns aber stellen müssen, ist, ob die einzelnen Ausgaben uns in einen Konflikt mit unseren wirtschaftlichen Zukunftsplänen bringen können. Unser Ziel wird es sein, damit aufzuhören, ökonomisch in den Tag hineinzuleben. Wir wollen endlich verstehen, dass die Jahre, die hinter und vor uns liegen, auch ein ökonomisches Abenteuer sind. Wie jedes Spiel und Abenteuer, kennt auch dieses ein paar Regeln. Vor allem aber bereitet es Spaß und belohnt uns mit finanzieller Freiheit. Stellen Sie sich folgende Fragen – und antworten Sie spontan. Fangen Sie nicht an zu recherchieren. Stellen Sie keine Nachforschungen an, was zu welcher Kostenstelle gehört. Schätzen Sie, das genügt für den Anfang vollkommen:

> Wie viel geben Sie für Ihr Leben im Monat aus? Wie viel investieren Sie in Ihre Altersvorsorge und Ihre finanzielle Unabhängigkeit? Wie viel monatliches Einkommen benötigen Sie, um zufrieden zu sein?

Der zweite und entscheidende Schritt auf dem Weg zu mehr finanzieller Unabhängigkeit wird zudem sein, dass Sie das Geld aus dem Briefumschlag tatsächlich nicht anfassen können. Der Briefumschlag steht also symbolhaft dafür, dass Sie sich Ihr Vermögen selbst entziehen müssen. Wer ein Sparbuch mit einem monatlichen Abschlag hat, kennt das bereits: Der Aufwand, zur Bank zu gehen und etwas Geld abzuheben, überwiegt häufig die kurzfristige Notwendigkeit, Zugriff auf das Geld zu erhalten. Geld, das in einem versiegelten Umschlag liegt, ist nicht mehr so greifbar und daher besser geschützt. Das ist ein wenig wie mit dem Spruch »Gelegenheit macht Diebe«. Für uns gilt der Satz entsprechend: Gelegenheit macht Ausgaben. Also verzichten wir mit Bedacht darauf, zu viele Gelegenheiten für Ausgaben zu haben. Wir müssen darauf achten, dass wir auf das Geld, das wir zur Verfügung haben, nicht ohne Weiteres zugreifen können – oder zumindest auf einen Teil dieses Geldes, nämlich denjenigen Teil, den wir für unseren Vermögensaufbau und unsere finanzielle Unabhängigkeit verwenden möchten.

TEIL 2
HABEN ODER SCHULDEN

Ja, wir Frauen haben es schwer: Wir hatten und haben weiterhin in vielen Ländern weniger Rechte, wir verdienen weniger und wir haben weniger Macht – offiziell zumindest. Diese Wahrheit ist bitter und Sie müssen sich fragen, was der beste Weg ist, um die Situation zu verändern. Meine Meinung ist klar: Statt sich zu beschweren, sollten wir Frauen unser Schicksal selbst in die Hand nehmen. Lassen Sie uns schauen, wie wir die Folgen dieser Ungerechtigkeiten in den Griff kriegen – nicht ideologisch, sondern dank Eigenverantwortung und Eigeninitiative. Für mich beginnt unsere Freiheit bei unseren Finanzen. Erst wenn wir Frauen unsere Finanzen selbst unter Kontrolle haben, werden wir unabhängig sein.

Der Haken daran ist auch klar: Wir Frauen lieben den Konsum, und obwohl Konsum an sich weder gut noch schlecht ist, birgt er auch Gefahren. Gewiss, zu shoppen, einzukaufen, das Leben in vollen Zügen zu genießen, bereitet viel Freude. Was aber tun, wenn Sie Monat für Monat über die Stränge schlagen und mehr Geld ausgeben, als Sie einnehmen?

Sie ahnen es: Wir müssen über Schulden sprechen. Und darüber, wie man sie am besten wieder loswird. Dass das nicht immer leichtfällt, ist klar. Aber es muss sein, sonst gewinnen wir nie die Kontrolle über unser Finanzleben.

Darüber hinaus müssen wir uns mit dem Alter beschäftigen. Denn wenn Ihnen Ihr Konto eine Momentaufnahme Ihrer Finanzen vermittelt, dann übertragen Sie das doch einmal auf Ihre Lebensspanne – und auf die Kosten und Ausgaben, die Sie im Alter erwarten. Reden wir also über die Pflegekosten – Ihre eigenen und die Pflegekosten, die Sie vielleicht für andere übernehmen müssen, zum Beispiel für Ihre Eltern. Und reden wir auch über Ihre Rente und wie viel Sie im Alter übrighaben werden.

Logischerweise gehört dazu auch eine der größten Eigentümlichkeiten der menschlichen Gesellschaft: das Erben und Vererben von Vermögen. Das ist nämlich die größte soziale Frage von Haben, Geben und Schulden. Wie halten Sie es mit dem Vererben, liebe Leserin?

KAPITEL 1

WENN AM ENDE DES GELDES NOCH ZU VIEL MONAT ÜBRIG IST – WEG MIT DEN SCHULDEN

Ich habe eine gute Freundin, die immer schon am 10. des Monats kein Geld mehr auf dem Konto hat und dann zwei Wochen lang auf Pump lebt und hungert. Eine Zeit lang hatte sie einen festen Freund und ihr Unvermögen, mit den eigenen Einkünften hauszuhalten, fiel weniger stark ins Gewicht. Aber aktuell ist sie mal wieder Single und muss sich ständig etwas leihen. Ihr Problem: Sie kann nicht mit der Situation umgehen, Geld auf dem Konto zu haben. Ihr zweites Problem: Sie lebt dauerhaft im Dispo und merkt nicht, dass sie dadurch Monat für Monat immer weniger Geld zur Verfügung hat, obwohl ihre Ausgaben nicht steigen. Dabei verdient sie wirklich gut, und das meine ich auch so. Wie kann das also sein?

Es gibt zwei wichtige Grundregeln, wenn es darum geht, vom monatlichen Einkommen zu leben. Um finanzielle Freiheit und Unabhängigkeit erreichen und mehr noch: ein zufriedenes und einigermaßen konfliktfreies Leben führen zu können, müssen wir uns mit unseren *Schulden* beschäftigen. Erst wenn es uns gelingt, unsere Schulden und die damit verbundene Unfreiheit zu überwinden, können wir uns frei und guten Gewissens um die Einnahmenseite kümmern. Solange das nicht geschieht, schleppen Sie die Schulden – und die dazu gehörenden Zinsen – Monat für Monat mit sich herum wie bleierne Fußfesseln. Ganz gleich, wie viel Sie aus Ihren Investitionen einnehmen, werden Sie diese Schulden nur selten damit aufwiegen können. Wichtiger noch: Erst wenn Sie keine Schulden haben, werden Sie die nötigen Mittelzuflüsse erhalten, die den entscheidenden Unterschied ermöglichen, um neben Ihrem regulären Einkommen zusätzliche Einnahmen mit Investitionen zu erzielen. Wie bei Investitionen gilt dabei auch für Ihre Schulden: Auch kleine Schritte können viel bewegen. Und dafür gibt es klare Strategien, die ich im Folgenden mit Ihnen durchgehen möchte.

Erstens: Machen Sie ein Unterkonto auf, für das Sie keine EC-Karte haben. Zweitens: Tun Sie alles, um nicht in den Dispo zu rutschen. Und wenn Sie derzeit im Dispo leben, dann müssen Sie sich *as soon as possible* damit beschäftigen, wie Sie diese Situation dauerhaft zum Positiven ändern – und ich meine damit nicht die Aufnahme von Privatkrediten, um den Dispo punktuell zu stopfen (das ist der direkte Weg in die Überschuldung). Sie werden sich wundern, wie Sie mit einem Unterkonto und ohne Dispo auf einen Schlag nicht nur mehr Geld zur Verfügung haben, sondern mit der dafür notwenigen kurzzeitigen Strenge auch zu Ihrem eigenen Wohlbefinden beitragen.

Der Dispo meiner Freundin liegt bei sage und schreibe 15 000 Euro. Die Dispozinsen ihrer Hausbank betragen 10,90 Prozent im Jahr. Abgerechnet wird quartalsweise. Das heißt: Alle drei Monate werden die angelaufenen Zinsen für ihren negativen Saldo vom Konto abgebucht. Rund um den 25. des Monats bekommt meine Freundin ihr Gehalt überwiesen – 5000 Euro netto. Nicht schlecht, würde ich sagen, für eine alleinstehende Frau ohne finanzielle Verpflichtungen und nur mit der Verantwortung für eine Person: sich selbst.

Vom 25. bis zum 10. des Folgemonats liegt ihr Kontostand zwischen -10 000 Euro und knapp -15 000 Euro. Zwischen dem 11. und 25. des Monats bei -15 000 Euro. Manchmal sogar etwas darüber, wenn sie bereits nah am Limit ihres Dispos parallel mit EC-Karte und per Lastschriftverfahren eingekauft hat und die Abbuchung scheitert, sodass zusätzliche Rücklastschriftgebühren anfallen. Das tut sie meist mit Bedacht, um noch schnell letzte Einkäufe für die nahende Durststrecke tätigen zu können. Mangelnden Pragmatismus kann man meiner Freundin in ihrem Selbstbetrug nicht vorhalten. Je gescheiterter Abbuchung ist aber diese »doppelte Bezahlung« mit weiteren Kosten von 3,00 Euro verbunden. Aber wozu über diese 40 bis 50 Euro reden, die sie alle paar Monate zum Fenster hinauswirft! Das sind wahrlich Peanuts im Vergleich zu den größeren Summen, die ihr ihre Hausbank mit dem Dispo in Rechnung stellt.

Der Grundsaldo meiner Freundin liegt bei rund 12 000 Euro Negativguthaben, die mit 10,90 Prozent im Jahr verzinst werden und folglich mit weiteren rund 350 Euro alle drei Monate zu Buche schlagen. Da auf dem Konto aber weiterhin Bewegung nach unten ist, liegen die tatsächlichen Dispozinsen weitaus höher. Im Durchschnitt werden alle drei Monate rund 450 bis 500 Euro vom Konto meiner Freundin abgezogen. Das sind zuzüglich der Überziehungs- und Lastschriftrückgabekosten rund 2300 Euro im Jahr, die sie grundlos zum Fenster hinauswirft. Faktisch gesehen verteuern sich also alle Ausgaben, die meine Freundin tätigt, um die von ihrer Hausbank geforderten Sollzinsen. Denn jedes Mal, wenn sie Geld ausgibt, das sie nicht hat, muss sie den Dispo einkalkulieren. Alles kostet ein paar Prozent mehr, weil sie es mit fremdem Geld bezahlen muss.

Im Beispiel zu Beginn dieses Kapitels haben wir einen Dispo in Höhe von 15 000 Euro angenommen. Das lässt sich beliebig nach oben oder unten anpassen – die Zinsen und die Belastung bleiben im Verhältnis gleich. Das Problem aber bleibt dasselbe: Sie zahlen immer einen beträchtlichen Anteil Ihres Einkommens für Zinsen und Zinseszinsen – Geld, das Sie anders nutzen könnten.

Rund 10 Prozent der Deutschen nutzen ihren Dispokredit permanent. Allein nach den Weihnachtfeiertagen rutschen etwa zehn Millionen Menschen in Deutschland in die Miesen.[3] Dabei gibt es keine Regel, nach der Menschen mit höheren Einkommen weniger häufig in den Dispo rutschen als Menschen mit geringen Einkünften. Ausgaben und Wünsche wandeln sich und es gibt kaum jemanden, dessen Lebensansprüche trotz steigender Einkünfte gleich bleiben. Das gilt für die Lehrerin ebenso wie für die Ärztin, die Freiberuflerin und die Unternehmerin, die aufgrund der größeren Einnahmen auch entsprechend höhere Kreditrahmen bei ihren Banken haben.

Hüten Sie sich also vor dem Schein, einen positiven Saldo auf Ihrem Privatkonto zu haben, liebe Architektin, wenn Ihr Büro ständig den Kontokorrentkredit nutzt. Diese Form des fortwährenden Kreditrahmens für Unternehmen wird meist mit mindestens 1 Prozent monatlich verzinst. Auf der einen Seite gewährt es unternehmerische Bewegungsfreiheit, doch es verursacht auch horrende Zinskosten von 1 Prozent je laufendem Monat beziehungsweise 12 Prozent im Jahr. Wenn Sie also Freiberuflerin oder Unternehmerin sind und sich als Geschäftsführerin ein ordentliches Gehalt zahlen, sich aber gleichzeitig Monat für Monat im Kontokorrent befinden, betrügen Sie sich und Ihr Unternehmen um Zehntausende Euro im Jahr.

Wer sich jetzt fragt, warum so viele Menschen nach wie vor im Dispo leben (und warum so viele Unternehmen ihren Kontokorrentkredit nutzen), dem muss ich eine unangenehme Wahrheit mitteilen: Die Banken leben von diesen Zinsen, vom Dispositions- und Kontokorrentzinssatz ebenso wie vom Bereitstellungszinssatz, der bei Überschreitung des Dispos greift. Deswegen werden Rücklastschriftgebühren immer abgebucht, selbst wenn sie über den Dispo hinausreichen. Und aus demselben Grund kündigen Banken den Dispo erst, wenn sie dazu laut ihren eigenen Satzungen oder gesetzlich verpflichtet sind, etwa weil keine regelmäßigen Eingänge mehr auf dem Konto verbucht werden. Bei Frauen ist das häufig der Fall, wenn sie Mütter werden. Elterngeld gilt in Deutschland nicht als Einkommen, sondern als Ersatzleistung, sodass Frauen pünktlich zur Geburt eines Kindes meist auch von ihrer Hausbank das Kündigungsschreiben ihres Dispos erhalten. Vielen Dank auch!

Der Mensch ist ein selbstbetrügerisches und zugleich pragmatisches Lebewesen. Deswegen schieben viele den Dispo in der Hoffnung auf bessere Zeiten vor sich her. Diese besseren Zeiten sind die Monate des Weihnachtsgeldes, der Tantiemen und der Boni. Wer hat sich noch nicht eingeredet, die Sonderzahlungen, wenn schon nicht beiseitezulegen, so doch für den Ausgleich des Dispos zu verwenden? Aber dann, o weh, will man sich ja auch etwas gönnen und Weihnachtsgeschenke für sich und seine Lieben kaufen. Doch so sind die zusätzlichen Einnahmen im Handumdrehen wieder weg.

Daher die inständige Bitte an Sie: Gehen Sie, wenn Sie Monat für Monat im Dispo landen, zu Ihrer Hausbank und besprechen Sie einen Dispoabbauplan. Die meisten Banken bieten an, den Dispo monatlich zu kürzen. So müssen Sie nur einmal aktiv werden und spüren überdies nicht zu deutlich, dass Sie weniger zur Verfügung haben. Je länger Sie diesen Plan verfolgen, desto weniger Zinsen werden Sie an die Bank zahlen. Nach einiger Zeit erreichen Sie Ihren persönlichen Break-even, sodass Sie mehr einsparen, als Sie der Bank schulden.

Von dem kleinen positiven Effekt, den Sie erleben werden, nur so viel: Selbst wenn Sie ein wenig sparen müssen, werden Sie merken, wie sich Ihre Laune beim Blick auf Ihren Kontostand verbessert. Bei meiner Freundin ging dies Schlag auf Schlag: Sie stottert 1000 Euro monatlich ab und hat ihre Schulden innerhalb von fünf Gehaltseingängen auf 10 000 gesenkt. Tatsächlich aber hat sie zudem 10,90 Prozent Zinsen auf 5000 Euro gespart, also nochmals 545 Euro, die sie zwar nicht ausgegeben und auch nie gesehen hat, die aber trotzdem positiv zu Buche schlagen.

> Der Dispositionskredit ist Gift für den Vermögensaufbau. Er ist nur da, um in Notfällen auszuhelfen. Verabschieden Sie sich von der Idee, dass der Dispo Ihnen als Geldquelle zur Verfügung steht. Wenn Sie regelmäßig in den Dispo rutschen, dann ist das Ihre erste Baustelle. Finden Sie kurzfristig mit Ihrer Bank einen Weg, wie Sie so schnell wie möglich die Nutzung des Dispositionskredites beenden können.

Ich möchte an dieser Stelle noch eine Frage aufwerfen, über die wir uns im Alltag zu wenig Gedanken machen: Was denken Sie, wie viel Rendite Sie mit jedem gespartem Euro erzielen können? Das heißt: Wie viel werden Sie je angelegtem Euro zurückbekommen? Welche Erwartungen hegen Sie?

Ich will Sie nicht entmutigen, aber die großen Gewinne, von denen man ab und an lesen kann, drohen uns allen nicht.

Weder Sie noch ich sind Bitcoin-Milliardäre, deren Cent-Investitionen von einst heute Tausende Euro wert sind. Renditen von mehreren Hundert Prozent gehören ins Reich der Märchen. Für uns Normalsterbliche gilt: Eine Rendite von 3 bis 5 Prozent im Jahr ist schon sehr gut. Und wenn Sie diese Rendite über viele Jahre hintereinander erzielen und gleichzeitig einen kleinen Sparplan einrichten, also monatlich etwas hinzugeben, dann werden Sie mit dem Vermögensaufbau Schritt für Schritt Erfolg haben.

Nun aber ein letztes Mal zum Dispokredit. Um die Rechnung weniger schmerzlich zu machen, packen wir alle Privatkredite, die Sie im Laufe der Jahre abgeschlossen und hoffentlich erfolgreich abgezahlt haben, obendrauf. Der Dispo ist mit seinen 10,90 Prozent ein unersättliches Monstrum. Die Privatkredite dieser Welt sind mit ihren 4,99 bis 6,99 Prozent die kleinen Geschwister des Dispokredits. Sie sind weniger hungrig, aber dafür umso giftiger. Wenn Sie vorhaben, in Zukunft einen positiven Saldo zu erzielen, müssen Sie Ihre monatlichen Zinsdienste reduzieren. Schauen Sie sich an, wie viel Zinsen Sie zahlen, und überschlagen Sie dann den Durchschnittszinssatz. Nehmen wir an, dass sich die Zinsen aus dem Dispo und zwei Privatkrediten auf rund 8 Prozent belaufen. Diese 8 Prozent werden Sie mit keinem Sparplan erzielen. Daher lautet die Grundregel Nummer 1: Beenden Sie die Zeit im Dispo, verabschieden Sie sich von dem süßen Gift des Privatkredits. Sonst werden Sie immer weniger sparen, als Sie anderen schulden.

18 Millionen Menschen in Deutschland nutzen jedes Jahr den Dispositionskredit ihrer Bank. Vor allem zum Jahresende und zu Jahresbeginn sind viele Menschen im Minus. An Weihnachten nutzen 10,4 Millionen Menschen, im Januar 7,6 Millionen Menschen den Dispositionskredit. Die durchschnittlichen Zinsen für den Dispositionskredit liegen dabei bei 8,29 Prozent.[4]

Neben dem Dispositionskredit gibt es auch noch die gern genutzten Ratenzahlungen für Privatkäufe. Darauf gehe ich separat im Kapitel *Kündigen Sie!* ein. Wenn Sie das Thema interessiert, ziehen Sie das Kapitel schon jetzt vor. Dann wird Ihnen klar, wie wichtig es ist, von Dispo und Privatkredit unabhängig zu werden.

KAPITEL 2

FÜRCHTET DIE PFLEGEKOSTEN!

Wie alt sind Sie, liebe Leserin? 30 Jahre, 40 Jahre, 50 Jahre alt? Nun denn, dann möchte ich mit Ihnen in diesem Kapitel etwas durchrechnen. Zu dieser Rechnung gehört übrigens auch eine Überlegung, die wir zu Beginn des Buches bereits einmal in Zahlen zusammengefasst haben – die Pflege von Angehörigen und Kindern. Sie erinnern sich vielleicht:

> Frauen bringen mehr Zeit für Kinder und die Pflege Angehöriger auf und haben daher weniger Zeit für bezahlte Arbeit als Männer. Rund 70 Prozent aller ehrenamtlichen Pflegenden sind Frauen. Bei der Elternzeit sind die Zahlen noch deutlicher: Von allen Menschen, die Elternzeit in Anspruch nehmen, sind lediglich ein Viertel Männer. Entsprechend mehr Frauen verzichten während der Pflege von Angehörigen beziehungsweise während der Elternzeit zumindest auf einen Teil ihres Einkommens.

Das bedeutet konkret: Die Wahrscheinlichkeit, dass auch Sie für einen bestimmten Zeitraum auf Einkünfte verzichten werden und damit auch weniger Geld aus Ihrem regulären Einkommen und der darauf aufbauenden Rente haben werden, ist deutlich höher als bei Männern. Genau gesagt: Die Wahrscheinlichkeit, dass Sie als Frau einen Angehörigen pflegen werden, ist mehr als doppelt so hoch im Vergleich zu einem Mann. Bei der Kinderpflege ist die Wahrscheinlichkeit sogar vier Mal so hoch.

Umso wichtiger ist, dass Sie sich um Ihre Finanzen kümmern und das Thema nicht verdrängen. Es ist Ihre Freiheit und Unabhängigkeit, um die es hier geht! Schlagen Sie daher noch mal nach und lesen Sie *Die sieben goldenen Gründe für unsere finanzielle Unabhängigkeit.*

Haben Sie vorne nachgeschlagen? Na los, tun Sie sich den Gefallen!

Und nun zur Rechnung, die ich mit Ihnen durchgehen möchte. Wenn Sie, liebe Leserin, rund 50 Jahre alt sind, also um 1970 herum geboren wurden, dann haben Sie rein statistisch ab Geburt eine Lebenserwartung von etwa 74 Jahren. Da Sie aber bereits 50 Jahre geschafft haben, steigt diese Erwartung nun um weitere elf Jahre: Sie werden also rein statistisch 85 Jahre alt. Sollten Sie jetzt 40 Jahre alt sein, dann können Sie sich noch mehr freuen. Sobald Sie die 50 erreichen, bleiben Ihnen dann weitere 37 Jahre, da Ihre statistische Lebenserwartung bei 87 Jahren liegt. Und wer aktuell 30 Jahre alt ist (übrigens: klasse, dass Sie sich schon jetzt Ihrer finanziellen Unabhängigkeit und Ihres Vermögensaufbaus annehmen!) und die nächsten 20 Jahre bis zum runden 50. Geburtstag schafft, dem werden nochmals 40 Jahre an Lebenserwartung geschenkt. Sie werden dann statistisch gesehen knapp 90 Jahre alt werden. Freuen Sie sich.

Kommen wir nun zu einer zweiten Rechnung: Die durchschnittliche Lebensarbeitszeit beträgt in Deutschland 39 Jahre: Männer arbeiten rund 41 Jahre, Frauen rund 37 Jahre. Davor kümmern Sie sich um Ihre Ausbildung, danach sind Sie in

Rente. Zwar werden Absolventen heute immer jünger, aber im Durchschnitt starten die Menschen in Deutschland nach wie vor erst mit knapp 25 Jahren ins Berufsleben. Nur in den beiden skandinavischen Ländern Dänemark und Schweden treten die Menschen noch später ins Arbeitsleben ein (sie verdienen allerdings auch deutlich mehr).

Dritte Rechnung: In den 37 Jahren, in denen Sie statistisch gesehen arbeiten, muss es Ihnen gelingen, genügend Geldansprüche, also Renten- und Pensionsansprüche, Mieteinnahmen, Dividenden und so weiter, anzusammeln, um die restlichen Jahrzehnte Ihrer Lebenserwartung zu finanzieren. Für die heute 30-Jährigen sind das immerhin weitere 25 Jahre Lebenserwartung ohne aktiv erwirtschaftete Einkünfte. Stellen Sie sich das bitte vor, liebe Leserin im Alter von 30 Jahren: Sie werden fast genauso lange leben und nicht arbeiten, wie Sie bisher überhaupt auf der Welt gewesen sind. Das kann man sich kaum vorstellen. Was Sie aber tun können, ist vorzusorgen, indem Sie die letzten 25 Jahre nach dem Austritt aus dem Berufsleben aufwiegen. Sonst droht Ihnen nicht nur ein Leben ohne eigenes Vermögen, sondern vor allem auch ein Alter in Armut.

Ich habe nicht ohne Grund »ansammeln« gesagt, und das möchte ich erläutern. Das reine Ansparen von Ansprüchen, etwa Rentenansprüchen, wird nicht genügen, um den Lebensstandard aufrecht zu erhalten, den Sie während Ihrer aktiven Arbeitszeit genießen konnten. Dafür ist die Rentenquote, also das Niveau der Standardrente im Vergleich zum durchschnittlichen Einkommen, in Deutschland schon heute zu niedrig. In den kommenden Jahren und Jahrzehnten wird es sogar noch weiter sinken. Schon bald wird das Rentenniveau nur noch 43 Prozent betragen. Dann erhält ein durchschnittlicher Rentner nur noch 43 Prozent des Einkommens eines durchschnittlichen Arbeitnehmers, muss aber davon sämtliche Ausgaben für Nahrung, Kleidung, Freizeit und Reisen bestreiten. Für Sie, liebe 30-Jährige, die Sie 90 Jahre alt werden wollen, heißt das: Sie werden in den wohlverdienten Jahrzehnten Ihres Ruhestandes deutlich weniger Geld haben als die jüngeren, arbeitenden Mitbürger.

Vielleicht denken Sie jetzt, dass Sie nicht zum Durchschnitt gehören und dass Ihnen die wenigen notwendigen Einschränkungen im Alter kaum etwas ausmachen werden: Ihre Rente wird höher ausfallen, und Sie sagen sich wahrscheinlich, dass Sie alles richtig gemacht haben, weil Sie und Ihr Partner im Alter ein abbezahltes Eigenheim bewohnen. Die Einnahmenunterschiede werden also durch den Wegfall der Mietkosten deutlich relativiert. Ich möchte Ihnen diese romantische Vorstellung des langsamen Alterns im eigenen Rosengarten nicht verderben. Aber ich muss es der Fairness wegen doch tun. Kann es Sie mit Rente im Eigenheim schlimmer treffen, als dass Sie weniger Geld für Konsum zur Verfügung haben? Ja, und ob. Hüten Sie sich vor dem Pflegefall!

Sollten Sie sich mit einem selbstgenutzten Eigenheim glücklich schätzen und meinen, dass Sie im Alter zwar mit einer kleinen Rente, dafür aber ohne hohe Wohnkosten dastehen werden, warne ich Sie hiermit vor dem Eintritt dieses Pflegefalls. Denn der kann leider jeden und jede von uns unerwartet treffen.

> Die Rente mag zwar sicher sein, aber die Höhe der Rente ist nicht sicher. Die Rentenquote wird in den kommenden Jahren und Jahrzehnten weiter sinken. Rente und Eigenheim allein reichen nicht mehr aus. Erst recht nicht, wenn ein Pflegefall eintritt. Dafür müssen Sie zusätzlich vorsorgen.

Stellen Sie sich die folgende Situation vor: Sie haben ein abbezahltes Haus, das Sie gemeinsam mit Ihrem Partner oder Ihrer Partnerin bewohnen. Ihre monatlichen Haushaltseinkünfte entsprechen auf den Euro dem deutschen Durchschnitt: Sie haben gemeinsam 3003 Euro netto zur Verfügung.[5] Eines Morgens stürzt Ihr Partner auf der Treppe und muss nach Klinikaufenthalt und Reha dauerhaft ins Pflegeheim. Das Leben daheim ist nicht mehr zu bewältigen – auch nicht mit Ihrer Unterstützung. Jetzt müssen wir rechnen: Die Selbstbeteiligung für einen stationären Pflegeheimplatz variiert erheblich von Bundesland zu Bundesland. Wer in Sachsen-Anhalt in die stationäre Pflege geht, zahlt 1359 Euro; wer in ein Pflegeheim in Nordrhein-Westfalen zieht, zahlt mit 2357 Euro beinahe 1000 Euro mehr im Monat. Der Durchschnitt der Eigenbeteiligung beträgt derzeit 1942 Euro im Monat.[6]

Bleiben wir beim Durchschnitt: Von Ihren bisherigen Durchschnittseinkünften in Höhe von 3003 Euro stehen Ihnen nach Abzug der Eigenbeteiligung an den Pflegekosten für Ihren Partner fortan 1061 Euro für Ihren Lebensalltag zur Verfügung. Plötzlich sind Ihre monatlichen Einkünfte gar nicht mehr so üppig – und das, obwohl das Haus, das Sie nun alleine bewohnen, weiterhin bewirtschaftet werden will. Es muss nicht gleich das Dach sein, das es neu zu decken gilt. Aber selbst kleinere Ausgaben geraten dann zu aufwendigen Investitionen, die Sie aufgrund fortgeschrittenen Alters nicht mehr finanzieren können. Das Eigenheim ist also mal wieder Luxus. Es war Luxus, als Sie sich dafür vor Jahrzehnten entschieden haben und es voller Stolz Ihren Freunden und Verwandten präsentierten. Und es ist nun abermals Luxus, weil Sie im Alter für den Unterhalt Ihres Eigenheims aufkommen müssen.

Die Ausgaben, die wir bisher aufgezählt haben, mögen indes noch überschaubar sein. Schlimm wird es erst, wenn auch

Sie pflegebedürftig werden. Für einen weiteren stationären Pflegeheimplatz genügen Ihre durchschnittlichen Monatseinkünfte nicht mehr. Um die Lücke von 881 Euro zu schließen, müssten Sie Ihr Haus entweder vermieten oder verkaufen. Der Staat weiß um dieses Dilemma und wird Sie zum Verkauf drängen – Vermietung ist mit zu vielen Risiken und zu hohem Aufwand verbunden. Sie verkaufen also Ihr gesamtes Vermögen, das Sie vielleicht hätten vererben wollen, und bezahlen davon Ihre Pflege. Erst wenn dieses Geld bis auf 5000 Euro, die der Staat Ihnen zubilligt, ausgegeben ist und wenn keines Ihrer Kinder mehr als 100 000 Euro brutto im Jahr verdient, springt der Staat ein und übernimmt die Kostenlücke zwischen Ihren Einkünften und den Pflegekosten.

> Das durchschnittliche Einkommen eines Paares im Rentenalter in Deutschland liegt bei 3003 Euro im Monat. Das reicht zwar für einen Pflegefall aus, ist aber nicht genug für zwei Pflegefälle, selbst mit einer abbezahlten Immobilie. Für Ihr Alter brauchen Sie also weitere Einnahmetöpfe über Ihre Rentenansprüche hinaus.

Wir sprachen vorhin von zwei Dingen: Erstens gehen die meisten Menschen davon aus, dass sie nicht zum Durchschnitt gehören. Das bezieht sich auf der einen Seite auf die eigenen Einkünfte und die eigene Ausbildung und auf der anderen Seite auf die entsprechend höheren Ansprüche. Das gilt für den Lebensalltag heute, aber ich gehe davon aus, dass die meisten Menschen auch im Alter standesgemäß wohnen wollen. Rechnen auch Sie daher mit weitaus höheren Pflegeheimkosten als im Durchschnitt. Für ein zeitgemäßes Apartment in einem Seniorenheim in freier

Trägerschaft sind schon heute mindestens 3500 Euro Monatsmiete anzusetzen – Lebensunterhalt nicht inbegriffen!

Zweitens sprach ich vorhin vom »Ansammeln« von Ansprüchen. Das meine ich wörtlich: Sie müssen sich einen Korb an Altersvorsorgeansprüchen zurechtlegen, um sich später aus verschiedenen Töpfen bedienen zu können. Ihre Rente ist selbstredend ein Bestandteil dieser Ansprüche. Die Rente allein reicht aber bei Weitem nicht aus. Wenn Sie sich im Alter nicht in die Abhängigkeit von staatlicher Fürsorge begeben wollen, müssen Sie dem rechtzeitig entgegenwirken. Ich habe es schon mehrfach gesagt und wiederhole es mit aller Vehemenz: Sich vor dem Sozialamt »auszuziehen« und sämtliche Finanzen offenzulegen, ist keine Schande. Aber es ist sicher sehr unangenehm und erniedrigend, sein ganzes ökonomisches Dasein vor einem Sachbearbeiter auszubreiten und dabei eingestehen zu müssen, dass man sich nicht um die eigene finanzielle Unabhängigkeit gekümmert hat. Neben der Rente benötigen Sie also – und zwar in dieser Reihenfolge: eine Wohnung zur Kapitalanlage, einige Versicherungen, ein Eigenheim und wenn Sie das alles haben, vielleicht auch ein paar Aktien und Fondsanlagen.

Und drittens: Ich habe Sie, liebe junge Leserin, gerade um viele Jahrzehnte altern lassen. Ich habe Sie und Ihren Partner zum Pflegefall erklärt. In Wahrheit sind Sie jung und gesund, das weiß ich. Stellen Sie sich deshalb vor, dass nicht Sie und Ihr Partner stationäre Pflege benötigen, sondern Ihre Eltern – das ist weitaus realistischer. Die Herausforderung, mit der Sie dann klarkommen müssen? Sie – ja: Sie! – müssen ab einem Bruttoeinkommen von 100 000 Euro pro Jahr im Falle einer Pflegekostenlücke für die Betreuung Ihrer Eltern aufkommen. Im Umkehrschluss heißt das: 100 000 Euro Bruttojahreseinkommen müssen ausreichen, damit Sie sich um sich und Ihre komplette

Altersvorsorge kümmern. Genauer: Wer sich trotz 100 000 Bruttojahreseinkommen nicht um seine private Altersvorsorge und seinen Vermögensaufbau kümmert, den bestraft der Staat im Rentenalter.

Klären Sie mit Ihren Eltern, wie deren Finanzen aussehen. Können sich Ihre Eltern den doppelten Pflegefall leisten? Haben sie dafür vorgesorgt? Besprechen Sie mit Ihren Geschwistern einen potenziellen Pflegefall in der Familie. Das macht keinen Spaß. Tun Sie es trotzdem. Und bedenken Sie dabei die 100 000-Euro-Regel. Am besten: Lassen Sie Ihre Geschwister dieses Kapitel lesen und setzen Sie sich im Nachgang zusammen.

KAPITEL 3

IM OSTEN GIBT ES KEINE ERBEN

Wer träumt nicht von der unbekannten Großtante dritten Grades, die sich im stolzen Alter von 101 Jahren auf dem Sterbebett ihrer entfernten Verwandtschaft entsinnt und uns die Million vermacht? Sollten Sie jemals vom Schicksal derart begünstigt sein, kann ich Ihnen nur gratulieren und wünsche neben einer nicht allzu tristen Trauerfeier vor allem auch einen raschen und möglichst fehdefreien Vollzug des Testaments. Sind alle Geldanlagen versilbert, erhalten Sie eine runde sechsstellige Summe (zur Begleichung der Erbschaftssteuer) auf Ihr Konto überwiesen. Wenig später kommt mit der getreuen Post und einem romantisch anmutenden Gemeindewappen der Ihnen nur aus Kaminerzählungen geläufigen Heimatstadt der familiären Sippschaft ein Brief mit der nüchternen Benachrichtigung über die eingetragene Vormerkung im örtlichen Grundbuch: Ihnen, liebe Leserin, hat Tante Erna ein hübsches Mietshaus am Marktplatz überlassen – voll vermietet an eine niemals säumige, der Kehrwoche ergebene, die mittägliche und sonntägliche Ruhe strikt befolgende Mieterschaft. Legen Sie dieses Buch beiseite, entkorken Sie eine Flasche Champagner und trinken Sie auf das Andenken Ihrer hochbetagt und ehrwürdig verabschiedeten Verwandten.

Liebe Leserin, jetzt müssen Sie stark sein. Vor allem wenn Sie aus dem Osten kommen. Ihnen droht keine Erbschaft – weder der sechsstellige Geldbetrag noch und geschweige denn ein hübsches Mietshaus. Die Zahlen sind ernüchternd: Lediglich 7 Prozent der Ostdeutschen erben mehr als 100 000 Euro. In Mecklenburg-Vorpommern werden durchschnittlich 52 000 Euro vererbt, in Sachsen-Anhalt 53 000 Euro, im stolzen Sachsen 59 000 Euro, in Brandenburg 64 000 Euro, in Thüringen immerhin bereits 71 000 Euro und damit etwas mehr als im ärmsten Bundesland Westdeutschlands, der Hansestadt Bremen. Zum Vergleich: In Bayern liegt eine durchschnittliche Erbschaft bei 176 000 Euro, in Hessen bei 173 000 Euro. Selbst in Niedersachsen erbt man im Durchschnitt mit 103 000 Euro sechsstellig.

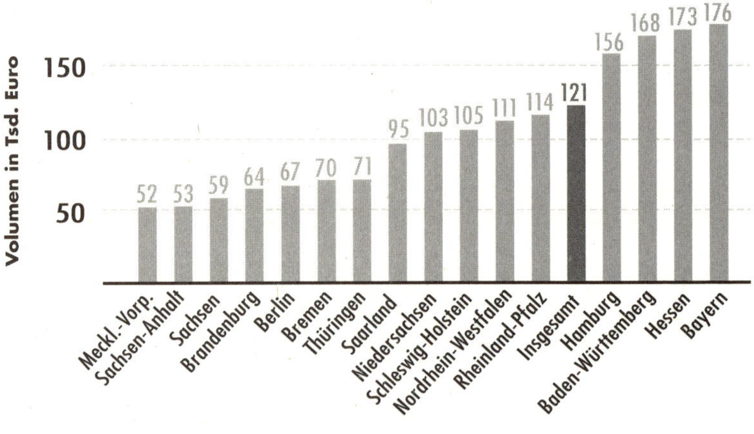

Höhe der Erbschaften in den Bundesländern 2015 bis 2024. Auswahl ohne die 2 Prozent der einkommensstärksten Haushalte. Quelle: Deutsche Bundesbank, DV/gif, SOEP, Destatis, empirica

Jetzt wird es noch ungerechter. Denn Frauen erben zudem absolut gesehen weniger als Männer. Das hat kulturelle, soziale und demografische Gründe. Erstens: Wenn Frauen verheiratet sind, überleben sie ihre Männer im Durchschnitt um etwa zwölf Jahre. Eigentlich müssten sie also als Erben ihrer Männer besser dastehen. Aber diese faktische Erbschaft trügt. Denn von dem Erbe und dem geringeren Einkommen infolge der Witwenrente müssen sie im Durchschnitt noch zwölf weitere Jahre leben. Aber selbst das betrifft nur zwei Drittel der deutschen Frauen, die restlichen ehemals verheirateten Frauen sind zum Zeitpunkt des Ablebens des Ex-Mannes bereits geschieden. Zweitens: Bei der Frage »Vererben oder Geben mit der warmen Hand?« werden weiterhin die Söhne den Töchtern vorgezogen. Dabei geht es nicht zwangsläufig um eine finanzielle Besserstellung der Jungen und eine entsprechende Benachteiligung der Mädchen, sondern vielmehr um die emotional bedingte Ausgestaltung der Schenkung.

Ein Beispiel: Der Bruder bekommt eine kleine, nicht besonders schicke vermietete Wohnung überschrieben, die Tochter den umso schickeren Familienschmuck. Für die junge Frau sieht das zu Beginn vielleicht nach einer lohnenden Vereinbarung aus. Wer würde sich nicht freuen über Gold und Brillanten, die per saldo zum Zeitpunkt der Schenkung ähnlich viel wert sein mögen wie die Wohnung? Von der sträflichen Vernachlässigung der Rendite mag ich indes lieber nicht reden. Die Wohnung bringt nämlich Monat für Monat Mieteinkünfte ein und eignet sich hervorragend als Grundlage für weitere Finanzierungen. Mit Schmuck dagegen, mag er noch so hübsch sein und von der Großmutter stammen, lässt sich kein Vermögen aufbauen. Oder können Sie sich vorstellen, Ihrem Bankberater Ringe und Armreifen als Sicherheiten für einen Hauskauf anzubieten?

Es ist schädlich, sich Hoffnung auf ein Erbe zu machen. Denn damit verlässt man sich auf die Vorsorge durch andere, statt selbst aktiv zu werden. Als mir das klar wurde, beschloss ich zu handeln. Was scheren mich die historischen oder privaten Gründe, die Erbschaften möglich oder nicht möglich machen. Ja, Frauen erben zwar auf dem Papier häufiger und mehr als Männer, haben aber keine weiteren Einnahmen und leben zudem länger. Ja, die Erbfolgen treten aufgrund der demografischen Entwicklung immer später ein: Immer häufiger sind die Erben selbst im Rentenalter. Ja, im Osten durften mehrere Generationen keine Vermögenswerte sammeln, während der Westen seit den 1950er-Jahren immer mehr am Wohlstand der freien Gesellschaft partizipierte. Ja, im Süden Deutschlands erben die Menschen mehr als im Norden. Ja, Wohneigentümer vererben in der Regel mehr als Mieter. Wir können das Lamento immer weiter fortführen – der Phlegmatiker in uns gibt uns ständig neue Argumente gegen das eigene Handeln.

Aber das hilft nicht weiter. »Es geht jetzt endlich um mich«, müssen Sie sich sagen, »um meine Chancen und darum, wie ich rauskomme aus der Spirale der Erwartungshaltung, dass es andere schon richten werden, sei es die eigene Familie, der Staat, der Arbeitgeber oder der Partner. Wie kann ich aufhören, mich über die allgemeine Situation zu beklagen und selbst etwas daran ändern, damit es mir besser geht? Wie kann ich dafür Sorge tragen, dass ich in 50 Jahren mehr Vermögen habe als die Generation vor mir?«

Wenn jedes Jahr Hunderte Milliarden in Deutschland vererbt werden und Sie davon nichts oder nur deutlich weniger als der Durchschnitt erhalten werden, dann müssen Sie selbst aktiv werden. Ich habe es schon mehrfach gesagt, aber es gilt auch und erst recht mit Blick auf die Erbschaftsverteilungen: Wir müssen unseren Vermögensaufbau und unsere Altersvorsorge selbst in die Hand nehmen. Eine Frau muss mehr strampeln als ein Mann –

umso zufriedener kann dann eine Frau aber auch mit sich selbst sein, wenn sie es schafft, sich ein Vermögen eigenständig aufzubauen. Als Sohnemann mit drei bis vier Generationen an friedlichem und marktwirtschaftlichem Vermögensaufbau im Rücken kann man hingegen nicht stolz sein, wenn man sich vom väterlichen Erbe einen Porsche kauft. Klar kommt einem die Situation unfair vor, aber was wollen Sie tun: weinen, sich beklagen, sich beschweren? Die Werkzeuge des Wohlstands liegen vor uns und warten nur darauf, angepackt zu werden. Wir leben in Freiheit und können finanzielle Situationen, wenn sie uns nicht gefallen, selbst verändern – aber eben auch nur selbst. Wer auf Hilfe von oben oder von außen vertraut, wird nichts erreichen.

Sie werden jetzt vermutlich innehalten und mir unsoziales Verhalten und Egoismus, vielleicht auch Attitüden der Ellenbogengesellschaft vorwerfen. In der Tat sind wir Frauen soziale Wesen. Uns liegt daran, dass die Gesellschaft ausgeglichen und fair ist (weshalb wir Frauen vielleicht auch häufiger soziale Berufe ergreifen, denn wir meinen, der Gesellschaft als Ganzes damit etwas zurückgeben zu können). Nicht umsonst ist die alte Göttin der Gerechtigkeit eine Frau. Doch ich muss Ihren Vorwurf entkräften. Altersvorsorge und Vermögensaufbau sind Teilbereiche des Einkommens – bloß zeitlich über Jahrzehnte gestreckt und gedehnt. Und gegen das Erzielen von Einkommen wird wohl niemand etwas haben. Umgekehrt ist der Verzicht auf Vorsorge und das rein konsumorientierte Leben im Hier und Heute nicht nur schädlich für einen selbst, sondern auch fahrlässig gegenüber der Gesellschaft. Wer sich aus Angst vor vermeintlichem Egoismus nicht um seine eigenen Finanzen kümmert, erhöht das Risiko, später auf den Sozialstaat zurückgreifen zu müssen und damit die Gesellschaft doppelt zu belasten. Im Alter Grundrente zu beziehen, ist keine Perspektive, sondern ein Fangnetz für Notfälle, damit niemand auf der Straße leben und hungern muss. Sich darauf zu verlassen, dass es der Staat schon richtet, ist deutlich ungerechter und bei Weitem egoistischer, als rechtzeitig vorzusorgen und sich um sich selbst zu kümmern.

Stellen Sie sich vor, dass Sie 100 000 Euro haben – entweder geschenkt, geerbt (siehe oben), als Ausschüttung nach einem erfolgreichen Jahr, als Überschuss, als Prämie, als Tantieme, von mir aus auch als Lottogewinn. Sie können sich von dem Geld ein Cabriolet kaufen, mehrere exquisite Reisen unternehmen, eine neue Küche einbauen lassen und ein halbes Jahr deutlich luxuriöser in den Tag hineinleben. Dann aber ist das Geld auch wieder weg. Oder Sie nehmen die 100 000 Euro und legen das Geld an (was sich am besten dafür eignet, darüber sprechen wir später noch ausgiebig, jetzt geht es mir um die Geldanlage als solche). Die 100 000 Euro werfen eine Rendite von 3 Prozent ab, und da Sie arbeiten und diese Ausschüttung derzeit nicht aktiv benötigen, thesaurieren Sie.

Was verstehen wir unter Thesaurieren? Thesaurierung kommt vom griechischen Wort »Schatzhaus« – und genau das bedeutet es auch: Wer Gewinne thesauriert, nimmt sie nicht raus, sondern lässt sie weiterarbeiten – im Unternehmen, auf dem Konto, im Fonds. Wer thesauriert, lässt die Gewinne also sprichwörtlich »im Schatzhaus«.

Die angelegten 100 000 Euro wachsen im ersten Jahr um 3000 Euro an; die 103 000 Euro wachsen im zweiten Jahr um 3090 Euro an und so fort. Nach 20 Jahren haben Sie 180 611 Euro angespart. Zwei Fragen: Wissen Sie, welchen Weg Sie einschlagen sollten? Und wissen Sie, welchen Weg Sie einschlagen werden?

Einen kleinen Nachtrag bin ich noch schuldig. Das betrifft noch einmal die Unterscheidung zwischen Erbschaften im Osten und im Westen Deutschlands. Sie, liebe westdeutsche Leserin, haben den Exkurs zu den ostdeutschen Erbinnen vermutlich mit einem gewissen Unglauben gelesen. Natürlich stellen Sie die geringeren Renten und die lange Durststrecke der Deutschen Demokratischen Republik nicht in Frage. Aber, denken Sie insgeheim, ein Häuschen von Oma und Opa ist doch wohl nicht aus der Welt. Auch in Ostdeutschland haben die Menschen gebaut und selbst wenn die Immobilien und damit die Erbschaften geringer ausfallen, bleibt eine vererbte Immobilie eine vererbte Immobilie. Leider gilt auch diese Regel vornehmlich für den Westen unseres Landes. Die Eigentumsquote liegt in Deutschland derzeit bei 42 Prozent. Während in Westdeutschland die Quote aber 49 Prozent beträgt, also fast jeder Zweite Wohneigentum besitzt, liegt die Eigentumsquote in Ostdeutschland bei 33 Prozent. Gerade einmal jeder dritte Ostdeutsche hat Wohneigentum. Damit hat auch nur ein Drittel der Ostdeutschen Aussicht auf ererbtes Wohneigentum, während in Westdeutschland immerhin jeder zweite eine Wohnung oder ein Haus erbt. Liebe westdeutsche Leserin, Mitleid brauchen die Ostdeutschen nicht. Wie im Vergleich zwischen Frauen und Männern gilt auch hier: Frauen, deren Eltern in Ostdeutschland gelebt haben, müssen sich noch ein wenig mehr anstrengen, um die Geschichte wettzumachen. Das Gute ist, dass die meisten ostdeutschen Frauen dies wissen und mit Recht nochmals zufriedener mit sich sein dürfen, wenn sie erfolgreich sind.

KAPITEL 4

PAY-GAP ODER PENSION-GAP, DAS IST DIE FRAGE

Mich treibt seit einiger Zeit eine Frage um: Es geht um die Gehalts- und Rentenunterschiede zwischen Männern und Frauen – also darum, wie viel mehr man je nach Geschlecht verdient, wie viel mehr man je nach Geschlecht am Ende des Lebens zur Verfügung hat und was von beidem relevanter ist mit Blick auf Altersvorsorge, Altersarmut und finanzielle Unabhängigkeit.

Beinahe wöchentlich wird von Statistiken berichtet, die belegen, dass Frauen nach wie vor weniger verdienen als Männer. Man muss zwar (wie bei jeder Statistik, die man nicht selbst gefälscht hat) immer genau schauen, welchem Ziel die jeweilige Erhebung dient. Die einen wollen die Einkommensunterschiede zwischen Frauen und Männern möglichst kontraststark herausstellen und so auf eine gesellschaftliche Ungerechtigkeit zwischen den Geschlechtern hinweisen. Die anderen wollen belegen, dass die Ungleichheit zwischen Männern und Frauen abgenommen hat, und ziehen dafür die sinkenden relativen Einkommensunterschiede als Beispiel heran. Dadurch wollen sie unterstreichen, dass wir auf dem richtigen Weg sind, aber trotzdem noch einige Hausaufgaben zu erledigen haben. Und irgendwo dazwischen liegt wahrscheinlich wie so oft die Wahrheit. Alle Positionen haben eine gewisse Berechtigung – sowohl die kritischen als auch die optimistischen. Man sollte sich ihrer nur bewusst sein, wenn man in den Zeitungen darüber liest. Ich habe die beiden Definitionen zusammengefasst, um die es geht.

Der unbereinigte Gender-Pay-Gap: Dafür werden die Brutto-Einkommen von Männern und Frauen gegenübergestellt und die prozentualen Unterschiede berechnet. In Deutschland verdienen Frauen aktuell rund 19 Prozent weniger als Männer. Das heißt: Das durchschnittliche Einkommen aller arbeitenden Frauen ist um ein Fünftel niedriger als das aller arbeitenden Männer. Deutschland liegt damit etwas unter dem Durchschnitt der OECD-Mitgliedsstaaten. Da beträgt der Unterschied derzeit 17 Prozent.

Der bereinigte Gender-Pay-Gap: Dafür werden von den Brutto-Einkommen von Männern und Frauen die strukturellen Unterschiede der Einkommensunterschiede herausgerechnet. Man schaut zum Beispiel auf Ausbildungsgrad, Beruf, Qualifikation, Arbeitserfahrung und Wirtschaftsbranche ebenso wie auf den Anteil an Vollzeit- und Teilzeitstellen. Bereinigt um die spezifischen Unterschiede verdienen Frauen in Deutschland aktuell zwischen 2 und 7 Prozent weniger als Männer – je nach Beruf, Branche und Qualifikation. Das heißt: Eine Rechtsanwältin im Alter von 40 Jahren verdient zwischen 2 und 7 Prozent weniger als ein vergleichbarer Rechtsanwalt gleichen Alters; eine Friseurin im Alter von 30 Jahren in Teilzeit verdient 2 bis 7 Prozent weniger als ein vergleichbarer Friseur gleichen Alters in Teilzeit.

An dem unbereinigten ebenso wie an dem bereinigten Pay-Gap gibt es mit Recht Kritik. So sagen die Bereinigungen, die vorgenommen werden, mitunter selbst bereits etwas über geschlechterspezifische Ungerechtigkeiten aus. Kann es zum Beispiel sein, dass bestimmte Berufe schlechter bezahlt werden, weil diesen Berufen überdurchschnittlich viele Frauen nachgehen? Oder umgekehrt: Kann es sein, dass Männer Berufe, die schlechter bezahlt werden, meiden und Frauen keine andere Wahl haben, als diese Berufe zu ergreifen? Beide Fälle thematisieren eine bestimmte Ungerechtigkeit, die sich durch bloßes Herausrechnen oder Bereinigen nicht lösen lässt.

Auf der anderen Seite ist auch der unbereinigte Pay-Gap nicht ohne Weiteres aussagekräftig. Frauen ziehen soziale Berufe vor und können sich darin häufig verwirklichen. Auch entscheiden sich viele Frauen oftmals freiwillig dafür, in Teilzeit zu arbeiten. Diese freiwilligen Lebens- und Berufsentscheidungen lässt aber der unbereinigte Pay-Gap grundsätzlich außer Betracht. Auch das wird häufig kritisiert.

Ob unbereinigt oder bereinigt: Der Blick auf den Pay-Gap sagt, wie ich finde, noch nicht genug über die finanzielle Situation von Frauen aus. Unabhängig davon, ob Frauen zwischen 2 und 7 Prozent weniger Einkommen haben als Männer oder ob sie 19 Prozent weniger verdienen. Wichtig ist zudem der Blick auf den Pension-Gap, der aus dem Pay-Gap folgt – und der Pension-Gap bleibt in beiden Fällen mehr als ernüchternd.

Diese drei Pay-Gaps müssen Sie kennen:

Der unbereinigte Gender-Pay-Gap: Hierfür vergleicht man das durchschnittliche Brutto-Einkommen von Männern mit dem durchschnittlichen Brutto-Einkommen von Frauen, ohne Teilzeit, Praktika, Ausbildungen und geringfügige Beschäftigungsverhältnisse zu berücksichtigen.

Der bereinigte Gender-Pay-Gap: Hierfür vergleicht man die Brutto-Einkommen von Männern und Frauen in Berufen und Positionen mit vergleichbaren Eigenschaften. Man schaut also zum Beispiel, wie groß der Verdienstunterschied zwischen einem Arzt und einer Ärztin mit zehn Jahren Berufserfahrung ist.

Der Gender-Pension-Gap: Hierfür vergleicht man die Renten- und Pensionsansprüche von Frauen und Männern. Berücksichtigt werden die unmittelbaren Renten und Pensionen sowie die private Altersversorgung.

Die schwerwiegendste Folge des Einkommensunterschieds zwischen Männern und Frauen ist, dass Frauen am Ende des Lebens weitaus weniger Geld zur Verfügung haben als Männer. Die Einkommensunterschiede während des Erwerbslebens werden jahrzehntelang kompensiert durch ein partnerschaftliches Einkommen, häufig auch weiterhin durch die klassische oder semi-klassische Rollenverteilung.

Allein, dass heutzutage noch darüber debattiert werden muss, wie Frauen in Führungspositionen ihren Beruf mit ihrer Rolle als Mutter in Einklang bringen sollen, wirkt auf mich überholt. Warum haben Mütter immer eine *Rolle* als Mutter und berufstätige Frau auszufüllen, während Männer berufstätig und Väter *sind*? Niemand spricht davon, dass ein Vater eine Rolle als berufstätiger Mann einnimmt, aber es heißt häufig, dass Mütter verschiedene Rollen haben: mal *als* berufstätige Frau, mal *als* Mutter – oder noch deutlicher: man spricht gleich von *berufstätigen Frauen* oder *berufstätigen Müttern*. Ob das typisch deutsch ist oder nicht, weiß ich nicht. Das gehört auch gar nicht hierher. Klar ist aber, dass diese Typologisierung dazu führt, dass es Frauen am Ende des Lebens deutlich schlechter geht als Männern. Monetär ausgedrückt nennt man diesen Rentenunterschied zwischen Männern und Frauen *Gender-Pension-Gap*.

Laut Bundesregierung liegt der Rentenunterschied zwischen Männern und Frauen aktuell bei monatlich 425 Euro.[7] Das ist angesichts der Tatsache, dass die durchschnittliche Rente einer Frau 982 Euro beträgt, sehr viel. Frauen haben schon per definitionem mehr als ein Drittel weniger Geld im Alter zur Verfügung als Männer – das ist deutlich mehr als die 2 bis 7 oder die 19 Prozent, von denen wir vorhin mit Blick auf den Pay-Gap sprachen. Im Klartext bedeutet das: Frauen weisen – aus welchen Gründen auch immer – weitaus schlechtere Einkommenskarrieren auf. Gerade diese aber sind Ursache für die noch geringere Rente, die sich vor allem an der Anzahl der Beitragsjahre in der Rentenversicherung bemisst.

Wir kommen gerade der Sache ziemlich nahe, die mich stört, und aus der wir gemeinsam einen Ausweg suchen müssen. Viele Frauen verzichten – freiwillig, unfreiwillig, partnerschaftlich vereinbart, partnerschaftlich gedrängt, von den Eltern, von den Freunden und Freundinnen, von wem auch immer dazu ermuntert – auf Geld im Alter, weil sie sich für mehrere Jahre aus dem Erwerbsleben ausklinken und dann häufig nur in Teilzeit zurückkehren. Frauen werden schwanger und gehen in Mutterschutz, Frauen nehmen Elternzeit. Der Anteil an Frauen in Elternzeit, deren jüngstes Kind unter drei Jahren ist, lag im Jahr 2019 bei 42,2 Prozent; der Anteil an Männern in Elternzeit bei 2,6 Prozent.[8] Selbst wenn der Anteil an Männern, die Elternzeit nehmen und sich für Teilzeitarbeit zugunsten ihrer Partnerinnen entscheiden, steigt, wird es weiterhin so bleiben, dass die Mehrzahl der Frauen sich um Familie und Kinder kümmern. Vom Kinderkriegen ganz zu schweigen.

Sollen Frauen wirklich auf das verzichten, was ihnen am Herzen liegt: die Ausübung von bestimmten Berufen, die Fürsorge für ihre Kinder? Ist der einzige Ausweg, dass sie das aufgeben, was sie zu Frauen macht, damit sie finanziell unabhängig werden? Oder umgekehrt: Sollten Frauen sich, wie es manche propagieren, vollends in die ökonomische Abhängigkeit von ihrem Partner begeben und tradierte Rollen wiederbeleben? Ich halte das nicht für den richtigen Weg.

Für mich steht dabei fest: Es gibt eine Antwort, die zwar nicht alle Probleme von Pay-Gap und Pension-Gap lösen kann, aber individuell einen Schritt in Richtung mehr Altersunabhängigkeit von Frauen ermöglicht. Ich schlage Ihnen vor, weniger auf das Einkommen und die damit verbundenen unbereinigten und bereinigten Ungerechtigkeiten zu achten, sondern vielmehr darauf, wie Sie für sich diese Lücke ausgleichen.

Vielleicht gehören Sie zu jener Berufsgruppe, deren weibliche Angehörige bereinigt lediglich 2 oder 3 oder 4 Prozent weniger Einkommen haben als ihre männlichen Konterparts. Wollen wir jetzt diese wenigen Prozent im Erwerbsleben jenen 35 Prozent Einkommensunterschied im Alter gegenüberstellen? Das Lamento wird Ihnen persönlich nicht weiterhelfen, und genau darauf kommt es an.

Hören Sie auf, darauf zu warten, dass jemand anderes das Problem Ihrer drohenden Altersarmut löst. Dieses Problem ist so lange vorprogrammiert, wie Sie nicht selbst aktiv werden. Angenommen, Sie beklagen sich jahrzehntelang – na und? Ihnen persönlich wird dadurch nur wenig geholfen sein, weil Sie die Ihnen zur Verfügung stehenden Mittel nicht genutzt haben. Und diese Mittel gibt es, selbst wenn sie einige Prozentpunkte niedriger ausfallen, als es wirklich gerecht wäre. Aber mir geht es nicht darum, das Leben gerechter zu machen. Mir geht es darum, dass Sie das Leben für sich besser machen. Wenn das dann auch zu mehr Gerechtigkeit führt, umso besser! Anders und vielleicht ein wenig diplomatischer formuliert hat das eine führende deutsche Bankerin: »Frauen sollten bei der Altersvorsorge einen gesunden Egoismus entwickeln und regelmäßig Geld für sich selbst anlegen, damit sie finanziell unabhängiger werden.«[9] Na also, da haben wir es: Seien wir Frauen ein wenig egoistischer – und zwar wenn es ums Geld geht!

TEIL 3
INVESTIEREN OHNE RISIKEN UND NEBENWIRKUNGEN

Gehen Sie gern Risiken ein? Wenn Sie sich wie die Mehrheit der Frauen verhalten, dann meiden Sie Risiken, wo Sie nur können. Das gilt erst recht bei Fragen, die Finanzen betreffen. Damit machen es sich viele Frauen ungewollt schwer. Denn Risiko und Risiko sind zwei Paar Schuhe. Es gibt Risiken, die Wagnisse sind. Auf solche Risiken ist kein Verlass. Und dann gibt es Risiken, die Chancen bergen. Diese Unterscheidung ist wichtig – und darüber werden wir in den folgenden Kapiteln vertieft sprechen.

Wir wissen nur zu gut, dass aus Risiken häufig Sorgen werden. Aber auch Sorgen haben zwei Gesichter: Die Sorge, einen Fehler gemacht zu haben, und die Sorge, nichts getan zu haben. Das gilt für die Altersvorsorge wie für den Vermögensaufbau. Ich kenne viele Menschen, die glauben, sie seien zu alt, um mit dem Investieren zu beginnen. Sie denken, für sie sei der »Zug abgefahren«, sie hätten viel früher etwas unternehmen sollen. Meine Meinung dazu steht fest – und darüber werden wir auch sprechen: Es ist nie zu spät!

Wenn es aber nie zu spät ist, dann ist es auch nie zu früh. Daran müssen Sie und ich uns messen lassen. Fangen Sie heute und nicht morgen an. Fragen Sie nicht immer nur, was schieflaufen könnte. Überlegen Sie auch, was Ihnen alles entgehen könnte, wenn Sie nichts tun. Genau mit diesen Fragen werden wir uns im nächsten Abschnitt beschäftigen. Wir wollen zunächst Ballast abwerfen und dann am Beispiel der *klugen Else* sehen, wie gefährlich es ist, immer nur zu zweifeln und zu zögern.

Zwei Gegenpole müssen wir dabei zunächst managen: unsere Kredite auf der einen Seite und das passive Einkommen auf der anderen. Wer nämlich nur arbeitet, um Geld für die Tilgung seiner Schulden zu verdienen, wird die Spirale der finanziellen Abhängigkeit nie durchbrechen. Wie wäre es mit dem Gegenteil?

Was wäre, wenn Sie Geld und Ihre Schulden für sich arbeiten lassen würden, um unabhängiger zu werden? Sie sehen schon: Wir müssen unsere aktiven Schulden abbauen und ein passives Einkommen aufbauen. Dazu gehört auch eine Prise gesundes Selbstvertrauen. Und das bedeutet: Vertrauen in die eigenen Finanzen, in das eigene Marketing und in die Bereitschaft, gegen sich selbst streng zu sein. Das bedeutet, dass man auch selbstsicher mit Blick auf die eigenen finanziellen Möglichkeiten agiert. Manchmal ist eben ein klares »Nein!« ehrlicher. Das gilt erst recht, wenn es um die Frage geht, was und wie viel Sie sich leisten können. Manchmal müssen wir auch ganz klar und deutlich »Ja!« sagen und etwas wagen.

Schließlich wollen wir konkreter werden, wenn es um Risiken und Chancen, Sicherheiten und Gefahren und unser gutes Gewissen geht – und über Waffen sprechen: Würden Sie in einen Waffenhersteller investieren? Wahrscheinlich ist die Antwort klar: »Auf keinen Fall!« Und würden Sie in einen Hafermilch-Produzenten investieren? Wahrscheinlich ist auch hier die Antwort klar: »Auf jeden Fall!« Und nun die dritte Frage: Würden Sie in den Hafermilch-Produzenten investieren, wenn Sie erfahren, dass ein großer Investor in Waffenhersteller auch in diese Hafermilch investiert?

KAPITEL 1
KÜNDIGEN SIE!

Ich habe eine Bekannte das Kapitel *Fürchtet die Pflegekosten!* lesen lassen. Und diese Bekannte meinte: »Was soll ich denn jetzt tun? Da kann man doch nur verzweifeln!« Sie ist zwischen 30 und 40 Jahren alt, lebt in einer festen Beziehung und verdient sehr gut – wahrscheinlich sogar mehr als die 100 000 Euro, ab denen man sich unbedingt selbst um seinen Vermögensaufbau kümmern muss, weil der Staat die Ansprüche deckelt und zugleich mehr Verantwortung einfordert. Sie ist zudem fit und sportlich, lebt also im Hier und Heute. Sie fliegt mehrfach im Jahr mit ihren Freundinnen nach Kroatien und mit ihrem Freund nach Dubai, sie fährt einen Sportwagen und trägt gern modische Accessoires. Noch lebt sie zur Miete, aber seit einigen Wochen hat es ihr und ihrem Freund eine schicke Maisonettewohnung mit offener Wohnküche und Kamin in einem spannenden Neubauprojekt angetan. Kurzum: Sie hat bislang alles in ihrem Leben richtig gemacht. Bis auf eines: Über die Zeit jenseits der 60, geschweige denn jenseits der 70 meinte sie, sich keine Gedanken machen zu müssen.

Nun habe ich sie so weit, dass sie verstanden hat, dass sie sich um Ihre Altersvorsorge kümmern muss. Ich sehe sie mit den Zahlen jonglieren: Vor Ihrem inneren Auge huschen Einkommen und Ausgaben, Rente, Pflegekosten für die Eltern und

Kapitalanlagen vorüber. Und ich sehe, was sie sieht: Ihre Rente allein wird nicht ausreichen, um den gewohnten Lebensstandard zu halten. Selbst mit den aufgerechneten Pensionsansprüchen ihres Partners bleibt es eng – und wer weiß, ob sie in 30 Jahren tatsächlich noch ein Paar sind. Das geplante Eigenheim ist auch keine ausreichende Altersvorsorge, jedenfalls nicht allein. Wird sie die Wohnung später bewohnen wollen und können? Plötzlich zerplatzt der Traum von der ewigen Jugend. Die Treppen vom offenen Wohnbereich ins Dachgeschoss kommen ihr beschwerlich vor. Auf ihrer Stirn steht geschrieben: Was soll ich tun?

Notabene, das ist eine Bekannte, die sehr gut verdient. Wie erst würde es meiner Bekannten angesichts der Zahlen gehen, wenn sie deutlich weniger Einkommen hätte? Die Situation ist dann nicht besser. Obwohl es auf den ersten Blick so aussehen könnte, weil man angeblich weniger Verantwortung für sich übernehmen muss – der Staat richtet es ja. Meine Frage aber lautet: Ist es wirklich die bessere Variante, sich darauf verlassen zu *müssen,* dass die Gesellschaft für einen aufkommt? Ich sage nein. Es ist umso wichtiger, sich aus der sozialen und finanziellen Abhängigkeit herauszubewegen. Und das geht nur durch die Übernahme von Eigenverantwortung für sich und seine Finanzen. Im Klartext bedeutet das: Wer viel verdient, muss sich um sich selbst kümmern. Und wer wenig verdient, muss alles in Bewegung setzen, um mehr aus seinem Einkommen zu machen. Und wenn es um uns Frauen geht, dann gilt das umso mehr!

Genau an diesem Punkt möchte ich Sie haben. Wer spätestens nach dem Kapitel zu den Pflegekosten – Ihren Pflegekosten und den deutlich greifbareren Pflegekosten Ihrer Eltern – nicht aufwacht, den kann ich auch mit jeglichen anderen Fakten nicht mehr aufrütteln. Sie müssen verstehen, dass Altersvorsorge nicht bedeutet, sich auf die Fürsorge des Staates zu verlassen.

Vielmehr bedeutet es, dass Sie Ihre Finanzen selbst in die Hand nehmen. Jetzt. Sofort. Ganz gleich, wie verächtlich gering Sie Ihre finanziellen Möglichkeiten einschätzen. Zähne putzen gehört doch auch zur täglichen Routine und ist nun wahrlich keine spannende intellektuelle Beschäftigung!

Suchen Sie also folgende Unterlagen zusammen – und ich sage mit Recht suchen, da die meisten von uns diese Ausdrucke nicht sofort und wohlgeordnet parat haben. Dafür schien uns die Materie immer viel zu trocken. Sie benötigen Ihren Einkommensnachweis, Ihren Rentenbescheid, Ihre laufenden Privatkredite (nicht schüchtern sein, jeder und jede hat schon mal auf Raten gekauft!), einen aktuellen Kontoauszug und, sofern Sie haben, eine Übersicht über Ihre aktuellen Aktien, Versicherungen sowie Omas alte Sparbücher. Breiten Sie diese Unterlagen aus und rechnen Sie gegen: Wie viel Einkommen haben Sie im Monat? Wie hoch wird Ihre Rente sein? Wie viel legen Sie bisher monatlich beiseite? Wie viel zahlen Sie im Monat ab? Was sind laut Kontoauszug Ihre größten Laster?

Wenn Sie Ihre Steuererklärung bisher allein gemacht haben, wird Ihnen die Übung leichtfallen. Wenn Ihr Partner die gemeinsame Steuererklärung gemacht hat – nun, dann wissen Sie Bescheid, was zu tun ist: Kaufen Sie ihm eine gute Flasche Wein, vereinbaren Sie einen Abend für Finanzen und lassen Sie so lange nicht locker, bis er mit Ihnen gemeinsam die Finanzen durchgegangen ist und Sie fortan *Ihren* Teil selbst in die Hand nehmen können. Und sollten Sie ohne Unterstützung zum Taschenrechner greifen, stehen Sie in den meisten Fällen auch nicht allein da. Es gibt eine Reihe von Portalen im Internet, die Sie Schritt für Schritt begleiten.

Dies alles dient nicht der Selbstkasteiung, sondern soll Ihnen in einem ersten Schritt einen Überblick verschaffen. Grundsätzlich gilt nämlich, dass Sie als Frau mindestens 10 Prozent Ihrer monatlichen Nettoeinkünfte fürs Alter zurücklegen müssen, um sich später einen Lebensabend leisten zu können, der in etwa Ihren heutigen Gewohnheiten entspricht. Die Gründe dafür haben wir bereits angesprochen – sie sind hart, aber wir müssen der Wahrheit ins Angesicht blicken: Frauen müssen mehr zurücklegen, weil sie im Durchschnitt weniger verdienen, im Durchschnitt weniger Jahre arbeiten und im Durchschnitt länger leben. Doch auch hier gilt: kein Lamento! Wir suchen nach praktischen Lösungen. Sich zu beschweren hilft nicht weiter. Daher fangen wir lieber früher als später an mit dem Vermögensaufbau, wir investieren mehr und genießen am Ende umso länger. Aus der Perspektive gefällt mir die Aussicht schon viel besser.

Dass diese Einstellung überdies zu den persönlichen Überzeugungen vieler Frauen passt, muss nicht nochmals betont werden. Wir scheuen Risiken häufiger als Männer, suchen auch insgesamt nach mehr Nachhaltigkeit und Verlässlichkeit – warum also sollten wir beim Thema Finanzen plötzlich anders und gegen unsere Natur agieren?

Der Überblick, den wir anstreben, ist essenziell auf dem Weg zur finanziellen Unabhängigkeit. So wie Sie sich morgens und abends um Ihre körperliche Hygiene kümmern, müssen Sie auch Ihre ökonomische Hygiene ernst nehmen – Sie werden merken, das tut nicht weh, sondern kann sogar recht interessant, vor allem aber im doppelten Sinne lohnenswert sein. Es *lohnt* sich, sich um seine Finanzen zu kümmern, weil man dann den eigenen Lebenswandel in volleren Zügen genießen kann. Und es *lohnt* sich, weil man dann mit der Zeit immer mehr (statt weniger!) finanzielle Freiheiten genießen kann. Es ist wie beim morgendlichen Wiegen: Allein schon das Achten auf das eigene Körpergewicht führt dazu, dass man bewusster isst.

Nun also zu den Finanzen – auch hier gibt es Ratgeber und Patentrezepte für mehr Wohlstand beinahe wie Sand am Meer. Ich habe kein Patentrezept und würde mich hüten, Ihnen den einen Weg der Weisheit zu empfehlen. Alle Ratgeber haben indes eines gemeinsam, und das lässt sich klar und deutlich zusammenfassen. Erstens: Sie müssen mehr einnehmen, als Sie ausgeben. Zweitens: Sie müssen Ihre monatliche Kreditfähigkeit kontinuierlich erhöhen. Neben der positiven Bilanz aus Einnahmen und Ausgaben muss es also Ihr Ziel sein, diese Bilanz auch Monat für Monat zu verbessern. Das geht zuallererst durch ein gesundes Sparverhalten, also durch eine klare Übersicht, wie viel Sie wofür ausgeben. Außerdem durch ein strenges Regiment gegenüber privaten Krediten, zinslosen Darlehen und Ratenzahlungen. Nur dann können Sie den nächsten Schritt gehen und investieren, um ein Vermögen aufzubauen. Denn nach dem Sparen kommt das Investieren in Sachwerte – sei es in Unternehmensbeteiligungen mit dem Ziel, Dividenden und Ausschüttungen zu erzielen, sei es in Immobilien, um Mieteinnahmen zu generieren.

Wir sprachen bereits über den Dispositionskredit, der Ihnen für teure Zinsen vorgaukelt, dass Sie Geld haben. Mindestens ebenso giftig sind Ratenzahlungen. Ich rechne Ihnen gern vor, warum. Sie kaufen sich ein Sofa für 5000 Euro und schließen eine vermeintlich zinslose Abzahlung über zehn Monate ab. Glückwunsch zum neuen Mitbewohner. Ich hoffe, dass Sie darauf viele Stunden mit guter Lektüre verbringen werden! Aber meinen Sie wirklich, dass Sie keine Zinsen zahlen? Der Kredit läuft in der Regel nicht über das Möbelhaus selbst, sondern über einen Drittanbieter, mit dem Sie einen Finanzierungsvertrag abschließen. Dieser Vertrag umfasst im Geschäftsverhältnis mit Ihnen die Kreditsumme von 5000

Euro. Doch im Geschäftsverhältnis zwischen dem Möbelhaus und dem Finanzierer ist diese Summe deutlich niedriger. Wahrscheinlich liegt sie bei etwa 4000 Euro. Das Möbelhaus tritt nämlich seinen Anspruch gegen Sie beim finanzierten Kauf an den Finanzierer ab, der wiederum dank des Abschlags Ihre Ratenzahlung verzinst. Ich schlage Ihnen daher einen besseren Deal vor: Kaufen Sie das Sofa und lassen Sie sich die Ratenzahlung genau erläutern. Und dann – kurz bevor Sie annehmen, unterbreiten Sie dem Möbelhaus ein eigenes Angebot. Bieten Sie 4000 Euro, wenn Sie gleich und in bar bezahlen. Sie werden staunen: Mehr Händler werden Ihr Angebot annehmen, als es den Ratenfinanzierern lieb sein dürfte. Denn von wem der Möbelhändler seine 4000 Euro erhält, von einer Bank oder von Ihnen, macht am Ende des Tages keinen Unterschied. Für Sie aber bedeutet das eine Ersparnis, die Sie, wenn Sie finanzieren würden, als Verlust geltend machen müssten. Entsprechend gilt das auch für geringere und höhere Kaufpreise: Jeder *zinslose Ratenkredit* hat die Zinsen bereits im Kaufpreis eingepreist.

Mein dringender Rat also: Sämtliche Ratenfinanzierungen überprüfen und möglichst frühzeitig zurückzahlen. Alle weiteren Finanzierungen für Konsumgüter ebenfalls prüfen und, sofern möglich, vorzeitig auflösen. Denn jede Finanzierung hat Auswirkungen auf Ihre Bonität und findet sich in Ihrer Schufa wieder. Und wenn Sie sich spätestens nach der Lektüre dieses Buches auf die Suche nach Ihrer ersten Immobilieninvestition machen, werden Sie rasch merken, welche negativen Auswirkungen all diese kleinen Einträge haben. Tun Sie sich also den Gefallen und werfen die lästigen Pfunde der Ratenkredite ab.

> Private Ratenkredite sind Gift für Ihre Finanzen. Privatkredite gaukeln Ihnen vor, dass Sie sich etwas leisten können. Dabei zahlen Sie sehr hohe Zinsen und verbauen sich gleichzeitig Möglichkeiten, Investitionen in Ihre Altersvorsorge und Ihre finanzielle Unabhängigkeit vorzunehmen.

Wenn Sie schon dabei sind, dann kündigen Sie bitte auch alle überflüssigen Abos und Mitgliedschaften. Erstens sehen Sie dann, ob Sie die Angebote in der jüngeren Vergangenheit wirklich genutzt haben und ob sie Ihnen fehlen. Und zweitens werden Sie im Handumdrehen neue, günstigere Abonnements erhalten, da Ihre Vertragspartner Sie nur ungern verlieren wollen. Ich gehe jede Wette ein, dass Sie allein durch die Androhung einer Kündigung in den meisten Fällen viel Geld sparen können, ohne auf irgendetwas verzichten zu müssen. Und das Schönste wie immer zum Schluss: Das Glas Wein gemeinsam mit Ihrem Partner auf Ihrem schicken neuen Sofa wird Ihnen, das verspreche ich, noch viel besser munden.

Sie sehen also, worauf wir hinauswollen: Unser Ziel ist es, dass Sie im Monat nur das ausgeben, was Sie sich auch leisten können. Zahlungen mit einem Kredit hinauszuzögern, ist ein ökonomischer Trugschluss und führt nur dazu, dass Sie immer mehr Verbindlichkeiten ansammeln. Wir aber wollen keine Verbindlichkeiten, sondern Einnahmen aus unterschiedlichen Quellen. Und daher gilt: Je weniger Sie anderen schulden, desto mehr Möglichkeiten haben Sie, um zu investieren und selbst Zahlungsansprüche aufzubauen. Die Strenge, mit der Sie zu Beginn vorgehen müssen, wird sich schneller für Sie auszahlen, als es zunächst scheint: Sie werden zufriedener sein, weniger Sorgen und zugleich mehr Geld zur Verfügung haben.

KAPITEL 2

DEEP DIVE: DAS PASSIVE EINKOMMEN

Vor einigen Jahren gab es einen T-Shirt-Hype. Tausende Menschen gestalteten daheim an Ihren Rechnern T-Shirt-Motive, ließen sie über Textilproduzenten herstellen und verkauften sie anschließend im Internet. Das Geschäft mit den T-Shirts bedurfte des einmaligen kreativen Impulses und der einmaligen Organisation der Abläufe. Wie gestaltet man ein T-Shirt? Welche Grundfarben bietet man an? Welche Stoffqualität wählt und bei welchem Lieferanten bestellt man? Wo lässt man drucken und über welches Portal verkauft man anschließend die T-Shirts? Waren diese Abläufe organisiert und automatisiert, hatte man als T-Shirt-Designer keinen laufenden Aufwand mehr, aber je verkauftem Produkt eine gewisse Einnahme. Keine Sorge, ich möchte Sie nicht dazu animieren, T-Shirts zu entwerfen. Aber vielleicht hätten Sie Freude daran – dann möchte ich Sie mitnichten davon abhalten! Uns geht es in diesem Kapitel vielmehr um das Prinzip, das dahintersteckt: Produktion und Online-Vertrieb basieren auf dem Konzept des passiven Einkommens.

Dem Grundgedanken nach gehen Sie an mehreren Hundert Tagen im Jahr arbeiten, erhalten dafür monatlich ein Gehalt ausgezahlt und haben an Wochenenden, an gesetzlichen Feiertagen sowie während Ihres Urlaubs frei. Das heißt: Sie leben von dem Geld, das Sie erarbeiten. Wer mehr Geld verdient, kann sich mehr leisten. Wer weniger verdient, weniger. So einfach ist der Merksatz des aktiven Einkommens der arbeitenden Gesellschaft. Das passive Einkommen funktioniert genau umgekehrt. Wir drehen den Spieß um und sagen: Nicht ich arbeite für Geld, sondern meine Investitionen arbeiten für mich.

Passive Einkommensquellen gibt es viele: Als Unternehmer erhält man Ausschüttungen, als Aktionär Dividenden und als Eigentümer Mieteinnahmen. Aber auch Künstler, Autoren und Fotografen erzielen ein passives Einkommen. Wer Fotos bei Shutterstock einstellt, erhält für die Nutzung durch Dritte Prozente. Journalisten werden nicht nur von ihrem Zeitungsverlag bezahlt, sie erhalten jährlich auch Ausschüttungen und Tantiemen – je nachdem, wie viele Texte sie geschrieben haben. Und Buchautoren erhalten jedes Jahr Tantiemen, deren Höhe sich an der Anzahl der abgesetzten Bücher orientiert. Das alles sind Einkünfte, für die man einmal aktiv gearbeitet hat und dann nicht mehr. Die eigenen Produkte und Werke arbeiten selbstständig weiter und generieren Einkünfte, die dem Urheber mit Recht zustehen.

Aktives und passives Einkommen stehen für mich sinnbildlich für den Gegensatz zwischen finanzieller Abhängigkeit und finanzieller Freiheit. Wer sein Einkommen ausschließlich aktiv verdient, ist von der Arbeit abhängig. Das kann im schlimmsten Fall bedeuten, dass man sich jeden Monat Sorgen um den Jobverlust machen muss. Im besten Fall heißt es, dass man zwar sorgenfrei, aber in den Tag hineinlebt. Ich hatte schon immer das Gefühl, dass aktive Einkünfte nur auf der Durchreise sind – von einem Konto zum nächsten, von einem Geldbeutel zum anderen. Dagegen ist das passive Einkommen ein Wert, der bleiben will.

Das Verhältnis zwischen aktiven und passiven Einkünften ist essenziell für den Vermögensaufbau. Ich wünsche mir, dass mehr Menschen – und vor allem mehr Frauen – den Anteil an passiven Einkünften an ihren Geldflüssen erhöhen. Denn je höher das passive Einkommen, desto freier kann man sich entfalten: Erstens, weil man die wenige Zeit, die wir alle zur Verfügung haben, nicht mit den Sorgen um das aktive Einkommen vergeuden muss. Zweitens, weil passive Einkünfte unabhängig vom aktuellen aktiven Einkommen fließen. Diese Freiheit macht selbstsicherer und glücklicher.

Es gibt Menschen, die diese Form der Einkünfte verurteilen. Die Nutznießer passiven Einkommens erinnern sie an Großgrundbesitzer, die von den Verpachtungen ihrer Ländereien leben, während ihre Pächter Jahr für Jahr ärmer werden. Dieses negative Bild des passiven Einkommens ist die gedankliche Geburtsstunde der kommunistischen Revolution, die Eigentum verachtet und so viel Unfreiheit hervorgebracht hat. Ist es nicht immer wieder bemerkenswert, wie schädlich Ideen sind, die man ganzen Gesellschaften überzustülpen versucht? Sie, liebe Leserin, und ich bleiben bescheiden: Wir wollen nicht allen helfen oder Revolutionen anzetteln, sondern dafür sorgen, dass sich *alle* später weniger um uns kümmern müssen, weil wir mit eigener Vorsorge dem Staat im Alter nicht auf der Tasche liegen. Aus dieser Perspektive ist das passive Einkommen ein lobenswertes und durchweg unpolitisches Ziel: Wir arbeiten am Aufbau einer Finanzierungsquelle, die nicht daran gebunden ist, dass wir montags bis freitags aktiv Geld verdienen. Dadurch haben wir dann umso mehr Kraft und Neugier, um an den besagten Montagen bis Freitagen einem Beruf nachzugehen, der uns begeistert und den wir daher umso besser erfüllen können.

Freie Berufsgruppen, Unternehmer, Aktionäre und Immobilieneigentümer sind per definitionem Nutznießer von passiven Einkünften. Gehören Sie zu einer oder mehreren dieser Gruppen? Dann sind Sie bereits auf dem richtigen Weg. Vor allem in Westdeutschland haben nach drei Generationen freien Vermögensaufbaus in Friedenszeiten immer mehr Menschen Anteile an kleineren oder größeren Betrieben und Unternehmen erarbeiten und später vererben dürfen (wir sprachen bereits über die Erbschaftsverteilungen in der Bundesrepublik). Da gibt es Aktien und hie und da eine Wohnung oder ein Häuschen oder Anteile daran in einer Erbengemeinschaft. Die Einnahmen, die dieses Eigentum jährlich einbringt, sind passiv. Das heißt: Sie sind unabhängig vom aktiven Lohn und Gehalt.

Nun fragen Sie mit Recht, welche Form des passiven Einkommens ich empfehle. Dazu habe ich eine eindeutige Meinung: Ich empfehle Immobilien – also die vermietete Wohnung oder das vermietete Mehrfamilienhaus. Das hat mit mehreren Faktoren zu tun, die sich unter den Begriffen *Wertnachhaltigkeit, Ruhe* und *Kredithebel* zusammenfassen lassen.

Schauen wir uns zunächst den ersten Faktor an, der für die Immobilie als passive Einkommensquelle spricht: die *Wertnachhaltigkeit*. Darunter verstehe ich die Frage, ob ein bestimmtes Wirtschaftsgut seinen Wert über längere Zeit wird halten können oder nicht. Haben Sie schon einmal einen Neuwagen gekauft? Das ist aus Investitionssicht die radikalste Form des materiellen Wertverlustes. In dem Augenblick, in dem Sie mit dem neuen, glänzenden PKW vom Hof des Autohändlers fahren, verliert Ihr neues Auto mindestens 10 Prozent an Wert. Das ist die schlechteste Wertentwicklung, die ich mir vorstellen kann. Sie haben das Auto nicht genutzt. Es ist nach wie vor neu – und doch haben Sie mehrere Tausend Euro in den Sand gesetzt. Das kann Ihnen mit einer Immobilie, die Sie zur Kapitalanlage erwerben, so nicht widerfahren.

Gleichzeitig bin ich weit davon entfernt, Ihnen von Aktien abzuraten. Meine Überzeugung lautet schlicht, dass Aktien nicht als erster Schritt zum Aufbau eines passiven Einkommens taugen. Dazu ist ihre Wertnachhaltigkeit zu volatil. Man kann es auch mit den Worten von André Kostolany formulieren. Kostolany, der in den 1980er- und 1990er-Jahren als einer der angesehensten Börsenexperten im deutschsprachigen Raum galt, hat einmal gesagt: »Wer viel Geld hat, kann spekulieren. Wer wenig Geld hat, darf nicht spekulieren. Wer kein Geld hat, muss spekulieren.«

Das bringt mich zum zweiten Faktor, der *Ruhe*. Ruhe ist einer der wichtigsten Werte unseres finanziellen Daseins. So wie es schädlich ist, sich Sorgen um die eigene Arbeit und das aktive Einkommen zu machen, so ist es auch schädlich, rast- und ruhelos die passiven Einkünfte zu zählen. Sie werden dadurch weder mehr noch weniger. Ich will nicht stündlich die Aktienindizes vergleichen und voller Hektik entscheiden, wann ich hinzukaufen und wann ich verkaufen soll. Ich bin weder Berufsbroker noch Wettguru. Für mich ist wichtig, dass eine Investition gut überlegt und geprüft ist und anschließend ihre Arbeit für mich aufnimmt – und nicht umgekehrt. Das hat nichts mit Faulheit und Bequemlichkeit zu tun, sondern mit Selbstschutz und Prioritätensetzung. Meine Finanzen gehören für mich zu meiner persönlichen und gesellschaftlichen Hygiene: Ich kümmere mich darum, weil ich als mündiger Mensch im Hinblick auf mich selbst und auch gegenüber dem Sozialstaat eine Verantwortung trage. Wenn ich von früh bis spät mit Aktien zu tun haben wollte, wäre ich Bankerin geworden oder Börsenguru – und dieser Beruf wäre die Quelle meines aktiven Einkommens. Mit diesem Grundsatz im Hinterkopf frage ich mich, und dazu möchte ich auch Sie ermutigen, welche Form der Investition für uns die besten Chancen bietet, einen gewissen Ertrag einzubringen – ohne dass wir uns täglich verrückt machen müssen.

Meine Antwort lautet auch hier: Im ersten Schritt sollten Sie an den Erwerb einer Immobilie denken. Die Suche, der Kauf, die Vermietung und das Halten des Eigentums zielen von vornherein auf Langfristigkeit. Allein schon aus steuerrechtlichen Gründen eignen sich Immobilien nicht zum schnelllebigen Handeln: Wer eine vermietete Wohnung nach weniger als zehn Jahren verkauft, schuldet dem Staat Steuern auf den Gewinn, und das muss nicht sein. Doch selbst ohne die staatlichen Sanktionen und Anreize eignen sich Immobilien kaum zum kurzfristigen Kaufen und Verkaufen. Die Immobilienwirtschaft ist langsam in ihren Entscheidungen und Entwicklungen. Ihre Güter sind sprichwörtlich immobil – schwer, von langer Hand geplant und auf viele Jahrzehnte ausgelegt. Das mag für manche Fragestellungen von Nachteil sein, aber für uns private Anleger, die wir uns um unsere eigenen Finanzen kümmern wollen, ist das ein erheblicher Vorteil. Die erste Wohnung, die zweite Wohnung, das Mehrfamilienhaus: Sie alle laufen nicht davon, sondern bringen peu à peu Erträge ein. Und dank der hohen Bauqualität deutscher Immobilien weiß der Eigentümer, dass die Erträge die Abnutzungen um ein Vielfaches übertreffen.

Damit kommen wir zum dritten Faktor, dem *Kredithebel*. Das war und ist für mich das komplexeste Entscheidungskriterium, weil wir das vorhandene Kapital nutzen wollen, um mehr daraus zu machen. Ihr bisheriges Eigentum, Ihr Eigenkapital und Ihre monatlichen aktiven Einkünfte sind der Schlüssel zu Ihrer

Kreditwürdigkeit. Daher geht die Angst, die manche Menschen haben, wenn es darum geht, größere Kredite aufzunehmen, erstaunlicherweise Hand in Hand mit dem Vertrauen in den eigenen Erfolg und nicht umgekehrt.

> Es gibt viele Möglichkeiten, ein passives Einkommen aufzubauen. Für mich sind dabei drei Faktoren wichtig: Wertnachhaltigkeit, Ruhe und der Kredithebel. Fragen Sie sich, ob Ihr passives Einkommen diesen Anforderungen entspricht, und prüfen Sie, an welchen Stellen Sie nachjustieren sollten. Je ausgeglichener die drei Faktoren sind, desto nachhaltiger wird Ihr passives Einkommen sein.

Liebe Leserin, ich meine das durchaus ernst: Glauben Sie an Ihren eigenen Erfolg? Ich befürchte nämlich, dass zu viele Menschen in Deutschland, und davon nochmals viel mehr Frauen als Männer, nie gelernt haben, an sich selbst zu glauben. Dabei ist das Vertrauen darauf, dass die Zukunft mehr bringt, als die Gegenwart bietet, der Grundstock jedweder finanzierten Investition. Das steckt schon im Namen »Kredit«, das vom lateinischen Wort *credo*, glauben, kommt und im mittelalterlichen Bankenwesen der italienischen Stadtstaaten entstanden ist. Wenn Sie Schulden aufnehmen, dann tun Sie das, weil ein Dritter an Sie glaubt und willens ist, Ihnen gegen Sicherheiten eine Finanzierung zur Verfügung zu stellen. Dieser Kredit ist unser Hebel, weil wir damit das Kapital, das wir investieren, vervielfachen können.

Das hört sich fantastisch an und hat natürlich einen Haken: Ihr Kredit, also der fremde Glaube an Ihren finanziellen Erfolg, bedarf Sicherheiten, die dann greifen, wenn Sie scheitern, wobei wir schon wieder bei der Frage wären, ob und inwieweit Sie von sich überzeugt sind, also neben der Bank auch Sie selbst an sich und Ihren Erfolg glauben. Wir gönnen uns eine gesunde Portion Selbstvertrauen, treten selbstbewusst auf und erklären, dass das, was noch nicht ist, mit Sicherheit kommen wird. Die Bank, unser Gläubiger, gibt sich damit zufrieden und fragt dann doch nach, welche Sicherheit wir einbringen können. An diesem Punkt angelangt, legen wir unsere Karten offen: Was haben wir? Was wollen wir haben? Da gibt es den Bruchteilsanteil am familiären Unternehmen in Höhe von 12,5 Prozent, die 5-prozentige Ausschüttung an der Unternehmensbeteiligung, einige Aktiendividenden, ein Aktiendepot, Ihr monatliches Einkommen (daher müssen Sie bei jedem Kredit auch immer zwei bis drei Einkommensnachweise einreichen) und – *Immobilien*. All dies steht als Sicherheit zur Verfügung, theoretisch natürlich auch Ihr Auto und Ihr Schmuck. Aber davon wollen Sie, ich und jede seriöse Bank eher die Finger lassen.

Fakt ist: Immobilien wirken auf Finanzierer wie Magneten – und zwar erstaunlicherweise aus denselben Gründen, aus denen sie als langweilig und träge gelten. Eine Immobilie hat einen Wert für sich, das weiß auch die Bank. Genau deshalb ist sie bereit, diesen Wert auch für die Zukunft zu belasten. Mit Aktien und anderen Unternehmensbeteiligungen ist das bei Weitem nicht so einfach. Zum einen, weil die Bewertung sehr viel komplexer ist; zum anderen, weil die bereits angesprochenen Volatilitäten weitaus größer und unüberschaubarer sind.

Und genau deswegen empfehle ich Ihnen die Investition in eine Immobilie. Sie werden bei keiner anderen Kapitalanlage so viel Gehör bei Finanzierern finden. Denn das Objekt Ihrer Investition stellt zugleich die Sicherheit Ihres Kreditgebers dar.

Obendrein ist es ein wahrer, unbeweglicher Wert. Kurz gesagt: Vertrauen Sie dem Misstrauen Ihres Gläubigers! Diese Erkenntnis übertragen wir nun von den realen, den bereits existierenden Werten auf die zukünftigen und damit auf den geplanten Vermögensaufbau. Mit dem Wissen, dass Banken gern Immobilien belasten, wenden wir uns an eine Bank, um eine Immobilie zu finanzieren. Sie werden sehen, dass Ihr Kapital wie nirgendwo sonst in der Lage sein wird, über sich selbst hinauszuwachsen.

Hier bietet sich ein klassisches Beispiel an. Im Englischen spricht man von »Leverage«, also der Hebelung von Eigenkapital durch Kredite. So wird der Betrag, den man selbst einbringen kann, durch die Bank vergrößert – in den meisten Fällen vervielfacht. Im Gegenzug dient vor allem die Investition als Sicherheit. Da Immobilien sprichwörtlich immobil sind und seit jeher ein besonderes Vertrauen der Banken genießen, sind Hebeleffekte gerade bei Kapitalanlagen in Immobilien möglich.

Das klassische Leverage-Beispiel sieht wie folgt aus: Sie haben 30 000 Euro Eigenkapital und erwerben damit eine Wohnung zur Kapitalanlage für insgesamt 100.000 Euro. Die Differenz von 70 000 Euro haben Sie finanziert. Diese Finanzierung ermöglicht Ihnen weitaus höhere Mieteinnahmen. Ihre Rendite berechnet sich nicht aus den 30 000 Euro Eigenkapital, sondern aus den 100 000 Euro, die Sie insgesamt investiert haben. Übrigens lassen sich solche Hebeleffekte nur selten bei anderen Investitionen nutzen. Wer beispielsweise in Aktien investiert, muss in den meisten Fällen zu 100 Prozent Eigenkapital einsetzen. Daher empfehle ich auf jeden Fall den Erwerb einer Wohnung zur Kapitalanlage als ersten Schritt des Vermögensaufbaus. Erst in weiteren Schritten rate ich zum Aufbau von Aktiendepots, um Ihre Anlagen und Ihr Vermögen zu diversifizieren. Sie können beim Immobilienkauf mit deutlich weniger Eigenkapital deutlich größere Vermögenswerte bilden.

Mein Fazit: Sie müssen den Schritt bloß wagen. Wie viel Risiko und Wagnis es braucht, um erfolgreich ein Vermögen aufzubauen und für das eigene Alter vorzusorgen, das besprechen wir im nächsten Kapitel, wenn es um die *kluge Else* geht.

Der erste Schritt beim Vermögensaufbau ist der Erwerb einer Wohnung zur Kapitalanlage. Nirgendwo profitieren Sie so deutlich von den »Hebeleffekten«. Sie können Ihr Kapital beim Immobilienerwerb dank Krediten vervielfachen und so höhere Renditen erzielen.

KAPITEL 3

DIE KLUGE ELSE

In jeder von uns steckt eine kluge Else. In Maßen ist das wichtig. Doch lassen wir die kluge Else in uns groß werden, kann das böse Folgen haben – und die sind dann nicht wiedergutzumachen. Erst recht nicht mit Blick auf unsere Finanzen. Denn wenn sich die kluge Else erst einmal unserer Finanzen angenommen hat, dann geschieht aus Angst davor, dass etwas schiefgehen könnte, nichts mehr. Am Ende des Tages, also bei Eintritt ins Rentenalter, stehen wir dann ebenfalls mit nichts oder mit nur sehr wenig da. Nun fragen Sie mit Recht, wer diese kluge Else ist, vor der ich hier warne. Sie haben noch nichts von ihr gehört oder können sich jedenfalls nicht mehr daran erinnern. *Die Kluge Else,* so heißt eine Geschichte der Brüder Grimm, ich habe sie als kleines Kind vorgelesen bekommen und nicht verstanden. Schließlich vergaß ich das Märchen, es rutschte in ein hinteres Fach meines Gedächtnistornisters. Irgendwann aber tauchte die Else wieder auf: die Else aus dem Märchen der Brüder Grimm und diesmal auch die Else in mir – wir kommen gleich dazu, warum. Seitdem weiß ich, wie wichtig es ist, dass wir alle uns mit Elses Klugheit beschäftigen, vor allem wenn es um den eigenen Vermögensaufbau geht.

Das Märchen geht so: Else, eine junge Frau, soll verheiratet werden. Aus diesem Grund ist Hans zu Gast bei den Eltern von

Else. Hans ist ein anspruchsvoller junger Mann. Wir lassen das jetzt mit dem Gendern und den Rechten der Frauen im 21. Jahrhundert. Die Geschichte ist über 200 Jahre alt, die Welt war um 1800 sicher anders. Aber auch nicht so anders, dass man aus den Geschichten der damaligen Zeit für die heutige nichts mehr mitnehmen kann. Hans also ist es wichtig, dass seine Braut *klug* ist. So steht eine doppelte Frage im Raum: Was ist Klugheit? Und woran erkennt Hans, ob Else tatsächlich diese Anforderung erfüllt?

Zu jener Zeit, als die Geschichte spielt, gehörte es sich, dass die Familie den Bräutigam bewirtet. Als das Bier alle ist, geht Else in den Keller, um frisches zu zapfen. Es vergeht eine Weile. Doch Else kehrt nicht wieder in die Stube zurück. Da geht die Magd in den Keller, um nachzusehen, wo Else geblieben ist. Aber auch die Magd kehrt, wie könnte es anders sein, nicht zurück. Da steigt der Knecht hinab in den Keller, um nachzuschauen, wo die beiden bleiben. Natürlich kommt auch er nicht wieder. Dann geht die Mutter in den Keller. Als auch diese nicht zurückkehrt, steigt schließlich der Vater hinab, um nachzusehen, was geschehen ist. Jetzt sind Else, Magd, Knecht, Mutter und Vater im Keller. Nun liegt es an Hans nachzusehen. »*Als Hans hinabkam*«, heißt es dann bei den Brüdern Grimm, »*saßen da fünfe und schrien und jammerten ganz erbärmlich, einer immer besser als der andere. ›Was für ein Unglück ist denn geschehen?‹, fragte er. ›Ach, lieber Hans‹, sprach die Else, ›wann wir einander heiraten und haben ein Kind, und es ist groß, und wir schicken's vielleicht hierher, Trinken zu zapfen, da kann ihm ja die Kreuzhacke, die da oben ist stecken geblieben, wenn sie herabfallen sollte, den Kopf zerschlagen, dass es liegen bleibt. Sollen wir da nicht weinen?‹*« Hans erkennt in dieser Aussage die Klugheit Elses und heiratet das Mädchen prompt. Bei den Brüdern Grimm heißt es schnell entschlossen: »›*Nun, mehr Verstand ist für meinen Haushalt nicht nötig; weil du so eine kluge Else bist, so will ich dich haben‹, packte sie bei der Hand und nahm sie mit hinauf und hielt Hochzeit mit ihr.«*

Dass die Geschichte der klugen Else nicht gut ausgeht, muss ich wohl nicht betonen. Die Märchenforschung spricht dabei von der Vermengung und Vermischung von zwei Märchenmotiven: dem ersten Teil bis zur Hochzeit und dem zweiten Teil danach. Ich kann Ihnen jedenfalls nur empfehlen, nachzulesen, was im zweiten Teil des Märchens mit Else geschieht. Hier interessiert uns vor allem der erste Teil des Märchens sowie die zentrale Frage, ob Else klug ist, und wenn ja, worin diese Klugheit besteht. Else versteht es tatsächlich, künftige Gefahren zu erkennen und Kausalitäten zu benennen. Das fasst sie auch in dem Satz, den sie nacheinander der Magd, dem Knecht, Mutter und Vater und zum Schluss Hans sagt, präzise zusammen. Es sind zunächst vier aufeinanderfolgende klare Ereignisse: Erstens ist sich Else sicher, dass sie Hans heiraten wird. Zweitens ist es sehr wahrscheinlich, dass Else und Hans nach der Heirat mindestens ein Kind haben werden. Drittens stellt Else fest, dass dieses Kind, wenn es groß genug ist, im Hausstand helfen wird. Und daraus wiederum schließt Else viertens, dass das Kind sehr wahrscheinlich auch einmal in den Keller zum Bierzapfen geschickt wird.

Bis hierhin ist der Blick in die Zukunft schlicht und allgemein, ja beinahe trivial. Nun aber kommt die Kausalität der abstrakten Gefahr hinzu, die Elses vermeintliche Klugheit ausmacht (und alle zum Weinen bringt). Dass von einer steckengebliebenen Kreuzhacke eine Gefahr ausgeht, steht außer Frage. Eine Kreuzhacke, die mehr schlecht als recht in einer Wand hängt, ist kein ungefährlicher Gegenstand. Sie könnte herabfallen. Wenn dann zufällig jemand unter der Kreuzhacke steht, könnte sie großen Schaden anrichten – zum Beispiel *»den Kopf zerschlagen,* *dass das Kind liegen bleibt«*. Naturgemäß malt sich Else dieses Bild sehr anschaulich vor ihrem inneren Auge aus. Doch dabei bringt sie die abstrakte Gefahr mit den konkret eintretenden Ereignissen durcheinander: Auf der einen Seite unterscheidet sie nicht zwischen Wahrscheinlichkeit und Risiko. Stattdessen überträgt sie die abstrakte Gefahr der schief hängenden Kreuzhacke unmittelbar auf das realistische, in der Zukunft liegende Ereignis, nämlich dass ihr Kind aus der Ehe mit Hans irgendwann einmal in den Keller zum Bierzapfen hinabsteigen könnte. Und auf der anderen Seite stellt Else überhaupt nicht die Frage, ob sich diese abstrakte Gefahr mit einer aktiven Handlung bannen ließe.

In Elses Welt ist jede Gefahr, die theoretisch eintreten könnte, eine reale Gefährdung, gegen die man nichts unternehmen kann. Heute ist es eine Kreuzhacke, die sie beim Bierzapfen zufällig im Keller hängen sieht. Morgen wird es ein Nagel sein, der in einem Brett steckt und an dem man sich den Fuß verletzen könnte. Und dann ist es vielleicht ein Brunnen, in den man unvorsichtigerweise als Kind hineinfallen könnte. Es gibt, laut Elses vermeintlich klugem Fazit, so viele Gefahren in unserer Welt, dass einem tatsächlich nichts anderes zu tun bleibt, als zu schreien und ganz erbärmlich zu jammern. Oder, wenn schon nicht schreien und jammern, dann zumindest nicht investieren. Wir übertragen nämlich das Märchen von der klugen Else auf die Situation, in der wir uns befinden. Sie haben verstanden, dass Vermögensaufbau und finanzielle Unabhängigkeit wichtig sind. Sie sind willens und in der Lage, etwas dafür zu tun. Sie können sich nun die kommenden Schritte und Jahre ausmalen: Sie sparen an dem einen oder anderen Punkt. Sie legen die jährlichen Boni, Tantiemen oder Ausschüttungen beiseite. Sie vergessen mit kluger Absicht das Aktiendepot. Nun stehen Sie, einige Jahre später und genau an dieser Stelle der Lektüre, vor der Entscheidung: *Ich will und bin bereit zu investieren, aber was, wenn irgendwo eine Kreuzhacke hängt?*

Das Motiv hinter Elses kluger Voraussicht wurde einmal als »unnütze Gedanken über künftiges Unglück des noch nicht geborenen Kindes« zusammengefasst. Doch so einfach möchte ich das nicht abtun. Diese Erklärung scheint mir jedenfalls in Teilen überholt. Es liegt in der Natur des Menschen, dass er vorsichtig agiert und zukünftige Gefahren und Risiken in seine Entscheidungen einpreist. Zugleich gibt es aber eine in der Welt selbst implizite unermessliche Anzahl an Gefahren- und Risikovarianten, die wir mitnichten überschauen können. Was also tun: nichts? Sich ins Schneckenhaus verkriechen? Jammern und schreien, weil B geschehen könnte, wenn A eintreten sollte? Das ist, wie ich finde, die eine Interpretation. Es gibt jedoch noch eine zweite, mir scheint, psychologisch etwas komplexere. Diese Interpretation bezieht sich auf die Angst vor Kontrollverlust.

Was, wenn Sie eine Wohnung in der Eifel kaufen und morgen ein Vulkan ausbricht? Was, wenn Sie morgen ein Haus am Rhein kaufen, aber schon im nächsten Frühling ein Schweizer Gletscher das Rheintal überflutet? Je absurder und abwegiger ich mir potenzielle Katastrophen ausmale, desto deutlicher wird, dass es nicht um das Unglück selbst geht, das eintreten könnte, sondern um den soeben erwähnten Kontrollverlust. Kontrollverlust ist unser allerärgster Feind. Wir wähnen uns sicher, solange wir alle Einzelheiten kennen oder zumindest meinen, sie zu kennen. Sobald wir nicht mehr sämtliche Einzelheiten eines Ereignisses überblicken können, malen wir uns die düstersten Schauermärchen aus. Doch es ist unmöglich, alles zu überblicken. Wir sind nie vollkommen Herr der Lage. Hundertprozentige Sicherheit und hundertprozentige Kontrolle gibt es nicht – sei es über das eigene Leben, sei es über die eigenen Finanzen.

An Elses Beispiel wird das besonders deutlich. Der Kontrollverlust liegt nicht in der Kreuzhacke, sondern in Elses eigener, nicht mehr kontrollierbarer Zukunft und damit auch in der von ihr nicht kontrollierbaren Zukunft eines Kindes, das aller Voraussicht nach das Licht der Welt erblicken wird, wenn sie Hans heiratet. Die Frage ist: Wie viel Kontrollaufgabe trauen wir uns zu? Auf wie viel Sicherheit können wir verzichten, um mehr zu erreichen?

Sie haben es vielleicht eben bemerkt: Ich spreche plötzlich nicht mehr von Kontrollverlust, sondern von *Kontrollaufgabe* und *Verzicht*. Verlust bezeichnet das ungewollte Abhandenkommen – Aufgabe und Verzicht sind da weitaus weniger strikt. Wenn ich Sicherheit zugunsten einer Perspektive aufgebe, dann mag es sein, dass dabei ein gewisser Schmerz eine Rolle spielt. Denn zu jedem Abschluss und zu jedem Abschied gehört auch Wehmut. Doch diese Aufgabe und dieser Verzicht erfolgen bewusst, um etwas anderes zu erzielen. In Elses Fall, der über 200 Jahre zurückliegt, ist es das tiefe Glück, das man als Mutter empfindet, wenn man einem Kind das Leben schenkt. Übertragen auf unsere Finanzen bedeutet das: Absolute Sicherheit für Geld und Vermögen bieten wahrscheinlich nur das heimische Kopfkissen oder ein Safe. Dort sind Geld und Gold sicher verwahrt – sofern niemand einbricht, das Gebäude abbrennt oder sich die Erde auftut und das Haus mitsamt Ihrem Ersparten in den inneren Kern unseres Planeten gerissen wird. Noch einmal: Sicher mag das Geld unterm Kopfkissen oder im Safe liegen – aber eben ohne jegliches Wachstum und ohne Perspektive. Im Gegenteil: Gelagertes Geld verliert wegen der Inflation Jahr für Jahr an Wert. So ist nicht einmal die vermeintliche Sicherheit des Bestandsschutzes gegeben. Genau aus diesem Grund funktioniert auch das deutsche Rentensystem nur dank der Milliardenzuschüsse des Bundes: Es handelt sich um ein Transfersystem, bei dem die eingezahlten Versicherungsbeiträge zukünftiger Rentner sofort wieder an die aktuellen Rentenempfänger ausgezahlt werden. Die Folge? Die Beiträge haben keine Zeit, um im Wert zu wachsen. Dieses System bietet nur einen Vorteil: Die zu einem bestimmten Zeitpunkt nominell vorhandenen Beträge sind in der Rentenkasse tatsächlich vorhanden.

Kommen wir nun wieder zu Else: Heiratet sie nicht und bekommt sie kein Kind, so ist das Leben des noch nicht geborenen Kindes so gut geschützt, wie es nur geht. Das Kind ist nicht nur vor der Kreuzhacke, sondern vor dem Leben selbst bewahrt worden. Da Sie so etwas natürlich nicht tun und erst recht nicht Ihren Finanzen antun wollen, bleibt nur ein einziger Ausweg: Sie kalkulieren, wie viel Sie haben, wie viel Sie monatlich verdienen und welche beruflichen Perspektiven Sie erwarten. Anschließend wägen Sie den Verzicht auf die eben angesprochene, leider nur vermeintliche Sicherheit mit den Chancen und Risiken von Investitionen ab. Kind und Kreuzhacke sind unser investiertes Vermögen und die abstrakte Gefahr. Ihre Investition kann schiefgehen. Sie kann aber auch glücken. Vielleicht lässt sich die Kreuzhacke auch vorsichtshalber aus der Mauer entfernen oder mit Mörtel befestigen. Das ist wie bei finanziellen Risiken. Man kann sie zwar nicht zu 100 Prozent ausschließen, aber in vielen Fällen lassen sie sich reduzieren und minimieren.

Oder aber, und das ist die Else in uns, von der ich zu Beginn dieses Kapitels sprach und zu der wir jetzt am Ende wieder zurückkehren, Sie setzen sich hin, schauen auf Ihren Rentenbescheid und beginnen zu jammern. Am besten beschuldigen Sie zunächst das System. Beklagen Sie sich, dass es so ungerecht zu Ihnen ist. Jammern Sie darüber, dass Sie, obwohl Sie eine fleißige Steuerzahlerin und Pflichtrentenversicherte sind, am Ende

Ihres Lebens doch nur wenig davon haben werden. Und wenn Sie damit fertig sind, das System zu bejammern, dann knüpfen Sie sich all diejenigen vor, denen es besser geht. Neiden und verübeln Sie ihnen den finanziellen Erfolg. Werfen Sie ihnen mangelnde Solidarität und Egoismus vor, weil sie sich nicht angepasst und in das System kollektiver Altersarmut gefügt haben. Die anderen nämlich, denen es am Lebensabend besser geht, haben nicht etwa getrickst oder die Bank ausgeraubt. Vielmehr haben sie recht- und frühzeitig erkannt, dass sie mehr tun müssen, als auf den Weg der staatlichen Fürsorge zu vertrauen. Dieser Weg mag zwar ohne Kreuzhacke sein. Aber um sämtliche Risiken tatsächlich ausschließen zu können, eben auch ohne alles andere. Welchen Weg werden Sie einschlagen?

KAPITEL 4

DIE KUNST DER SELBSTVERMARKTUNG

Das beste Produkt taugt nichts, wenn es niemand kennt. Ihre beste Eigenschaft ist nichts wert, solange Sie sie nicht aktiv nutzen.

Das gilt für Sie persönlich, für Ihren Beruf, für Ihre Interessen und Freizeitbeschäftigungen gleichermaßen. Denken Sie zum Beispiel an Ihren Zahnarzt: Gehen Sie und Ihr Partner in dieselbe Praxis? Und wenn nein, hat Ihr Arzt schon mal gefragt, warum nur Sie zu ihm kommen, nicht aber Ihr Partner, Ihre Verwandten, Ihre Freunde? Ihre Zufriedenheit mit der Arbeit des Zahnarztes ist dessen beste Visitenkarte. Jeder seiner begeisterten Patienten ist kostenlose Werbung für ihn – und das mit einer Konversionsrate, die sich sehen lassen kann. Wäre ich Zahnärztin, würde ich meinen Patienten nach erfolgreicher Behandlung daher stets sagen: »Und, waren Sie zufrieden? Dann empfehlen Sie mich weiter!«

Oder sind Sie, liebe Leserin, zufällig selbst vom Fach? Dann sind das gewiss keine Fragen, sondern konkrete Maßnahmen, die Sie im Interesse Ihrer Praxis und damit auch in Ihrem eigenen Interesse bereits getroffen haben. Mit Sicherheit haben Sie Ihre Patienten schon einmal um eine Weiterempfehlung gebeten. Vielleicht haben Sie dazu Postkarten oder Flyer drucken lassen und am Empfang ausgelegt. Sie schreiben jedes Jahr im Dezember Weihnachtskarten und bedanken sich bei Ihren Patienten für Ihr Vertrauen. Sie achten darauf, dass Ihre Homepage auf dem neusten technischen Stand ist. Eventuell haben Sie auch einen Blog auf Ihrer Homepage ins Leben gerufen, um die Sichtbarkeit Ihrer Praxis im Internet zu erhöhen. Sie verstehen, was ich meine: Sie rahmen Ihre berufliche Tätigkeit durch entsprechende Marketingmaßnahmen.

Meine Schlussfolgerung ist klar: Bevor wir zum Investieren kommen, müssen wir auch schauen, wie wir unser Einkommen und unser berufliches Standing verbessern können. Unser Ziel ist es, aus unserer Arbeit den optimalen Gegenwert zu erhalten – und dazu gehört auch die beste Bezahlung für unsere Leistung.

All die Maßnahmen, die wir bisher aufgezählt haben, sind tatsächlich komplementär zum Inhalt Ihrer Beschäftigung. Ohne die Präsentation Ihrer Arbeit würde der Aufwand verpuffen, denn er bliebe ungesehen und ungehört. Dabei bin ich nicht der Meinung, dass diese Form der Eigenwerbung unanständig ist. Im Gegenteil: Darauf zu verzichten, wäre unanständig. Erstens sind Sie überzeugt von der Qualität Ihrer Arbeit, also ist es nur zum Besten der Gesellschaft, wenn mehr Menschen davon profitieren. Zweitens haben Sie für die hohe Qualität, die Sie anbieten, viele Jahre lang gelernt und nervenaufreibende Klausuren geschrieben. Es ist also Ihr gutes und wohlverdientes Recht, die Früchte und Erfolge dieser harten Arbeit auch zu ernten. Und drittens teilen Sie diesen Erfolg in vielen Fällen mit Ihrem Partner, mit Ihrer Familie, vielleicht auch mit Ihren Kindern. Die Einstellung, es wird schon alles seine Richtigkeit haben und der gerechte Lohn für Ihre Mühen wird sich von allein einstellen, ist – so muss man es formulieren – grober Unfug. Erfolg besteht tatsächlich nicht nur aus der Anstrengung, sondern auch aus dem Ehrgeiz, diesen Erfolg anerkannt zu bekommen – ganz gleich bei welcher Beschäftigung. Sport und Musik funktionieren nicht ohne Wettbewerb. Warum sollte es in sonstigen Lebensbereichen anders sein?

Jetzt sagen Sie mit Recht, dass die Welt nicht so einfach gestrickt sein kann und darf. Unsere ganze schulische und gesellschaftliche Bildung zielt darauf ab, dass wir lernen, die Welt als komplexes Gebilde zu begreifen, das nicht mit den einfachen Mitteln von Marketing und Werbung beherrschbar ist. Das stimmt natürlich. Und doch lässt sich die Komplexität der Welt manchmal auch in ganz schlichten Antworten zusammenfassen. Abnehmen ist schwierig? Aber die Rechnung lautet: mehr Energie verbrauchen, als Sie aufnehmen. Die Komplexität besteht also darin, herauszufinden, wie viel Energie man tatsächlich verbraucht. Beruflicher Erfolg ist schwierig? Aber die Antwort lautet, dass man mit Ehrgeiz, Freude und Selbstreflexion arbeiten und anschließend die Ergebnisse benennen und benennen lassen muss. Die Komplexität besteht also darin, andere die eigenen Erfolge erkennen und anerkennen zu lassen. Finanzielle Unabhängigkeit ist schwierig? Aber die Rechnung lautet, dass man weniger Ausgaben als Einnahmen pro Monat hat und einen Teil des so Gesparten investiert. So komplex ist das nicht, und doch halten wir den Weg dahin für so komplex – vielleicht auch, weil der Erfolg Disziplin erfordert.

Die Kunst, sich selbst zu vermarkten, geht Hand in Hand mit der Fähigkeit, Rückschläge einzustecken. Ich kenne keine Erfolgsgeschichte, die widerstandlos vonstattengegangen ist. Im Gegenteil: Die meisten Erfolge sind die Summe vieler Niederlagen. Vor allem die Inbrunst und die Überzeugung, es schaffen zu *müssen*, führen dazu, dass man am Ende des Tages das selbstgesetzte Ziel auch erreicht. Ja, dazu gehört der Mut, mit »Neins« und Absagen umzugehen. Zählen Sie etwa zu denjenigen Menschen, die Angst vor Ablehnung haben? Nun, dann empfehle ich Ihnen, mit dem Mainstream zu schwimmen. Machen Sie genau das, was Ihre Kollegen und Freunde tun. Verabschieden Sie sich von Ihren Überzeugungen und Ihren Wünschen. Passen Sie sich an und vertrauen Sie auf die Handlungsmaximen und die Vorsorge anderer. Dafür erhalten Sie das beruhigende Gefühl, nie etwas falsch gemacht zu haben, und zugleich das vernichtende Urteil, auf die Eigenständigkeit Ihres Denkens und die Freiheit Ihres Handelns verzichtet zu haben. Wenn Sie immer nur das machen, was alle machen, dann bekommen Sie auch das, was alle bekommen. Sie werden wohl nicht verhungern. Das kann Ihnen unser System mit seinen zahlreichen Auffangnetzen garantieren. Aber Wohlstand, Vermögen und finanzielle Unabhängigkeit sind Ihnen dann ebenso garantiert vorenthalten.

Ich habe im vorangegangenen Absatz das Wort »müssen« kursiv gesetzt – die Überzeugung, etwas schaffen zu *müssen*. Vielleicht sind Sie beim Lesen darüber gestolpert. Das wäre nur folgerichtig. Das Wort »wollen« wäre hier vielleicht eingängiger, sind doch der Wunsch und der Wille, etwas zu schaffen, ebenso wichtige Bestandteile des Erfolges. Für mich aber gibt es eine Brücke zwischen dem Wollen und dem Müssen. Ich bin davon überzeugt, dass man das, was man unbedingt tun und erreichen *will*, auch tun *muss*. Nur der innere Drang treibt uns an, mehr zu erreichen als nur zu atmen, zu essen und zu schlafen. Diese innere Selbstverpflichtung ist für mich der Schlüssel dazu, mit Niederlagen umgehen zu können. Ich persönlich glaube nicht daran, dass es einer persönlichen Begabung bedarf, um mit Rückschlägen umzugehen. Überhaupt sollten wir damit aufhören, Menschen nach Begabungen und Talenten zu beurteilen.

Das größte Talent, das wir haben, liegt doch nach wie vor darin, dass wir erkennen, dass wir etwas nicht können und mit Fleiß und Übung an uns selbst arbeiten, um das zu ändern. Für Sie könnte das also bedeuten: Sie haben erkannt, dass Sie sich bisher nicht oder nicht genug um Ihren Vermögensaufbau gekümmert haben und dies ändern wollen. Und unser Ziel ist es, aus diesem Wollen einen inneren Antrieb und daraus wiederum ein inneres Müssen zu machen.

Da ist er also, Ihr Weg in die finanzielle Unabhängigkeit, liebe Leserin, und wartet nur darauf, dass Sie ihn einschlagen. Sich auf den Pflichtbeiträgen zur Rentenversicherung oder zu Ihrem Versorgungswerk auszuruhen, wird dafür nicht ausreichen. Denn wer nur die Pflicht macht, schwimmt sprichwörtlich mit dem Strom. Bestenfalls bleiben Sie finanziell Mittelmaß. Ein tristes Bild. Ihre Einkünfte, um den Anfang des Kapitels ein wenig abzuwandeln, sind nichts wert, solange Sie sie nicht aktiv nutzen. Für mich bedeutet das: Sie müssen investieren. Sie müssen Geld sparen und das Gesparte nutzen, um daraus neues Kapital zu schlagen. Nur so können Sie sich langfristig immer mehr leisten.

Und gleichzeitig wollen wir mit einer klugen Selbstvermarktung mehr aus unserer Arbeit und unserer Leistung herausholen. Denn wer sich gut vermarktet, verdient im Zweifel auch mehr und kann in der Folge mehr investieren. Das gilt übrigens auch bei Investitionen – auch bei der Bank müssen Sie sich stets vermarkten. Wir wollen Ihnen also im doppelten Sinne auf die Sprünge helfen und Sie insgesamt selbstsicherer und unabhängiger machen.

Das ist auch der beste Weg, um den Gender-Pay-Gap zu verringern. Wir sprachen vor einigen Kapiteln darüber. Es gibt nach wie vor erhebliche Unterschiede bei den Einkünften von Männern und Frauen. Statt zu lamentieren, statt zu klagen, statt auf Besserung *von außen* zu warten, setzen wir darauf, uns selbst zu befähigen, mehr zu bekommen. Just dafür ist die Methode einer klugen und fairen Selbstvermarktung da.

Wer kennt nicht den Spruch: »Tue Gutes und rede darüber!« Genau darin liegt das Geheimnis, das wir in wirtschaftlichen ebenso wie in beruflichen Angelegenheiten an den Tag legen müssen. Uns Frauen fällt Selbstvermarktung in diesem Sinne schwer. Selbstbewusst über unsere Arbeit, über unsere Herausforderungen und Erfolge zu sprechen, liegt vielen von uns nicht. Wir missverstehen das häufig als Prahlerei. Aber ist es tatsächlich prahlerisch, zu zeigen, dass man etwas mit Erfolg gemeistert hat?

Die beste Selbstvermarktung bedeutet, dass andere positiv über Sie sprechen und damit zu Ihrem Erfolg beitragen. Empfehlungsmarketing ist eine der wichtigsten Tugenden des Erfolges. Sie müssen dafür keine Nachtschichten einlegen, sondern vielmehr Kunden, Kollegen, Patienten, Mandanten, Freunde animieren, Werbung für *Sie* zu machen. Kluge Selbstvermarktung ähnelt damit auch dem klugen Vermögensaufbau. Sie investieren nicht nur Ihre eigene Arbeits- und Lebenszeit aktiv in sich selbst, sondern Sie lassen Ihre Erfolge eigenständig für Sie weiterarbeiten und profitieren doppelt und dreifach von dem, was Sie geleistet haben.

Erstaunlicherweise hat diese Form der Selbstvermarktung einen weiteren Effekt: Selbstvermarktung und Selbstzufriedenheit gehen Hand in Hand. Wer empfohlen wird, strahlt mehr Freude aus, was wiederum dazu führt, dass man noch mehr empfohlen wird. Die Freude, mit Ihnen zu arbeiten, wird dazu führen, dass mehr Menschen mit Ihnen arbeiten wollen. Dadurch steigen Ihr Wert und Ihr Selbstwert.

KAPITEL 5

WÜRDEN SIE IN WAFFEN INVESTIEREN?

Immer mehr Banken bieten Webinare und Veranstaltungen zum Thema »Frauen und Finanzen« an – also dachte ich mir: Mach auch mal so ein Webinar mit. Da ein großer Fondsanbieter aus Frankfurt am Main just eine eigene Veranstaltungsreihe für Frauen ins Leben gerufen hatte, meldete ich mich an: kostenfrei, 60 Minuten, schaden konnte es ja nicht.

Mich interessierten zwei Ebenen: Erstens wollte ich wissen, welche Arten von Anlagen und Investitionen Frauen angeboten werden. Und zweitens war ich neugierig zu erfahren, wie ein Vermögensverwalter Frauen anspricht. Wie schätzt er die spezifischen Ansprüche von Frauen (im Vergleich zu Männern) ein? Warum hält er bestimmte Investments ausdrücklich für seine weiblichen Kunden bereit?

Der Fondsanbieter hatte klare Vorstellungen, nach welchen Kriterien er mit Blick auf weibliche Investoren vorgehen sollte:

- Erstens: Frauen sind grundsätzlich risikoavers.
- Zweitens: Die Bereitschaft, Risiken einzugehen, geht in Stresssituationen bei Frauen deutlich zurück.
- Drittens: Frauen stehen auf Nachhaltigkeit.

- Viertens: Weitaus weniger Frauen als Männer wissen, was Nachhaltigkeit bedeutet.

Als die Referentin, selbst Anlageberaterin der Fondsgesellschaft, das Wort »risikoavers« sagte, stutzte sie kurz und korrigierte sich: »Frauen mögen keine Risiken. Das Wort muss ich erklären, ich spreche heute ja vor Frauen.« Ein klareres Bekenntnis zu den althergebrachten Vorurteilen gegenüber Frauen gibt es nicht – und das ausgerechnet von einer Frau.

Mich hat an diesem Abend vor allem die abgesenkte Messlatte erschreckt, die anscheinend uns Frauen gegenüber gilt. Die beiden Sprecherinnen haben langsam gesprochen, als wären weibliche Webinarteilnehmer schwerer von Begriff als männliche. Ein wenig nach dem Motto: »So, Dummerchen, jetzt hast du dich hinausgetraut aus der Küche, in die du eigentlich gehörst. Doch spute dich: Wir zeigen dir zwar, wo der Hase langläuft, aber komm bloß nicht auf den Gedanken, mit auf die Hasenjagd zu gehen!«

Dass insbesondere Frauen diesen Vorurteilen frönen, ist für mich nur auf den ersten Blick erstaunlich. Viele, denen es gelungen ist, in der vermeintlichen Männerwelt der Finanzen Fuß zu fassen, verachten jene Frauen, die das nicht gemacht haben. Die Zweiklassengesellschaft des weiblichen Geschlechts ist stark ausgeprägt und weiblicher Sexismus gegenüber Frauen sehr verbreitet – vielleicht weitaus mehr, als wir Frauen uns das eingestehen wollen. Das wird dann häufig als Zickigkeit oder Konkurrenzkampf abgetan. Ich befürchte aber, dass dahinter schiere Angst steckt. Viele Frauen fürchten, dass sie ihre Sonderstellung verlieren könnten, ihr Alleinstellungsmerkmal als Frau in einer Männerdomäne, wenn sie anderen Frauen auf Augenhöhe begegnen.

Jetzt übertrage ich diese Augenhöhe, die vielen Frauen abgesprochen wird, auf das Thema Vermögensaufbau und Vorsorge: Ich finde nicht, dass Frauen anders investieren sollten als Männer. Im Gegenteil: Die Entscheidungen, die dazu führen, Geld in ein bestimmtes Produkt anzulegen, müssen unabhängig vom Geschlecht begründet sein, weil das Geschlecht des Anlegers keinen Einfluss darauf hat, ob sich eine Investition lohnt oder nicht. Der Versuch, Frauen mit speziell auf weibliche Ansprüche zugeschnittenen Angeboten zu locken, ist für mich nichts weiter als eine Marketingidee. Also Hände weg davon! Gleichzeitig gilt aber, dass grundsätzlich viel mehr Frauen investieren sollten. Wenn also mehr Frauen dank solcher Webinare und Veranstaltungen beginnen, sich mit dem Thema Finanzen zu beschäftigen, hätten die Formate wiederum eine gewisse Berechtigung. Also korrigiere ich mich: Nicht Hände, sondern Geld weg von »Anlagefonds für Frauen«! Denn Geld kennt kein Geschlecht.

Es gibt keine spezifisch weiblichen oder spezifisch männlichen Investitionen, auch wenn immer mehr Anlageprodukte als besonders »weiblich« beworben werden. Wer investieren will, sollte nach individuellen Kriterien vorgehen und nicht nach kollektiven Rollenbildern. Suchen Sie sich die Investitionen, die zu Ihnen persönlich passen, und hören Sie nicht auf den letzten Schrei der Mode.

Kommen wir nun zu den Inhalten und Themen des Webinars. Diese sind es tatsächlich wert, diskutiert und besprochen zu werden. Weil Frauen risikoavers und nachhaltig investieren wollen, müssen wir klären, was das bedeutet. Was heißt eigentlich nachhaltiges Investieren? Und wie kann man als privater Anleger entscheiden, ob man mit einer Investition gut leben kann oder nicht? Und ich meine nicht nur die Frage, ob man Aktien eines Waffenherstellers kaufen sollte. Das ist die allseits bekannte, polarisierende Fangfrage, die fast alle von uns im Schlaf beantworten können: Natürlich wollen die wenigsten in Waffen investieren, die dazu gedacht sind, anderen Menschen körperlichen Schaden zuzufügen.

Was aber ist zum Beispiel mit dem Fall »Oatly« (wir kommen gleich dazu)? Oder wie wäre es, wenn Sie unbedingt in einen Hersteller von Bio-Baumwolle investieren wollen und dann erfahren, dass die Baumwolle zwar an sich bio ist, aber von Kindern geerntet wird. Wäre dieses Unternehmen für Sie weiterhin nachhaltig? Ich glaube nicht, dass es auf diese Fragen kategorische Antworten gibt. Das Problem der makellosen Zulieferkette und der absoluten Nachhaltigkeit ist allgegenwärtig. Unser Leben lässt sich nicht zu 100 Prozent nachhaltig gestalten. Denn auch das Leben an sich hat Abnutzungserscheinungen. Der morgendliche Blick in den Spiegel genügt hierfür.

Umso schlimmer ist die Erkenntnis, dass teuflische Investitionen tatsächlich bessere Renditen erzielen. Ein paar Studenten haben mal aus Spaß einen »Mephistofonds« aufgelegt. Sie haben sich auf »böse« Unternehmen konzentriert: Waffenhersteller, umweltschädliche Unternehmen oder Firmen, die vom Abbau von edlen Erden in Afrika und Südamerika profitieren und sich weigern, gegen Kinderarbeit vorzugehen. Und siehe da: Ihr kleines teuflisches Aktiendepot war über Jahre erfolgreicher als vergleichbare Investitionen mit reinem Gewissen. Was also tun?

Nun zum Fall »Oatly«, für den ich ebenfalls keine eindeutige Lösung habe. Oatly ist der wahrscheinlich bekannteste Hersteller von Ersatzmilchprodukten. Die Hafermilch von Oatly findet man inzwischen in den Regalen der gängigen Supermärkte. Das Unternehmen aus Schweden wächst und rühmt sich, besonders nachhaltig und ökologisch zu sein. Der Klimafußabdruck, der bei der Herstellung von einem Liter Oatly-Hafermilch verursacht wird, ist nur etwa ein Drittel so groß wie bei einem Liter Kuhmilch. Entsprechend richtet sich die Werbung für Oatly-Produkte an Menschen, die sich besonders klimabewusst ernähren: »It's like milk but made for humans.« Im Jahr 2020 hat Oatly den US-Investor Blackstone für sich gewonnen. Das rasante internationale Wachstum machte für Oatly eine Kooperation mit einem kapitalstarken Partner notwendig – und Blackstone war es sicher recht, in ein aufstrebendes Unternehmen mit einem makellosen Umweltruf zu investieren. Der Aufschrei in der Presse und bei vielen Verbrauchern war entsprechend groß. Wie kann ein so gutes und klimafreundliches Unternehmen mit einem US-Investmenthaus zusammenarbeiten, das sicher nur deswegen an Oatly interessiert ist, um von dessen Ruf zu profitieren? Darf man als wirklich nachhaltiger Verbraucher noch Oatly-Milch kaufen? Oder ist selbst das bereits ein Pakt mit dem Teufel? Die linke Tageszeitung *TAZ* titelte treffend »Hafermilchfans wittern Verrat«, weil die Erwartungen des Konsumenten, mit dem Kauf von Hafermilch auch etwas tatsächlich »Gutes« zu tun, durch den Einstieg eines Private-Equity-Riesen wie Blackstone enttäuscht werden mussten. Die Frage, auf die auch ich keine Antwort habe, lautet: Wie weit kann diese Verantwortungskette reichen – bis zum Supermarkt, in dem ich einkaufe; bis zum Produzenten des Produktes; bis zum Hersteller der Maschinen, die für die Produktion des Produktes benötigt werden; bis zum Zulieferer; bis zum Energieversorger und so weiter? Sie sehen, die Liefer- und Herstellungskette ist in unserer hochspezialisierten Gesellschaft schier unendlich – und ab einem gewissen Punkt verliert selbst der verantwortungsbewussteste Konsument den Überblick.

Ein letztes Beispiel, um uns komplett zu verwirren: Viele Unternehmen und Berufsgruppen haben betriebliche Rentenversicherungskassen. Die Orchestermusiker haben ein Versorgungswerk, die Kinderärzte, die Mitarbeiter der Stadtwerke genauso wie Lehrer und Psychotherapeuten. Diese Versorgungswerke dienen dazu, die monatlichen Einzahlungen ihrer Mitglieder anzulegen, damit bei Renteneintritt oder Pensionierung mehr Ansprüche zur Verfügung stehen. Was mich interessiert, ist das Dilemma der Versorgungskette: Der Lehrer, der zur Miete bei einer Wohnungsgesellschaft lebt, zahlt monatlich freiwillig 100 Euro an sein Versorgungswerk, um später mehr Geld zur Verfügung zu haben. Dieses Versorgungswerk sucht nach renditestarken und sicheren Investitionsmöglichkeiten und findet einen interessanten Fonds bei einer kleinen örtlich angesiedelten Versicherung. Dieser Versicherungsfonds investiert zusammen mit anderen kleinen Versicherungsfonds in einen großen Fonds. Und dieser große Fonds investiert in einen internationalen Finanzinvestor, der auch Anteile an der Wohnungsgesellschaft hält, in deren Wohnung der Lehrer zur Miete lebt.

Nun sind wir an der Reihe und versetzen uns in die Rolle des Lehrers: Würden wir einer besseren Rendite zustimmen? Sehr wahrscheinlich. Würden wir einer Mieterhöhung zustimmen? Wohl kaum. Und wie würden wir uns entscheiden, wenn wir erfahren, dass die Mietsteigerung auf der einen Seite die Rendite der Wohnungsgesellschaft und damit die späteren Auszahlungen des Versorgungswerkes auf der anderen Seite erhöhen würden?

Auch auf diese Fragen gibt es keine eindeutige Antwort. Wichtig ist daher, dass man sich die Problematisierung und ökonomischen und sozialen Verknüpfungen unserer Welt vor Augen führt und dann erkennt, dass es manchmal wichtiger ist, im Kleinen etwas zu bewegen als immer nur das große Rad neu erfinden zu wollen. Noch wichtiger ist es, dass Sie Ihre Finanzen selbst in die Hand nehmen und so den besten Überblick darüber haben, was Sie wo und wie investieren. Dann werden Sie unabhängiger und freier in Ihren Entscheidungen und in den meisten Fällen auch erfolgreicher.

Das ist für mich der Kern der ökonomischen, sozialen und ökologischen Eigenverantwortung. Wer für sich selbst sorgt und für sich selbst Verantwortung übernimmt, wird sehen, dass es dann auch viel leichter ist, Verantwortung für andere zu übernehmen: zum einen, weil man mehr Erfahrung hat, zum anderen, weil man mit der Zeit und Erfahrung auch mehr Kraft und Freiheit verspürt und dadurch auch mehr teilen kann. Beginnen wir also tatsächlich im Kleinen mit der Verantwortung für uns selbst, für unsere soziale, ökonomische Sicherheit. Schritt für Schritt.

KAPITEL 6

DIE SORGE VOR DER ALTERSVORSORGE

Wir wollen in diesem Kapitel ein paar wichtige Themen klarstellen. Dazu beginne ich mit einem Spruch, den viele Vermögens-Coaches nutzen: *»Geld ist nicht alles, aber ohne Geld ist alles nichts.«*

Ich mag diesen Spruch nicht, obwohl ich lange nicht genau sagen konnte, woran das liegt. Natürlich ist Geld nicht alles. Gesundheit, Glück, Liebe – all diese Dinge sind unersetzbar und mehr wert als alles Geld der Welt. Was brachten einem Steve Jobs all sein Geld und Erfolg, wenn er am Ende mit 56 Jahren den Kampf gegen den Krebs verloren hat? Was bringen einem Ruhm und Wohlstand, wenn die eigene Frau ein Besen ist oder der eigene Mann ein Tyrann? Fassen wir uns kurz: Der erste Halbsatz des Spruchs ist so allgemein und konsensual, dass er nicht diskutiert werden muss.

Schauen wir uns den zweiten Teil des Satzes an: *»Ohne Geld ist alles nichts.«* An diesem Halbsatz störe ich mich wahrscheinlich mehr als am ersten Teil. Klar, er eckt an und provoziert. Das haben kesse Sprüche an sich. Warum aber sollte *alles* nichts mehr wert sein, wenn man kein Geld hat? Dem kann und möchte ich nicht zustimmen. Selbst die Ärmsten der Armen können glücklich sein, obwohl sie vielleicht nicht viel mehr haben als das Nötigste zum Leben. Es ist nicht alles nichts ohne Geld. Aber vieles ist ohne Geld nicht möglich. Wer kein oder nur wenig Geld hat, wird sich viele Dinge nicht leisten können. Seien es Reisen, seien es Konsumgüter, seien es Geschenke (für sich, für Freunde, für die Familie), sei es die Freiheit von finanziellen Sorgen. Damit kommen wir der Sache schon näher. Denn man könnte vielleicht auch sagen: *Ohne Geld ist alles nichts, weil man sich die ganze Zeit Sorgen machen muss.*

Geldsorgen gehören für uns Frauen in der Tat zu den schlimmsten aller Ängste. Zwei Drittel aller Frauen machen sich regelmäßig Sorgen um ihre finanzielle Situation, während es bei den Männern jeder zweite ist. Und wenn die Sprache auf das Thema Altersvorsorge kommt, machen sich sogar über 75 Prozent der Frauen Sorgen: Die einen haben grundsätzlich Angst vor Armut im Alter (berechtigt), die anderen haben Angst, ihren Partner zu überleben (ebenfalls berechtigt) oder sich von ihm zu trennen und dann allein dazustehen (leider auch berechtigt).

Ich verbinde nun die Geldsorgen, die wir Frauen so gerne nachts haben, mit den Möglichkeiten, die uns verwehrt bleiben, wenn Geld fehlt. Dabei gilt auch hier: Die Höhe des fehlenden Geldes ist nicht entscheidend, sondern das Empfinden, dass es nicht reicht für ein auskömmliches Leben. Über die Auskömmlichkeit müssen Sie sich selbst ein mehr oder weniger klares Bild machen: Wie viel Geld benötigen Sie im Monat, um ein Ihren Wünschen und Erfordernissen genügendes Leben zu führen? Für die einen sind es 1000 bis 2000 Euro, für die anderen vielleicht 5000 bis 10 000 Euro oder 50 000 bis 100 000 Euro. Die Sorgen, wenn das Geld nicht ausreicht, bleiben erschreckenderweise immer die gleichen: Geld hat die Eigenschaft, nie zur Genüge vorhanden zu sein.

Sie stehen genau jetzt vor der Wahl. Entweder Sie begnügen sich damit, nachts wachzuliegen und sich Sorgen und Gedanken über die anstehenden Rechnungen und Abbuchungen zu machen, und schieben die längst überfällige Planung Ihrer Finanzen immer weiter hinaus. Oder Sie packen es an. Klar, das ist leichter gesagt als getan. Prokrastination, im Volksmund Aufschieberitis genannt, ist uns allen eigen. Wir verschieben Sorgen und Aufgaben häufig auf den nächsten Tag und begnügen uns mit dem flüchtigen Glück des Augenblicks. Das ist die gegenteilige Eigenschaft zum Nichtvorhandensein des Geldes. Denn selbst in den dunkelsten Momenten sind wir Menschen fähig, uns für einen Augenblick Glück zu verschaffen. Die schlaflose, sorgenvolle Nacht nehmen wir dann billigend in Kauf. Das ist eine der wichtigsten Eigenschaften des menschlichen Überlebenswillens.

Das Gegenteil von Sorgen ist nicht Sorglosigkeit, sondern Planung und Vorsorge. Ins Positive gewendet, ist die Sorge um die eigene finanzielle Zukunft die Entscheidung, diese zu verändern. Das Erstaunliche ist: Wir alle können unsere eigene finanzielle Zukunft gestalten. Wir sind es – und zwar jede Einzelne von uns –, die den Entschluss zur Vorsorge und der damit einhergehenden Beendigung der Sorgen fassen und umsetzen können. Man muss den Schritt wollen und machen. *Wagen* muss man diesen Schritt nicht. Denn man muss ihn nicht fürchten, da von der Vorsorge keine Gefahr ausgeht. Im Gegenteil: Je früher Sie anfangen, sich mit Ihren Finanzen auseinanderzusetzen, desto schneller schwinden die Gefahren, die einem später Sorgen bereiten werden.

Zwei Haken gibt es: den Willen und die Sucht.

Ich beobachte das jedes Jahr, wenn ich an der Supermarktkasse ab Ostern nur noch Zeitschriften mit Bikinifiguren und den neusten Diät-Tipps sehe. Angepriesen wird die Strandfigur in drei Monaten, in zwei Monaten und dann, je näher der Sommer kommt, in Wochen: in vier Wochen zum Bikini, in drei Wochen ... Irgendwann wird es lächerlich und die Tipps schwenken um. Plötzlich wird uns empfohlen, wie wir die übriggebliebenen Fettpölsterchen am erfolgreichsten kaschieren können. Das lässt sich gleich doppelt auf unser Thema übertragen: Der einfache Vergleich liegt darin, dass man die Entscheidung, Sport zu machen und abzunehmen, selbst treffen muss. Diese Entscheidung kann Ihnen keiner abnehmen. Jede von uns weiß um die eigenen Problemzonen. Das gilt auch für unsere Altersvorsorge. Jede von uns sollte wissen, wie viel sie hat und haben wird. Also: Schauen Sie nach und zählen Sie aus, was auf der Haben- und Soll-Seite steht. Wie hoch sind Ihre Schulden? Wie hoch ist Ihr Einkommen, wie groß Ihr Vermögen und Ihre späteren Ansprüche? Das ist wie der Blick auf die Körperwaage. Solange Sie sich nicht einmal trauen, Ihr Gewicht zu wiegen, solange werden Sie auch nicht den Entschluss fassen können, etwas daran zu ändern.

Der zweite Vergleich greift die Zeitschriften auf. Über Monate erhalten Sie Tipps und Ratschläge, wie Sie Gewicht verlieren können. Das ist die Zeit, in der Sie auch aktiv finanzielle Vorsorge und Vermögensaufbau betreiben können. Es kommt aber der Punkt, ab dem das nicht mehr geht. Zwei Wochen vor dem Strandurlaub wird Abnehmen und Sport nicht mehr helfen, es fehlt schlicht die Zeit. So ist es auch mit der Vorsorge. Wer mit 20, 30, 40 und selbst noch mit 50 Jahren beginnt, sich um die Altersvorsorge und den Vermögensaufbau zu kümmern, kann noch einen positiven Effekt erzielen. Logischerweise umso mehr, je früher man anfängt. Je später Sie beginnen, desto schmerzvoller wird der Betrag sein, den Sie beiseitelegen müssen. Wenn Sie sich aber den 60 gefährlich nähern, dann wird Vorsorge nicht mehr möglich sein. Wie auch? Schließlich müssen Sie genau für die Phase des Lebens Sorge tragen, in der Sie schon sehr bald stehen werden. Wir alle müssen verstehen, dass es den Punkt gibt, ab dem Vermögensaufbau nicht mehr begonnen werden kann. Wenn Sie diesen Punkt verpassen, werden Sie an der Substanz sparen müssen. Dann heißt es: weniger ausgeben, Konsum und Wünsche einschränken, den Lebenswandel an die geringeren Einkünfte anpassen.

Das Beruhigende an Sport und Vorsorge ist, dass beides süchtig macht. Zumindest ein wenig. Wir wollen keine professionellen Investoren werden und beileibe auch keine Profisportler. Wir wollen lediglich zufrieden werden – was gleichbedeutend ist mit weniger Sorgen. Das also ist der zweite Haken. So gut wie jede von uns hat schon einmal eine Diät gemacht. Je erfolgreicher wir das Programm durchgestanden haben, desto zufriedener wurden wir. Sie haben etwas erreicht, Gewicht verloren, Muskeln aufgebaut, passen plötzlich wieder in einen Rock oder in eine Hose von vor ein paar Jahren, ohne dass die Knöpfe schreien. Dieses Gefühl der Zufriedenheit haben Sie sich selbst zuzuschreiben. Diese Zufriedenheit ist auch das Ziel Ihrer finanziellen Vorsorge und Ihres Vermögensaufbaus. Sie müssen nicht zur Krämerin werden, die jeden Cent zählt und jeden Euro umdreht. Das bringt weder Lebensfreude noch macht es erfolgreicher. Aber es macht einen Unterschied, ob Sie sorgenvoll Ihren Kontoauszug lesen, ob Sie Ihre Ausgaben und Einnahmen im Gleichgewicht halten oder ob Sie mitbekommen, wie Ihr Vermögen und Ihre späteren Ansprüche Monat für Monat und Jahr für Jahr wachsen. Die Zufriedenheit, die man verspürt, wenn man am Ende eines Finanzjahres die Jahresabschlüsse der eigenen Investitionen betrachtet und feststellt, dass das Jahr gut für einen gearbeitet hat, ist das Ergebnis Ihrer Vorsorge und die beste Medizin gegen nächtliche Sorgen.

Das hat sich jetzt alles so einfach angehört, ist es aber ebenso wenig wie eine erfolgreiche Diät und das Erreichen der Bikinifigur. Für beides ist Disziplin erforderlich – sowie die Neugier und der Wille, etwas an sich selbst zu verändern. Ohne diesen Wunsch wird es nicht funktionieren. Für den Anfang freilich, für den ersten Schritt, den jede von uns machen sollte, genügt schon ein wenig Neugier. Ich habe es bereits mehrfach erwähnt und wiederhole meine Bitte: Nehmen Sie sich Ihren Kontoauszug vor, Ihre Einnahmen, Ihre Ausgaben, Ihre Vermögenswerte, Versicherungen und Anlagen. Es kommt nicht auf die Höhe Ihrer Schulden an. (Wenn Sie eine positive Bilanz ziehen können, umso besser!) Was zählt, ist die Tatsache, dass Sie Ihre Finanzen anpacken. Geld macht natürlich nicht glücklich. Aber Erfolg macht zufrieden. Und finanzieller Erfolg auch.

Fangen Sie an zu planen! Das ist viel gesünder und erfolgversprechender, als sich Sorgen zu machen. Was die Zukunft Ihnen bringt, haben Sie selbst in der Hand – zu großen Teilen jedenfalls. Nutzen Sie die Zeit, die Sie haben, organisieren Sie Ihren finanziellen Alltag und Sie werden sehen: Je besser der Überblick über Ihre Finanzen ist, desto sorgenfreier und erfolgreicher wird Ihr Leben.

TEIL 4
IMMOBILIEN HABEN SICH NOCH NIE NICHT GELOHNT

Der Immobilienunternehmer Jakob Mähren hat eine der wichtigsten Grundregeln des Vermögensaufbaus in einem Kommentar für die *WirtschaftsWoche* auf den Punkt gebracht: »Immobilien haben sich noch nie nicht gelohnt.« Das heißt: Eine Wohnung hat – unabhängig von den anderen entscheidenden Faktoren für das Erzielen von passivem Einkommen – immer an Wert gewonnen. Wenn Sie eine Wohnung, die Sie heute kaufen, in zehn Jahren wieder veräußern wollen, werden Sie mit sehr großer Wahrscheinlichkeit einen höheren Preis erzielen, als Sie beim Kauf bezahlt haben. Und selbst wenn der Kaufpreis um einige Prozent niedriger ausfallen sollte – die Mieten werden in den kommenden Jahren stetig weitersteigen, sodass der Kauf für den Bestand sich allezeit dank der möglichen Renditen auszahlt.

Deswegen müssen wir uns fragen: Für wen kaufen wir? Und da werden Sie eine bittere Wahrheit erfahren: Das eigene Haus, die eigene Wohnung ist ein Konsumgut. Und das sage ich, obwohl ich selbst Maklerin bin und davon lebe, Menschen beim Erwerb von Immobilien zu beraten. Ich werde also an dem Ast sägen, der mich nährt. Das mache ich nicht, weil ich gegen Immobilien oder gegen selbstgenutztes Wohneigentum oder gar zynisch bin. Uns geht es nämlich zunächst um die Unterscheidung zwischen Konsum und Investitionen. Und da müssen wir uns das Eigenheim genauer anschauen.

Umgekehrt gilt, dass Wohnungen zur Vermietung kein Konsumgut sind. Und deswegen wollen wir uns mit folgendem wehmütigen Gedanken beschäftigen, den jede von uns kennt: »Hätte ich damals nur eine Wohnung gekauft!« Entweder haben wir das selbst gedacht oder von jemand anderem gehört. Dabei gibt es klare Spielregeln für die Investition in eine Immobilie. Wo kaufen? Was kaufen? Wann kaufen? Und was vom Kauf erwarten?

Das sind einige der wichtigsten Fragen, mit denen wir uns beschäftigen müssen.

Deswegen steigen wir sogleich mit dem Standort ein. Da bietet Deutschland tatsächlich viele Vorzüge gegenüber den europäischen Nachbarn: Unser Land ist nicht zentralistisch, sondern föderal aufgebaut. Überall gibt es ansprechende Städte, in denen sich ein Immobilienkauf lohnt. Die vielen spannenden Regionen sind das eine, das andere aber ist der Regionalbezug, den wir benötigen, um mögliche Risiken bei Investitionen zu minimieren. Wir müssen darüber sprechen, wie gut Sie sich vor Ort auskennen sollten und wie weit Sie es bis zu Ihrer Wohnung haben.

Daneben gibt es die alles entscheidende Frage des Geldes, das Sie zur Verfügung haben. Dabei geht es nicht um Ihr Geldvermögen, sondern darum, bis zu welchem Preis Sie finanzieren können – und sollten. Wir haben in den vergangenen Kapiteln über Risiken und Chancen gesprochen. Jetzt haben Sie die Gelegenheit, aktiv zu handeln und Verantwortung für Ihre Finanzen zu übernehmen.

Letzter Punkt: Ihre Erwartungshaltung. Viele Investoren träumen vom großen Geld. Wir alle haben davon gehört, dass sich Investitionen verzehnfacht oder gar verhundertfacht haben. Derartige Traumschlösser bauen wir nicht. Gleichzeitig wollen wir einen Fall besprechen, der zeigen wird, dass selbst unter widrigen Umständen eine Investition in eine Immobilie die richtige Entscheidung ist – und sich am Ende auszahlt.

Und dann gibt es noch einen weiteren Grund, den ich immer wieder beherzige. Viele Menschen fragen sich, ob sie noch abwarten sollen, ehe sie eine Immobilie kaufen. Ich kann darauf nur antworten: Kaufen Sie eine Immobilie und warten Sie dann ab!

KAPITEL 1

KAUFEN SIE NICHT FÜR SICH!

Ab jetzt wird es unterhaltsam. Wir gehen shoppen – und zwar im richtig großen Stil. Wir suchen für unseren Einkaufswagen eine Immobilie. Nicht zum Selbstnutzen (Vorsicht, Konsumgut!), sondern als finanzierte Kapitalanlage zum Vermögensaufbau. Trotz dieser nüchternen Einschränkung gilt: Am Ende unserer gemeinsamen Reise werden Sie die bis dato wahrscheinlich größte Einzelinvestition Ihres Lebens tätigen. Sie werden beim Notar sitzen, Sie werden unterschreiben, Sie werden Verantwortung übernehmen, Sie werden auf Ihre erste Investition anstoßen.

Jeder Immobilienkauf ist ein hoheitlicher Akt. Ich selbst habe auch nach vielen Jahren in dieser Branche sehr viel Respekt vor der Beurkundung. Immerhin geht es nicht nur darum, dass Grund und Boden den Eigentümer wechseln, sondern in vielen Fällen auch um finanzielle Verpflichtungen. Kritiker würden sagen: Wer eine Immobilie kauft, verschuldet sich, und da ist auch sehr viel dran. Jedes Wagnis ist mit Schulden und Risiken behaftet. Wenige Unternehmer können ohne Schulden agieren. Sie sind aber felsenfest davon überzeugt, dass das Produkt, das sie anbieten, Erfolg haben wird. Daher sind sie bereit, nicht nur ihr eigenes Geld zu investieren, sondern auch einen Kredit dafür aufzunehmen. Wohlgemerkt: Wenn Unternehmungen *finanziert* werden, scheinen auch die Geldgeber davon überzeugt zu sein, dass das Projekt Aussicht auf Erfolg hat. Das Risiko des Misserfolges lassen sie sich mit Zinsen aufwiegen.

Im Vergleich zu einer Firmengründung ist der Immobilienkauf eine sehr sichere Variante finanzierter Investitionen. Immerhin liegt ihm nicht nur eine Idee der Verschuldung zugrunde, sondern ein greifbarer, wenn auch unbeweglicher Sachwert: eine Wohnung oder ein Haus, das Mieten einbringt und im Falle der Fälle auch wieder verkauft werden kann. Für konservative, also risikoaverse Investoren gibt es keine ruhigere Anlageklasse. Das gilt in ähnlicher Form auch für Gewerbeimmobilien. Wir wollen unseren Fokus aber bewusst auf die vermietete Wohnung als Anlageklasse legen, auch weil den meisten von uns diese Art der Immobilie am nächsten ist.

Die schöne Nachricht also vorweg: Auch wenn Sie selbst nie in diese Wohnung einziehen werden, macht dieses Shoppen sehr viel Spaß. Eine Immobilie zu erwerben, ist etwas Grundbehagliches, denn dieser Vorgang erdet. Eigentum ist ein Anker, der wie wenig anderes Sicherheit bietet: Was Sie da Ihr Eigen nennen dürfen, sind nicht Wertpapiere oder Geld, sondern ein Stück Wohnraum – und das ist eine der Grundfesten unserer Kultur.

Und nun die Herausforderung, denn Suche und Kauf einer Immobilie machen uns kirre, sie verunsichern uns und bringen uns in einen Schwebezustand. Das ist, wenn ich mir den vorherigen Absatz noch einmal anschaue, paradox: Das Ziel gibt Sicherheit und erdet uns; der Weg dahin aber sorgt für große Unsicherheit. Daran werden wir nichts ändern können, weil das Ergebnis rückblickend betrachtet immer logisch aussieht, während die Reise dorthin durch Ungewissheiten führt.

Vor allem die Frage, wo der richtige Standort für die Immobilie zur Kapitalanlage sein könnte, wird bis zur Beurkundung unser ständiger kritischer Begleiter sein. Wird die Investition ein Erfolg? Was, wenn mein Mieter auszieht und ich keinen Nachmieter finde? Was, wenn plötzlich Schäden auftreten oder sichtbar werden? Das sind die eindeutigen Fragen. Darüber hinaus aber haben wir beim Immobilienerwerb automatisch eine Idealvorstellung, *wo* sich unser Wohneigentum befinden sollte: in einer bestimmten Stadt, in einer bestimmten Gegend oder Straße. Manchmal träumen wir sogar davon, in einem bestimmten Haus Eigentum zu haben. Damit wollen wir zuerst aufräumen: Das Bild von der *hübschen* Immobilieninvestition ist eine Wunschvorstellung. Wenn Sie so weit sind, dass Sie sich eine Immobilie kaufen können, nur weil sie Ihnen gefällt, dann melden Sie sich bitte bei mir und laden mich zum Essen ein. Sie können es sich offensichtlich leisten.

Fassen wir also zusammen: Die Immobilie zum Vermögensaufbau ist keine Trophäe, die man sich an die Wand hängt, kein Kleinod und erst recht kein Sammlerstück, sondern nüchterne Kalkulation. Die Rechnung besteht aus den Kosten und den Nebenkosten des Erwerbs auf der einen und den gegengerechneten Finanzierungsmöglichkeiten auf der anderen Seite. Und ferner besteht diese Rechnung aus den Mieteinkünften auf der einen und Zins, Tilgung und den laufenden Instandhaltungskosten auf der anderen Seite. Wenn diese Kalkulation stimmt und Sie mit 10 Prozent der monatlichen Umsätze im Plus stehen (die Sie selbstverständlich zurücklegen!), dann funktioniert die Investition und Sie haben die richtige Wahl getroffen. Wenn Sie Zweifel hegen, kontrollieren Sie Ihre Rechnung. Wenn die Rechnung nicht aufgeht, dann ist das Angebot eben nichts für Sie, und Sie suchen weiter.

Zentral bleibt aber die Frage, in welcher Stadt die Immobilie stehen soll, unabhängig vom Preis und Ihren Investitionsmöglichkeiten. Wenn Sie aufgrund Ihres Eigenkapitals ein Mietshaus für mehrere Millionen Euro erwerben können, müssen Sie sich mit dieser Frage ebenso konkret und nüchtern beschäftigen, wie wenn Sie im fünf- oder kleineren sechsstelligen Bereich eine erste Mietwohnung erwerben möchten.

Nehmen wir als Erstes Ihre Heimatstadt. Viele Menschen meinen, die eigene Heimatstadt besonders gut zu kennen, vor allem die begehrteren und weniger begehrten Straßen und Lagen, und halten das für wichtige Kriterien für den Immobilienerwerb. Geht es Ihnen auch so? Ich kann zum Beispiel die Kieze und Ecken meiner Kindheit vor meinem geistigen Auge auf und ab laufen. Ich sehe die Häuser, die Schilder, auch einzelne Geschäfte, die es womöglich gar nicht mehr gibt. An manchen Häusern bleibe ich kurz stehen und schaue nach oben, weil ich mir früher immer vorgestellt habe, wie es wohl hinter der Fassade aussieht. Wie sind die Wohnungen geschnitten? Wie ist der Treppenaufgang? Wer wohnt hier? All diese Fragen treiben uns auch jetzt um, während wir Ausschau halten nach einer richtigen (also: sicheren und zugleich Erträge erzielenden) Investition.

Ich habe eine gute Freundin in einer westdeutschen Großstadt. Dort gibt es einen Platz, von dem drei lange Straßen wegführen, überwiegend mit Gründerzeithäusern. In einer dieser Straßen eine Wohnung zu haben, scheint auf den ersten Blick frei von Risiken zu sein. Die Straße beginnt an einer belebten Kreuzung mit U-Bahn-Haltestelle und Fußgängerzone, die sich weiter in Richtung Innenstadt schlängelt. Meine Freundin hatte sich entschieden, in eine Wohnung zu investieren, die sie vermieten wollte. In ihrer Vorstellung befand sich ihre Traumimmobilie natürlich in diesem Stadtteil. Also schauten wir uns gemeinsam einige Angebote für Investitionsobjekte in der Gegend an. Wenn ich Preis und Quadratmeter interessant fand und eine genauere Prüfung vorschlug, meinte meine Freundin, dass die Ecke nicht mehr ganz so gut sei, dass man ja schon näher am Stadtwald sein müsse und nicht hinten in Richtung der Ausfallstraßen. Ihre Meinung war gefestigt: Alles bis zum Moltkeplatz, so hieß ein Platz auf halber Länge der Straße, war in Ordnung. Danach fing es an, langweilig zu werden. Oder ich zeigte auf eine Wohnung in einem Nachkriegsbau zwischen zwei Gründerzeithäusern – offensichtlich war dort im Zweiten Weltkrieg eine Bombe eingeschlagen. Die Wohnung war gut geschnitten und hatte einen angenehmen Blick in den begrünten Hof. Doch meine Freundin schaute nur skeptisch und sagte, der Charme dieses Stadtteils würde doch vor allem in seinen alten Fassaden und den Wohnungen mit den hohen Zimmerdecken liegen.

So ging das Spiel einige Zeit – und mein Blick auf die nüchternen Parameter der finanziellen Investition kollidierte zunehmend mit den emotionalen Kriterien meiner Freundin. Irgendwann fragte ich etwas brüsk, ob sie eine Wohnung für sich sucht oder eine, die sie erfolgreich vermieten konnte. Da schaute sie mich verständnislos an und fragte, wie ich das denn meinen würde. Genau an diesem Punkt müssen wir auch ansetzen. Die Wohnung als Investition ist nicht Ihre Traumwohnung. Vielmehr dient sie Ihnen zum Vermögensaufbau. Sie selbst würden dort vielleicht nicht einziehen. Aber ist das tatsächlich von Bedeutung? Je objektiver und weniger emotional Sie an die Investition herantreten, desto besser. Wir wollen keine Emotionen wecken, sondern finanzielle Verpflichtungen eingehen, um damit wiederum finanzielle Vorteile zu erwirtschaften. Ob sich die Wohnung in einem Prachtbau aus der Kaiserzeit befindet oder in einem Plattenbau der 1960er- oder 1970er-Jahre, darf keine Rolle spielen. Was zählt, ist, dass die wirtschaftlichen Parameter erfüllt sind: Wie teuer ist der Erwerb? Wie hoch sind die Nebenkosten?

Wie hoch ist die mögliche Miete? Wie gefragt ist die Lage jetzt und in Zukunft? Diese Kriterien allein entscheiden über den Kauf – und nicht Ihre Kindheits- und Jugenderinnerungen oder Ihre persönliche Einstellung zu einem bestimmten Kiez.

Ich weiß, ich fordere Nüchternheit von Ihnen, und dabei geht es um so viel – vor allem auch um so viel Geld. Aber nur so wird die Immobilieninvestition zum Erfolg. Wenn Sie ausschließlich das kaufen, was Sie auch gern selbst bewohnen würden, werden Sie immer zu teuer erwerben und zu viel investieren. Liebhaberobjekte und die oben angesprochenen Trophäen seien jedem gegönnt, der es sich leisten kann. Doch dafür ist es in unserem Fall eindeutig zu früh.

Nun drehen wir den Spieß um: Ob die Wohnung in einem Altbau oder in einem Nachkriegsbau ist, schmälert nämlich die Nachfrage auf dem Käufermarkt maßgeblich. Viele Selbstnutzer fallen weg – und das wiederum ist gut für den Preis. Gleichzeitig betrifft diese höhere Nachfrage von Käufern nach Altbauten und niedrigere Nachfrage nach Nachkriegsbauten nicht unmittelbar den Mietwohnungsmarkt, der weniger von persönlichen Vorlieben als von der Notwendigkeit nach einer geeigneten Wohnung getrieben ist. Gibt es also plötzlich zwei Märkte – einen für Mietwohnungen und einen für Eigentumswohnungen? Nicht ganz, möchte ich sagen. Der Wohnungsmarkt ist eine Einheit und die einzelnen Aspekte – also Miete und Eigentum – bedingen sich gegenseitig. Weil mehr Menschen, die sich eine Eigentumswohnung zum Selbstnutzen kaufen möchten, auf Altbauten schielen, sind die Kaufpreise in Altbauten grundsätzlich höher und die Mietrenditen abseits der Toplagen automatisch niedriger als in Nachkriegshäusern – und umgekehrt: In eher unscheinbaren Häusern aus den 1960er- bis 1980er-Jahren in nachgefragten Lagen lassen sich in Relation zum Kaufpreis höhere Mieten erzielen.

Ich komme nun wieder auf meine Bekannte aus der westdeutschen Großstadt zurück. Es hat einige Zeit gedauert, bis sie sich innerlich von der Vorstellung gelöst hat, eine Immobilieninvestition und der Eigenheimkauf seien vergleichbare Projekte. Bei der finanzierten Mietwohnung geht es um Funktionalität. Sie bieten als Vermieter eine Wohnung an, die den Bedürfnissen und dem Geldbeutel eines bestimmten potenziellen Mieters entspricht. Der Mieter wiederum fragt nach einer Wohnung mit einer bestimmten Größe, einer bestimmten Anzahl an Zimmern zu einem bestimmten Preis an einem bestimmten Standort. Passen Ihre gemeinsamen Parameter, kommt es zum Match. Und deswegen ist für Ihre Investitionsentscheidung maßgeblich, ob das, was Sie anbieten werden, von möglichst vielen Menschen gesucht wird. Ob die Wohnung besonderen ästhetischen oder emotionalen Bedürfnissen entspricht, ist hier nicht entscheidend. Backen Sie normale Weizenschrippen – und Sie können sich als Bäcker darauf verlassen, dass die Nachfrage danach konstant hoch bleiben wird. Wenn Sie mit erhöhtem Aufwand unterschiedliche Körnerbrötchen backen, werden Sie feststellen, dass die einen Kunden Mohn, die anderen Sonnenblumenkerne, die dritten Vollkorn und die vierten gar nichts von all dem bevorzugen. Und dann stehen Sie da – mit ganz besonderen Brötchen, für die es aber nur kleinere Marktsegmente gibt.

Das lässt sich unmittelbar auf die Wohnungsinvestition übertragen: Sie kaufen nicht für sich, sondern um eine möglichst große Nachfrage abzudecken. Tun Sie sich also den Gefallen und lösen Sie sich von Ihren persönlichen Wunschvorstellungen von der Traumimmobilie. Denn Ihre eigenen Wohnansprüche verbauen Ihnen die Sicht auf die mögliche Rendite. Kaufen Sie, was möglichst viele Menschen brauchen: eine bezahlbare Mietwohnung mit mittlerer Ausstattung in mittlerer Lage. Sie werden feststellen, dass Sie nie Probleme haben werden mit der Vermietung, der Nachmietersuche und – sollten Sie diese Option irgendwann in Betracht ziehen wollen – dem Weiterverkauf an den nächsten Kapitalanleger.

> Treten Sie an die Eigentumswohnung zur Kapitalanlage ohne Emotionen heran. Es geht nicht darum, ob Ihnen persönlich die Wohnung gefällt oder nicht. Sie werden nie in diese Wohnung einziehen! Sie kaufen, weil Sie Vermögensaufbau betreiben. Für mich ist das eine der wichtigsten Grundregeln bei der Investition in eine Immobilie.

KAPITEL 2

KEIN PORSCHE, SONDERN EIN GOLF

Bestimmt erinnern Sie sich noch an Ihr erstes Auto. Und wenn Sie so jung sind, dass Sie kein Auto mehr kaufen wollen, weil Sie in heutigen Zeiten kein eigenes mehr brauchen, dann vielleicht an Ihre erste Armbanduhr, die Sie selbst bezahlt haben. Oder an Ihren ersten Urlaub, den Sie sich selbst verdient haben.

Ich bleibe, sehen Sie es mir bitte nach, zunächst beim alten Verbrennungsmotor. Dabei gehe ich davon aus, dass Ihr erstes Auto kein Porsche war, sondern ein Volkswagen oder Opel oder Peugeot. Natürlich gibt es auch jene, die sich gleich nach bestandenem Führerschein einen Luxussportwagen kaufen können.

Ähnliches gilt für Ihre erste Uhr: War das tatsächlich eine Rolex oder Cartier oder haben Sie sich mit einer Swatch begnügt? Und wie war es mit dem Urlaub? Hotel in Dubai oder Rucksacktour durch Spanien?

Wenn es um den Aufbau eines Vermögens geht, gelten die gleichen Regeln wie bei der Auto-, Uhren- und Hotelwahl. Sie reduzieren Ihr Investitionsspektrum auf das Pragmatische und Nötige. Das heißt: Ein Auto muss Sie verlässlich von A nach B bringen, eine Uhr muss funktionieren, ein Hotel sauber und sicher sein. Und dementsprechend soll die erste Eigentumswohnung zur Kapitalanlage eine solide und sichere Investition von mittlerer Güte und in mittlerer Lage sein. Mit diesem Thema wollen wir uns im Folgenden beschäftigen. Über die Unterschiede bei den Standortkriterien – je nachdem, ob Sie eine Immobilie zur Selbstnutzung oder zur Vermietung suchen – sprachen wir schon im vorherigen Kapitel *Kaufen Sie nicht für sich*. In diesem Kapitel gehen wir weiter ins Detail und fragen uns, welche Lage- und Ausstattungsqualität Ihre Immobilie zur Kapitalanlage haben sollte. Zudem beschäftigen wir uns mit der Frage, ob es Unterschiede gibt zwischen der ersten Immobilie und späteren Investitionen.

So wie es das Fahrzeugsegment der Luxus-Automobile gibt, gibt es auf dem deutschen Immobilienmarkt auch die Porsches und die Rolex-Modelle. Sie befinden sich in München, Baden-Baden, auf Sylt und am Starnberger See, in Heidelberg, Freiburg und Tübingen. Mein Rat an Sie: Suchen Sie Ihre erste Immobilie zur Kapitalanlage nicht an diesen Luxus-Standorten. Selbst wenn Sie Münchnerin oder Baden-Badenerin sind, tun Sie sich bitte den finanziellen Gefallen und heben Sie sich den Erwerb einer Immobilie zur Kapitalanlage in diesen Städten für später auf.

Die Preise für Wohnungen sind an diesen Top-Standorten derart hoch, dass die Investitionskosten die möglichen Risiken nicht mehr abdecken können. Der Kauf einer Immobilie in München ist wie eine Trophäe, die Sie sich in den Schrank stellen. Doch diese Trophäe müssen Sie sich erst noch verdienen. Daher gilt: Sollten Sie sich in einigen Jahren, mit einem kleinen Portfolio an vermieteten Wohnungen ausgestattet, für eine Immobilie an einem dieser Luxus-Standorte entscheiden, dann entspricht diese Investition dem Kauf einer Rolex oder dem Erwerb eines sportlichen Cabriolets. Denn sie gehören allesamt zu den schönen Dingen des Lebens.

Wenn Sie als Münchnerin nun nachdenken, wo Sie statt in Ihrer bayerischen Heimatstadt investieren sollten, dann werfen Sie ebenfalls einen Blick auf die Karte. Für Sie, liebe Münchnerin, gilt nämlich die gleiche Regel wie für die Freiburgerinnen und die Heidelbergerinnen. In der näheren Umgebung von München – und ich meine damit nicht besagten Starnberger See – gibt es einige Kreise und Städte, in denen das Verhältnis zwischen Kauf- und Mietpreis auf der einen Seite und das allgemeine Preisniveau auf der anderen Seite weiterhin erschwinglich ist (um nur drei zu nennen: Augsburg, Ingolstadt, Landshut).

Auch hier gilt grundsätzlich der Umkehrschluss: Machen Sie sich schlau, ehe Sie anfangen, intensiv nach einer passenden Immobilie zu suchen. Finden Sie heraus, welche Städte oder Kreise aktuell zu den teuersten in Deutschland gehören. Streichen Sie diese von der Liste. Informationen dazu finden Sie in beinahe allen Nachrichtenportalen. Zudem veröffentlichen die großen Banken und Bausparkassen regelmäßig Berichte und Studien zu diesem Thema. Alle anderen Städte – und dazu gehören auch die großen Metropolen – sind weiterhin für Privatinvestoren, wie wir es sein möchten, realistisch.

> Lesen Sie regelmäßig Artikel zu den Preisentwicklungen am Wohnimmobilienmarkt. Mindestens einmal im Monat wird eine neue Studie veröffentlicht und in allen gängigen Nachrichtenportalen zusammengefasst. Ob spiegel.de, faz.net oder focus.de: Hier finden Sie aktuelle Grafiken und können Ihre Standorte überprüfen und vergleichen.

Mir hat es der Autovergleich angetan, deswegen möchte ich einen Punkt nochmals erläutern. Angenommen, Sie haben den Standort ausgewählt und beginnen nun mit der Suche nach der passenden Immobilieninvestition. Dann werden Sie staunen, dass es selbst an mittleren Standorten enorme Preisunterschiede gibt. Auch in kleinen, unscheinbaren Städten gibt es Bestlagen: direkt am Park, am Markplatz, mit Blick auf den Fluss und das Altstadtpanorama. Bei solchen Immobilien überwiegt der Konsum- und Trophäenanteil den Nutzwert der Wohnung bei Weitem. Auch hier gilt also: Wenn Sie sich eine solche Immobilie leisten können, dann umso besser. Für eine Erstinvestition zur Vermietung, die Sie zudem zu einem großen Teil finanzieren wollen, eignen sich solche Objekte aber kaum. Das ist tatsächlich so wie bei der Autowahl. Die Preisspanne für einen VW Golf ist enorm. Sie können das einfachste Modell ohne Zusatzausstattung wählen oder Sie entscheiden Sie für einen Golf GTI mit Ledersitzen, Sportreifen und sämtlichen in der Konfiguration verfügbaren Extras. Sie werden sich wundern: Während das Einsteigermodell rund 20 000 Euro kostet, zahlt man für das gleiche Auto mit sämtlichen Extras rund 60 000 Euro – also das Dreifache. In beiden Fällen erhalten Sie am Ende aber einen *VW Golf*.

So verhält es sich auch mit der Immobilieninvestition. Unabhängig vom absoluten Preis, den Sie zahlen, investieren Sie in eine Wohnung zur Kapitalanlage, und so wie für einen Alltagswagen nicht Motorisierung, Ledersitze und Sportreifen ausschlaggebend sind, sondern die Funktionalität, gilt das auch entsprechend für Immobilien und Ihre Mieter. Bei jeder Investition in einer Wohnimmobilie zur Vermietung müssen Sie daher abstrahieren und sich den Blickwinkel Ihres potenziellen Mieters aneignen. Und hier gilt: Da jedes luxuriöse Extra in der von Ihnen angebotenen Mietwohnung mit zusätzlichen Kosten für den Mieter verbunden ist, schmälern Sie damit auch automatisch den Mieterkreis. Zudem verkomplizieren Sie Vermietungen und belasten das Verhältnis zwischen sich und Ihrem Mieter.

> Bedenken Sie immer, dass Sie eine Wohnung mit hohem Nutzwert anbieten. Ihre Mieter wollen möglichst wenig Miete zahlen und möglichst viel Platz zum Wohnen haben. Wichtiger als Extras ist daher, dass die Wohnung praktisch, pflegeleicht und funktional ist. Dann werden Sie immer genug Nachfrage erfahren und auch weniger Sorgen haben.

Die Kriterien der Ausstattung beziehen sich auch auf die Lage innerhalb der Stadt, in der Sie investieren wollen. Sofern der Standort positive Wachstumsaussichten hat – wir werden darüber noch ausführlich sprechen –, werden Sie in allen Lagen an diesem Standort eine stetig hohe Nachfrage vorfinden. So sind beispielsweise in Hamburg nicht nur das Schanzenviertel und Sankt Georg sehr beliebt, sondern auch die nördlichen und östlicheren Stadtteile stark nachgefragt. Die Mieter sind in den unterschiedlichen Stadtteilen auch entsprechend unterschiedlich sozialisiert. Aber ist das ein Kriterium? Im Gegenteil: Sie sollten mit Blick auf die Kapitalanlage schauen, wo Sie mehr Menschen mit dem Produkt, das Sie anbieten, ansprechen können. Und hier gilt erst recht: Das potenzielle Mieterklientel ist in den weniger angesagten und preiswerteren Bezirken größer. Denn dort gibt es mehr Menschen, die eine bezahlbare Wohnung brauchen und suchen, als Menschen, die unbedingt eine Wohnung in einem bestimmten Kiez haben wollen.

Und jetzt wechseln wir wieder die Perspektive und schauen auf Ihre monatlichen Einnahmen und Ausgaben. Ob Sie nämlich eine Wohnung in einem denkmalgeschützten Ensemble vermieten oder in einem schmucklosen Nachkriegsbau, ändert nichts daran, dass Sie monatliche Mieteinnahmen verbuchen und Ihre Immobilie damit abbezahlen können. Für welchen Typ Wohnung und von welchem Mieter Sie das Geld erhalten, hat weder für Ihr Konto noch für Sie eine besondere Bedeutung. Ich meine sogar, dass Mieteinnahmen aus einer Wohnung mittlerer Güte in mittlerer Lage mit einem geringeren Stressanteil verbunden sind, weil man sich als Vermieter weniger Sorgen um mögliche Schäden machen muss.

Neben diesen psychologischen Punkten gibt es für den Kauf einer Immobilie zur Kapitalanlage mit mittlerer Güte und in mittlerer Lage vor allem auch unmittelbare finanzielle Argumente. Beim Erwerb der Mietwohnung legen Sie Ihrer Kaufentscheidung zwei Preisspannen zugrunde: die Kaufpreise und die Mietpreise an Ihrem Investitionsstandort. Hierbei gilt für beinahe alle deutschen Städte: Die Spanne der Kaufpreise ist deutlich größer als die Spanne der Mietpreise. Das heißt für Sie: Wenn Sie zwei vergleichbare Wohnungen haben und sich die eine in guter Lage und die andere in mittlerer Lage befindet, dann wird das Verhältnis zwischen Kaufpreis und Mieteinnahmen in der mittleren Lage fast immer besser sein.

> Das Verhältnis zwischen Kaufpreis und Mieteinnahmen ist im preisgünstigen Segment deutlich besser. Für fast alle deutschen Städte gilt die Faustregel: Die Spanne der Kaufpreise ist größer als die Spanne der Mietpreise. Die Folge: Für vergleichbare Wohnungen erzielt man in einfacheren Lagen höhere Mietrenditen.

Jetzt habe ich Ihnen den Immobilienerwerb doch noch ein wenig vergällt. Der Traum vom Immobilien-Einkaufsbummel in den schönsten Straßen Ihrer Stadt samt der Investition in eine Wohnung in einer Gründerzeitvilla ist futsch: Geblieben ist die graue Realität mit dem Kauf einer Wohnung in einem unspektakulären Haus in unspektakulärer Lage. Meine Meinung dazu müssten Sie mittlerweile bestens kennen: Das ist nur gut und richtig so. Sie müssen sich von der Vorstellung lösen, dass Sie eine Immobilie erwerben, zu der Sie eine emotionale Bindung aufbauen. Die Immobilie zur Kapitalanlage ist in erster Linie Ihre Kapitalanlage und nicht Ihre Immobilie. Die Wohnung, die Ihrer Kapitalanlage zugrunde liegt, dient dem Zweck, sich mittels Mieteinnahmen selbst zu tragen und sich über die Jahre zu einem Vermögenswert zu entwickeln, der immer mehr Ihnen und immer weniger der finanzierenden Bank gehört. Sofern Preise und Standort stimmen, spielt es keinerlei Rolle, in welchem Stadtteil, in welcher Straße, in welchem Gebäude und in welchem Stockwerk sich Ihre vermietete Kapitalanlage befindet: Sie wollen einen Golf anbieten und keinen Porsche bewundern.

KAPITEL 3

DAS EIGENHEIM IST EIN KONSUMGUT

Ich komme nicht umhin, an dieser Stelle mit einem Mythos aufzuräumen, und möchte das mit aller Deutlichkeit tun: Das deutsche Eigenheim taugt nicht zum Vermögensaufbau und als Altersvorsorge. Vor allem aus dem Mund einer Immobilienfachfrau und Maklerin müsste sich das paradox und wirtschaftlich betrachtet sogar leicht suizidal anhören: Ich säge an dem Ast, auf dem ich sitze.

Und noch eine Sache vorweg: Ich möchte Sie weder bevormunden noch enttäuschen. Erst recht nicht, wenn Sie gerade für sich und Ihre Familie ein Eigenheim suchen oder kurz vor dem Notartermin stehen. Erlauben Sie mir dennoch die folgenden Überlegungen. Denn sie sind wichtig, um zu verstehen, dass viele Kaufentscheidungen, die wir für Kapitalanlagen und Investitionen in unseren Vermögensaufbau halten, in Wahrheit Konsumgüter sind.

Man würde vermutlich erwarten, dass ich Werbung mache für das Eigenheim, für den Kauf der eigenen vier Wände. Schließlich sind die eigenen vier Wände essenziell für Lebensglück, für Verwurzelung. Sie stehen für all das, was man in Dänemark und auf Neudeutsch »Hygge« nennt – also: die schönen

Seiten des Lebens mit den Menschen zu genießen, die einem lieb und teuer sind. Zudem verdiene ich mit der Vermittlung von Immobilien mein Geld. Und so ein Eigenheimtraum mit Apfelbaum und Schaukel im Garten bringt dem Immobilienmakler nicht wenig an Provision ein. Warum also sollte ich das Eigenheim hier schlecht machen? Warum rate ich Ihnen davon ab, zu früh ins Eigenheim zu ziehen? Nun, weil sich das selbstgenutzte Einfamilienhaus ausschließlich als Konsumgut eignet und lediglich in seltenen, zumindest nachgelagerten Fällen zum Vermögensaufbau oder als Kapitalanlage.

Erläutern wir also nun den Unterscheid zwischen einer Immobilieninvestition, die uns ein passives Einkommen sichert, und der Immobilieninvestition, die ein Konsumgut ist. Nehmen wir an, Sie haben eine Immobilie gefunden, die Sie kaufen wollen:

Variante 1: Wenn Sie diese Immobilie kaufen, um sie zu vermieten, generieren Sie *aus* Ihrer Investition Einkünfte – und zwar unabhängig von Ihrem Gehalt. Das ist passives Einkommen. In der Regel werden Sie dieses passive Einkommen verwenden, um Zins und Tilgung für den Immobilienkredit zu begleichen – das ist Ihr Kapitaldienst (dazu kommen wir später noch). Wahrscheinlich werden Sie dann denken, dass sie gar kein passives Einkommen aus der Vermietung haben. Aber das stimmt nicht: Erstens haben Sie eine Immobilie erworben, sie gehört also Ihnen. Und zweitens geht es uns nicht darum, sofort mehr Geld zu haben, sondern langfristig Vermögen aufzubauen. Wir wollen nicht zaubern, sondern ein Fundament schaffen für Ihre finanzielle Unabhängigkeit.

Variante 2: Schauen wir uns nun dieselbe Immobilie als Konsumgut an: Sie wollen das Haus oder die Wohnung kaufen und selbst nutzen. In diesem Fall werden Sie mit der Immobilie keine Einkünfte erzielen. Sie können sich zwar einreden, dass Sie Miete sparen (dazu kommen wir gleich), aber auf ökonomischer Ebene nutzen Sie das erworbene Gut selbst: Sie *konsumieren* es.

Die Deutschen kennen keine Wohnkarrieren. Das ist wahrscheinlich einer der wichtigsten Gründe, warum Vorsicht geboten ist, wenn sich die Familie mit zwei Kindern für einen Umzug ins Eigenheim und die Investition ihres Lebens entscheidet. Denn das vorweg: Die eigene Immobilie ist in den allermeisten Fällen die größte Einzelausgabe, die ein normaler Mensch in seinem Leben tätigt. Daran wird sich in nächster Zukunft auch nicht allzu viel ändern. Selbst wer sich ein etwas luxuriöseres Auto kaufen möchte, investiert nicht auf einen Schlag mindestens 400 000 Euro.

Besagte 400 000 Euro für eine Immobilie sind kein unrealistischer Preis, bleiben wir also bei dieser Zahl. Hierbei möchte ich einen Punkt einschränken, gerade weil das Thema der Immobilienpreise aktuell viel debattiert und diskutiert wird. Wir lesen zwar immer wieder, dass die Preise für Immobilien in den vergangenen Jahren stark gestiegen sind und nun wieder leicht fallen. Das betrifft jedoch vor allem die Metropolen. In der Fläche können sich sehr viele Menschen ein Eigenheim leisten. Daher bitte ich Sie, die Zahlen, die ich in diesem Buch nenne, an die Preise, Einkommen und Lebensverhältnisse in Ihrer Region anzupassen. Es gibt nach wie vor viele Orte in Deutschland, in denen man sich ein Haus mit Garten für deutlich weniger als 400 000 Euro leisten kann. In manchen Regionen kostet ein Haus weiterhin zwischen 100 000 und 200 000 Euro. Auch trotz der gestiegenen Zinsen ist das durchweg verlockend. Angebote auch für kleinere Geldbeutel gibt es also durchaus. Die

Frage ist nur, ob Sie auch alles daransetzen sollten, gleich selbstgenutztes Wohneigentum zu erwerben, oder ob es zunächst andere und klügere Schritte gibt, um finanzielle Freiheit zu erlangen.

Doch nun zurück zu Wohnkarrieren. Um diesen Begriff zu verstehen, hilft es, einen Blick in die USA zu werfen. In den Vereinigten Staaten von Amerika, der Heimat des Eigenheims, gibt es sehr deutliche Wohneigentumskarrieren. Im Durchschnitt verkauft ein US-Amerikaner sein Eigenheim alle 13 Jahre. In manchen Gegenden, etwa in Kalifornien, geschieht das sogar alle acht Jahre. Das heißt: Ein Amerikaner erwirbt und veräußert im Laufe seines Lebens immer wieder sein Eigenheim und kauft sich dann ein neues Haus. Im Schnitt macht er das fünf bis sechs Mal. Abgesehen von der Erfahrung, die Amerikaner uns Deutschen im Handel mit Wohnimmobilien dadurch voraushaben, hat dies auch erhebliche Auswirkungen auf den Immobilienmarkt als Ganzes, da der Markt für Immobilien deutlich größer ist und die meisten Eigentümer von Immobilien den Gedanken an einen möglichen Weiterverkauf ihres Eigentums im Hinterkopf haben. Schauen wir uns das an einem Beispiel an.

Die junge Familie kauft sich zunächst ein kleines Häuschen für 300 000 Dollar. In den nächsten zehn Jahren steigt das Haus im Wert. Gleichzeitig steigt das Einkommen der Familie aufgrund der beruflichen Weiterentwicklung der Eltern. Nach zehn Jahren verkauft die Familie das Haus für 500 000 Dollar. Mit diesem Kapital kauft die Familie ein größeres Haus für 800 000 Dollar. Die Konditionen für die neue Hypothek sind aufgrund des höheren Nettoeinkommens deutlich besser. Das Ganze wiederholt sich mehrfach – entsprechend den wirtschaftlichen Möglichkeiten und familiären Bedürfnissen der Eigentümer. Natürlich unterliegen Wohnimmobilien auch in den Vereinigten Staaten gewissen Zyklen. Doch über die Jahrzehnte steigen sie – wie überall auf der Welt – im Wert. So erwirtschaften Eigenheimbesitzer in den USA von Kauf zu Kauf einen Gewinn. Zudem finden sie aufgrund der etablierten Wohneigentumskarrieren sehr leicht Käufer der nächsten Generation für ihre Immobilien. Dieser Kreislauf ist die Grundlage dafür, dass man in den USA mit selbstgenutztem Wohneigentum Vermögensaufbau und Altersvorsorge betreiben kann.[10]

In Deutschland gibt es keine Eigentumskarrieren. Hier wohnt man als Single zur Miete, dann zu zweit zur Miete, dann zu dritt und zu viert zur Miete. Und irgendwann, wenn das ältere Kind bereits kurz vor der Pubertät steht, zieht die Familie endlich ins Eigenheim. Rechnen wir den Nutzen und die Nutzbarkeit dieses Hauskaufs einmal durch. Ich setze für die Musterrechnung einen Preis von 400 000 Euro an. Sie können die Zahlen, wie bereits besprochen, an Ihre Region und an Ihre möglichen Ausgaben anpassen.

In unserem Rechenbeispiel kommen zu den 400 000 Euro Kaufpreis ungefähr 15 Prozent Nebenkosten, also 60 000 Euro für Steuern, Gebühren und Courtage. Zudem sollten wir ebenso viele Investitions- und Umzugskosten ansetzen, also nochmals 60 000 Euro. Denn selbst wenn das erworbene Haus gut in Schuss oder gar ein Neubau ist: Bei der Innengestaltung des zukünftigen Familienzuhauses gehen uns die Augen über, zumal es nur ein einziges Mal im Leben erworben wird. Hier meine ich nicht die großen Ausgaben (Küche: 30 000 Euro, neues Bad: 10 000 Euro, Gardinen und Sofagarnitur: 5000 Euro, Umzug: 5000 Euro, der neue Esstisch: 3000 Euro, Grill, Tisch und Stühle für den Garten: 2500 Euro, neue Waschmaschine und der ersehnte Trockner: 2000 Euro), sondern die vielen Kleinausgaben, die einem aufgrund der insgesamt hohen Kosten plötzlich niedrig vorkommen, sich aber ordentlich summieren. So steigen die Konsumausgaben eines Haushalts in den Monaten vor und nach dem Erwerb eines Einfamilienhauses in der Regel sprunghaft an. Nicht zuletzt, weil zu viel Geld – der Finanzierungskredit – auf dem Konto liegt, und Geld, das in greifbarer Nähe ist, ausgegeben werden will.

Ich habe mit einer Bekannten über das Thema gesprochen, die mich leicht irritiert fragte, ob man den Kredit tatsächlich auf dem eigenen Konto hat. Hier gibt es keine klare Regelung seitens der finanzierenden Banken. In vielen Fällen, in denen Privatpersonen eine Immobilie zur Eigennutzung erwerben und im Zuge dessen auch renovieren, überweisen die Banken und Bausparkassen in der Tat die gesamte Kreditsumme auf das vom Käufer angegebene Konto. Der Käufer ist es dann, der die weiteren Überweisungen vornimmt: an den Notar, an den Makler, an den Verkäufer, an die Handwerker. In vielen Fällen interessiert sich die Bank dann nicht mehr für die einzelnen Posten, sondern vertraut dem Kreditnehmer. Meine Meinung dazu ist klar, aber leider auch nicht besonders romantisch: Falls Sie entscheiden können, ob der Finanzierungskredit an Sie oder direkt an die unterschiedlichen Gläubiger überwiesen werden soll, sollten Sie unbedingt die letztere Möglichkeit wählen. Geld auf dem Konto ist verführerisch – und niemand von uns ist gefeit davor, Gelder für Privatinvestitionen vom Immobilienkredit abzuzwacken. Wir haben bereits ausführlich darüber gesprochen und ich empfehle Ihnen, nochmal zurückzublättern. Denn Privatkredite sind Gift für Ihren Vermögensaufbau – auch wenn sie sich geschickt als Immobilienkredite tarnen.

Das Haus mit dem Kaufpreis von 400 000 Euro verschlingt also weitere 120 000 Euro – ohne irgendetwas eingebracht zu haben und ohne auch nur minimal im Wert gestiegen zu sein. Ich spreche in diesem Zusammenhang vom Wertsteigerungsrückstand. Damit meine ich die Differenz aus Kaufpreis und den Neben- und Investitionskosten. Dieser *Wertsteigerungsrückstand* liegt bei unserer Beispielrechnung zum Zeitpunkt des Einzugs schon bei 25 Prozent. Denn kein nüchtern rechnender Immobilienkäufer darf erwarten, dass sich die Kosten einer individuellen Renovierung eins zu eins auf den Wert der Immobilie übertragen lassen. Im Gegenteil: Auf der einen Seite hat der individuelle Geschmack des Menschen zwar seinen singulären Wert, aber auf der anderen Seite auch seinen materiellen Preis. Ganz gleich, wie schön Sie Ihr Zuhause eingerichtet haben, jeder potenzielle Käufer würde sicher vieles anders machen.

Schauen wir uns nun den Kredit an: Sie bringen Eigenkapital in Höhe von 120 000 Euro mit und finanzieren die restlichen 400 000 Euro. Aufgrund der Zinsen und Ihrer derzeitigen Bonität kommt bei einer Laufzeit von 20 Jahren und einem effektiven Jahreszins von rund 3 Prozent eine monatliche Rate von rund 1800 Euro zusammen. Hinzu kommen die monatlichen Nebenkosten in Höhe von 400 Euro sowie die Grundsteuer in Höhe von rund 600 Euro im Jahr. Ganz gleich, wie groß Ihre tatsächliche Mietersparnis und die gefühlte Verbesserung Ihrer Lebensqualität sein werden, die Sie mit dem Einzug in Ihr Eigenheim nicht mehr entrichten müssen, Fakt ist: Sie werden in Zukunft kaum mehr Kredite aufnehmen können, um zu investieren und so ein Vermögen aufzubauen.

Ihre gesamte finanzielle Bewegungsfreiheit ist in diesem einen Haus gebündelt, in dem Sie leben. Ihr Eigenkapital von 120 000 Euro ist in dem Haus. Zudem haben Sie das Haus für den Kredit in Höhe von 400 000 Euro bis an die Schmerzgrenze beliehen. Sie sind also finanziell handlungsunfähig und zahlen

Jahr für Jahr in Ihr eigenes, aber sehr kleines und vor allem absolut statisches Vermögen ein.

Verstehen Sie mich bitte nicht falsch. Wenn Sie – was ich Ihnen von Herzen wünsche – das nötige Kleingeld auf dem Konto haben oder sich in jungen Jahren über eine Erbschaft freuen können, dann gönnen Sie sich und Ihrer Familie ein Eigenheim. Genießen Sie die eigenen vier Wände. Verwirklichen Sie sich als Gestalterin und Innenarchitektin. Das ist ein wunderbares und dankbares Gefühl – und purer Luxus.

Wenn es aber nicht um Luxus geht, sondern um den Aufbau von Vermögen für Ihre individuelle finanzielle Freiheit und eine ausreichende Altersvorsorge, dann ist die frühe Investition in das Eigenheim der falsche Weg. Sie werden sich wundern, wie hoch die Instandhaltungskosten sind, die ein Eigenheim mit sich bringt. Nach zehn Jahren will das Bad neu gemacht werden, nach 15 Jahren die Fassade; nach 20 Jahren das Dach. Und während all der Jahre sitzen Sie in Ihrem selbstgenutzten Haus und zahlen Annuitäten. Alles, was Ihnen bleibt, sofern Ihre persönliche Geschichte gut und glücklich verläuft, ist bei Renteneintritt ein abbezahltes, nicht mehr ganz modernes Haus mit mehreren Kinderzimmern, die nicht mehr gebraucht werden. Es kann also passieren, dass Sie sich von Ihrem Kleinod trennen müssen, um ein angemessenes Domizil für Ihre dritte Lebensphase zu finden. Selbst wenn Sie das Haus gewinnbringend verkaufen, stehen Sie mit einer größeren Geldsumme da, von der Sie ab sofort aktiv zehren müssen. Sie leben von der Substanz. Wir hingegen wollen die Substanz im Alter nicht mehr anrühren, sondern von zusätzlichen Einnahmen leben, die sich selbst finanzieren.

Wer ein Eigenheim hat, muss neben den Anschaffungs- auch die Instandhaltungskosten im Blick behalten. Die Regel lautet: 1 Euro pro Quadratmeter pro Monat. Wenn Sie also unbedingt ins Eigenheim ziehen wollen und Ihr Häuschen 120 Quadratmeter hat, dann sollten Sie jedes Jahr mindestens 1440 Euro, also 12 mal 120 Euro, zurücklegen.

Ich rechne es Ihnen noch einmal vor: Sie haben ein Haus mit einem Wert von 400 000 Euro gekauft. Sie haben dafür 520 000 Euro ausgegeben – 120 000 Euro Eigenkapital und 400 000 Immobilienkredit. Nach 20 Jahren Laufzeit bleiben rund 160 000 Restschuld. Entweder muss nun erneut finanziert werden – zu den dann geltenden Zinsen – oder das Haus wird verkauft. Nehmen wir für das Haus eine Wertsteigerung von 2 bis 3 Prozent pro Jahr an – das ist schon relativ gut. Immobilien steigen zwar über die großen Immobilienzyklen hinweg im Wert, wirtschaftliche Entwicklungen und der genaue Zeitpunkt der Wertberechnung sind aber Variablen, die sich nur schwer beziffern lassen. Krisen wie die geplatzte Dotcom-Blase, die Finanzkrise, die Corona-Pandemie oder die Inflation kann man kaum vorhersagen. Bei vorsichtig optimistischen 3 Prozent jährlicher Wertsteigerung haben Sie nach 20 Jahren ein Haus, das um die 700 000 Euro wert ist. Ihr Eigenheim hat jetzt also einen Mehrwert von 300 000 Euro gegenüber dem ursprünglichen Kaufpreis.

Wenn Sie das Haus jetzt verkaufen, müssen Sie von den 700 000 Euro, die Sie dafür bekommen, die noch offenen Posten sowie Ihr ursprünglich investiertes Kapital abziehen. Das heißt: Nach Abzug der Restschuld, des Eigenkapitals, der Nebenkosten, der Grundsteuern und der Instandhaltungsinvestitionen haben Sie rund 390 000 Euro übrig. Sie haben also Ihre 120 000 Euro Eigenkapital in 20 Jahren mehr als verdreifacht. Meinen Glückwunsch – und mein Beileid. Denn nun stehen Sie ohne alles da. Sie haben lediglich ein einigermaßen gut gefülltes Konto, von dem Sie ab sofort leben müssen. Ich will Sie nicht traurig stimmen, aber stellen Sie sich folgende Situation vor: Sie müssen nach 20 Jahren im Eigenheim ausziehen und eine neue Wohnung zu suchen. Die Anschaffungspreise sind in dieser Zeit ebenfalls entsprechend teurer geworden sein. Die 390 000 sind zwar ein punktuelles Vermögen, aber aufgrund Ihres Alters und der mangelnden Sicherheiten (Sie haben sie ja eben verkauft!) werden Sie nicht finanzieren können, sondern müssen von dem Geld sowohl die neue Wohnung bezahlen als auch Ihren Lebensabend bestreiten – kurzum, ich wage zu bezweifeln, ob dieses Geld für einen entspannten Lebensabend mit gleichbleibender Lebensqualität ausreichen wird. Berechnen Sie selbst, wie alt Sie werden dürfen, wenn Sie 40 000, 50 000 oder 60 000 Euro im Jahr ausgeben wollen!

Die Frage, der wir uns also stellen müssen, lautet: Was tun statt des Eigenheims? Oder besser: Was tun *vor* dem Eigenheim? Denn das ist der Schlüssel, um frühzeitig die richtigen Weichen für den Vermögensaufbau zu stellen. Das Eigenheim, seien Sie sich dessen sicher, wird dann schon früh genug kommen. Es wird dann aber nicht die erste oder die zweite Investition sein, die Sie tätigen, sondern bereits die dritte oder vierte. So können Sie Ihr Vermögen auf mehreren Schultern verteilen und berauben sich gleichzeitig nicht der Freiheiten, weiter zu investieren.

Erst vermietete Immobilien, dann das Eigenheim. Die selbstgenutzte Wohnung dient nicht dem Vermögensaufbau, sondern ist ein Konsumgut, an dem Sie auch noch emotional hängen. Drehen Sie den Spieß um: Erwerben Sie zunächst Wohneigentum, um es zu vermieten. Und kaufen Sie dann, wenn diese Form der Vorsorge ins Rollen gekommen ist, für sich und Ihre Familie ein Zuhause.

KAPITEL 4

EINE FRAGE DES ZINSES – DER WEG ZU EINEM PASSIVEN EINKOMMEN

Vom Eigenheim habe ich Ihnen bereits abgeraten, nun empfehle ich Ihnen die Immobilie doch. Allerdings die Eigentumswohnung als Renditeobjekt. »Wie«, werden Sie jetzt sagen: »Ich soll für mich allein, für mich und meinen Partner, für mich und meine Familie auf Wohneigentum verzichten, in dem wir uns zu Hause und geborgen fühlen! Stattdessen soll ich eine Immobilie zu Vermietungszwecken kaufen? Mich hunderttausendfach verschulden und davon nichts haben außer finanzieller Verantwortung und dem Risiko häufiger Mieterwechsel und entsprechender Mietausfälle?« Und dann werden Sie ergänzen: »So etwas kann doch nur ein Immobilienprofi empfehlen!« Stimmt ja auch in gewisser Weise.

Ich möchte auf den folgenden Seiten dagegenhalten. Meine These lautet: Anders als bei selbstgenutztem Wohneigentum ist die Wohnung zur Kapitalanlage ein Mittel zum Zweck des Vermögensaufbaus. Häufig ist sie auch ein wichtiger Bestandteil der Altersvorsorge – also eines Sparplans mit nachgelagerter Rendite. In den Jahren der Niedrigzinsen galt dabei, dass sich immer mehr Menschen Eigentum leisten konnten. Und das, obwohl sich die absoluten Preise für Immobilien in Deutschland in dieser Zeitspanne deutlich verteuert haben. In Zeiten steigender Zinsen beobachten wir das Gegenteil: Weniger Menschen können sich eine Immobilie leisten, die sie selbst nutzen, und folglich müssen mehr Menschen zur Miete wohnen. Das wiederum erhöht die Nachfrage nach Mietwohnungen, sodass die Mieten steigen. Für Sie als Käuferin einer Wohnung zur Kapitalanlage gibt es daher immer Gründe für die Investition – es kommt darauf an, welchen Hebel in Ihrem Wirtschaftsplan Sie stärker betonen: die günstige Finanzierung oder die steigende Mietrendite.

Entsprechend gibt der Blick auf die absoluten Kaufpreise nur eine Seite des Immobilienerwerbs wieder. Wer nur die absoluten Kaufpreise berücksichtigt, lässt die Zinsentwicklung außer Acht. Gleichzeitig sind die meisten Menschen gezwungen, eine Immobilie zu finanzieren. Das heißt: Sie ermöglichen den Erwerb durch die Aufnahme eines Kredits. Deshalb müssen auch die Zinsen in Betracht gezogen werden. Nur so kann man erkennen, ob der Immobilienkauf tatsächlich schwieriger geworden ist oder nicht. Die Zinsen bestimmen auf gewisse Weise den eigentlichen Wert, den Geld hat. Entsprechend sind sie – gemeinsam mit den absoluten Kaufpreisen und der Einkommensentwicklung in der Bevölkerung – maßgebend bei der Frage, wie erschwinglich (finanziertes) Eigentum ist. Daher spricht man hier auch vom sogenannten Erschwinglichkeitsindex.

Vor Kurzem habe ich einen Artikel in einem Fachmagazin gelesen, der genau dieses Thema aufgegriffen hat.[11] Man kann die darin vorgestellte Rechnung wie folgt zusammenfassen: Statt auf die Preise für eine Wohnung abzustellen, hat der Autor darauf geschaut, wie viel man als Käufer bereit und in der Lage ist, monatlich an Zins und Tilgung für eine Immobilie aufzuwenden. Verglichen wurden dabei die Jahre 2011, 2015/2016 und 2021 mit jeweils angenommenen Zinsen in Höhe von 5, 3 und 1 Prozent. Das Ergebnis war in der Tat beachtlich. Für 1500 Euro monatlicher Zins- und Tilgungskosten erhielt man im Jahr 2011 einen Finanzierungskredit in Höhe von 257 000 Euro, im Jahr 2015 waren es 360 000 Euro und 2020/2021 hätte man sogar 600 000 Euro bekommen. Und heute? Nach den Zinsschritten seit Anfang 2022 sinkt die Höhe des möglichen Finanzierungskredites wieder, wobei die angebotenen und realisierten Preise am Immobilienmarkt stagnieren, respektive leicht sinken. Gleichzeitig hat die Inflationsrate erheblich zugenommen. Abermals sehen Sie also, was ich bereits an mehreren Stellen in diesem Buch gesagt habe: Die Zinsen allein sind nicht entscheidend. Sie müssen die Zinsen, die Preise, die Inflation und weitere Faktoren in ein praktisches Verhältnis zueinander setzen.

Und selbst dann müsste man die Rechnung verkomplizieren und um die Dimension der Zeit ergänzen. Man müsste dafür neben den laufenden Kosten und Preisen zum Zeitpunkt des Kaufes auch auf die absolute Tilgung im Rahmen der Laufzeit der Sollzinsbindung abstellen, also die jährlichen Zinsen im Verhältnis zur sinkenden Kreditsumme über alle Jahre hinweg addieren. Die höhere Kreditsumme führt dazu, dass nach Auslaufen des ersten Kredites eine größere Restschuld verbleibt als bei niedrigen Kreditsummen. Bei der obigen Rechnung kann man davon ausgehen, dass die Laufzeit sich um drei bis fünf Jahre erhöht. Im Umkehrschluss bedeutet das: Je früher man mit dem Immobilienkauf zu Vermietungszwecken anfängt, desto besser, weil man dann auch früher mit dem Kredit abschließt.

Diese Grundregeln gelten für Phasen, in denen Zinsen sinken oder niedrig sind, genauso wie für Zeiten steigender beziehungsweise hoher Zinsen. Steigen nämlich die Zinsen, so stagnieren die Preise für Immobilien. Teilweise gehen die Preise sogar zurück. Dadurch gleichen sich die Kosten beim Erwerb wieder ein wenig aus. Andererseits muss man dann die Mietpreisentwicklungen berücksichtigen, wie wir zu Beginn des Kapitels gesehen haben: Höhere Zinsen erschweren den Erwerb einer Immobilie zum Selbstnutzen. Dadurch sinkt die Nachfrage am Immobilienmarkt. Gleichzeitig steigt die Nachfrage am Mietwohnungsmarkt. Das hat zur Folge, dass die Preise für Mietwohnungen steigen und damit auch die Renditen, die sich mit vermieteten Wohnungen erwirtschaften lassen. Sie sehen also: Der Kauf einer Immobilie, um sie zu vermieten, hat in allen Phasen des Zyklus seine Berechtigung – mal sind die Preise höher und die Zinsen niedriger, sodass die monatliche Belastung geringer ausfällt. Mal sind die Zinsen höher und die Mietpreise steigen, sodass die höhere monatliche Belastung durch die höheren Einnahmen kompensiert werden kann. Die Frage lautet also nicht: Lohnt sich der Kauf einer vermieteten Wohnung zur Kapitalanlage? Sondern: Wie viel Wohnung zur Kapitalanlage kann ich mir zum Zeitpunkt der Investition leisten? Und an welchen Standorten sind Investitionen in Immobilien grundsätzlich interessant? Das bedeutet im Klartext, was ich zu Beginn des Buches schon einmal erwähnt habe und an dieser Stelle noch einmal wiederhole: Es gibt nicht den richtigen und falschen Augenblick für eine Investition (vor dem Zyklus, mit dem Zyklus, am Ende oder nach dem Zyklus), sondern nur den zu späten Zeitpunkt in der eigenen Vermögenskarriere.

Das weiß auch der Gesetzgeber. Daher hat er darauf geachtet, dass man rechtzeitig vor einer möglichen Rente keine Immobilienkredite mehr abbezahlen muss. Denn mit dem Rentenalter schrumpfen schlagartig die Einkünfte. Dem Staat ist nicht daran gelegen, dass die Menschen im Alter weiterhin auf hohen Krediten sitzen. Denn die Ausfallrisiken sind dann deutlich größer. Daher gilt, dass Banken bei der Vergabe von Immobilienkrediten grundsätzlich berechnen müssen, ob der Kredit bis zum Eintritt ins Rentenalter zurückgezahlt ist. Das ist im Kern auch das Ziel von vermietetem Immobilieneigentum. Die Idee hinter dieser Anlageform ist, dass man während des Erwerbslebens eine Immobilie kauft und vermietet und die Mieteinnahmen wiederum dazu dienen, den Kredit abzubezahlen. Die Rechnung sieht nun vor, dass man spätestens zum Renteneintritt mit der Finanzierung abgeschlossen hat und die weiter fließenden Mieteinnahmen zur Rentenaufstockung nutzen kann. Eine klassische Altersvorsorge. Denn Mieteinnahmen gehören zum passiven Einkommen und bilden damit Einkünfte, die wir *zusätzlich* zu unserem regulären Erwerbseinkommen – und später – zu unserer Rente oder Pension beziehen. Immer wieder gilt also: Wer ein Vermögen aufbauen und damit finanzielle Unabhängigkeit für sich erzielen möchte, muss sich auf die Frage konzentrieren, wie er mehr passives Einkommen für sich aufbauen kann.

Je früher Sie eine Eigentumswohnung zur Kapitalanlage erwerben, desto bessere Finanzierungskonditionen erhalten Sie bei vergleichbarem Einkommen. Denn das Gesetz sieht vor, dass ein nur durch die Immobilie und das Einkommen abgesicherter Immobilienkredit bis zum Renteneintrittsalter abbezahlt sein muss. Für die Banken bedeutet das: Je jünger der Käufer, desto höher die Wahrscheinlichkeit, dass der Kredit bis zum Renteneintrittsalter getilgt sein wird. Folglich bekommen jüngere Käufer bei vergleichbarem Einkommen mehr und bessere Angebote. Nutzen Sie das!

Für mich ist vermietetes Wohneigentum zur Vermögensbildung eine der wichtigsten Säulen des Vermögensausbaus und der privaten Altersvorsorge. Da es sich um eine Investition handelt, die man nicht selbst nutzt, geht man von vornherein pragmatischer an die Sache heran. Das beginnt bereits bei der Auswahl von Einrichtung, Lage, Schnitt und Größe. Wer sich sein Eigenheim kauft, will sich meistens auch verwirklichen. Das kann ich nachvollziehen und ich teile diese Einstellung auch: Der Schritt ins Eigenheim ist weitaus mehr eine emotionale denn eine ökonomische Entscheidung. Bei der vermieteten Immobilie ist es anders. Ich sage hier vermietete Immobilie, weil das auf alle Arten und Volumina von Immobilien zutrifft. Die Regel gilt für eine kleine Zweizimmerwohnung ebenso wie für ein ganzes Mietshaus: Wer in eine Renditeimmobilie investiert, die nicht selbst genutzt werden soll, achtet anders auf die anstehenden Ausgaben.

Das Badezimmer ist für mich ein gutes Beispiel, um die unterschiedlichen Kosten aufzulisten. Fürs Eigenheim will man handgebrannte Fliesen, Weißobjekte mit besonderem Design, eine bodengleiche Dusche mit Kopfbrause, vielleicht auch Dreilocharmaturen und vieles mehr. Zum Teil will man das, weil man sich solch ein Bad schon immer gewünscht hat. (Und wann kann man sich diesen Wunsch erfüllen, wenn nicht beim Einzug in die eigenen vier Wände!) Zum Teil geht es auch darum, zu zeigen, was man sich leisten kann. Es ist ein wenig wie in dem alten Macho-Werbefilm »Mein Haus, mein Auto, mein Boot«.

Nun aber zurück zur Immobilie, die nicht selbst genutzt wird: Würde man ähnliche Investitionen auch tätigen, wenn man die Wohnung vermieten möchte? Da tut es auch eine normale Duschwanne ohne Kopfbrause und mit Standardmischbatterien. Und ein Klosett ist plötzlich wieder ein Klosett und kein besonderes Designobjekt. Diese Liste endet nicht bei der Badeinrichtung. Schaut man sich die Lage einer Immobilie an, so wird auch hier klar: Die Abstriche, die Sie für sich selbst bei der größten Investition Ihres Lebens nicht in Kauf nehmen würden, sind durchaus verhandelbar. Der Stadtteil oder die Straße sind vielleicht nicht optimal, aber nach objektiven Kriterien liegt auf der Hand, dass die Wohnung gut zu vermieten ist. Inzwischen müsste Ihnen klar geworden sein, worauf ich hinauswill. Deshalb zum Thema Stuckaltbau versus Nachkriegsbau nur noch so viel: Natürlich wollen Sie für sich eine Wohnung mit Stuck, mit einem herrschaftlichen Entree, mit gusseisernen Verzierungen auf dem Balkon und einem hydraulischen Aufzug aus der Kaiserzeit. Aber brauchen Sie das auch, wenn es darum geht, monatlich eine gewisse Mieteinnahme zu erzielen, die dazu dienen soll, Zins und Tilgung zu begleichen und Ihnen später das Alter zu versüßen?

Die Nüchternheit bei Kauf- und Investitionsentscheidungen ist maßgeblich bei der Unterscheidung zwischen selbstgenutztem Wohneigentum und Eigentum zu Vermietungszwecken. Sie macht uns objektiver und ermöglicht bessere ökonomische Entscheidungen. Bei mir hat es einige Jahre gedauert, bis ich das verstanden habe. Aber inzwischen unterscheide ich strikt zwischen meinen von Konsum getriebenen Entscheidungen und den Entscheidungen, die ich mit Blick auf meinen Vermögensaufbau treffe. Indem ich unterscheide, habe ich mehr Freude daran, mir etwas zu gönnen. Ich sehe es sprichwörtlich sportlich: Wenn ich viel gelaufen und zufrieden mit mir selbst bin, schmeckt das Eis gleich doppelt so gut.

Nach all dieser Objektivität und Nüchternheit kommt zudem eine interessante emotionale Perspektive hinzu, die ich Ihnen nicht vorenthalten möchte: Der Eigenheimkauf erfolgt in den meisten Fällen zu Familienzwecken. Und dieses Ziel sollten auch Sie nicht aus den Augen verlieren. Die frühe Entscheidung für eine Immobilienanlage zu Vermietungszwecken macht das spätere Eigenheim nicht unbezahlbarer, sondern im Gegenteil erschwinglicher.

Die Rechnung ist am Ende des Tages recht einfach: Angenommen, Sie und Ihr Partner wollen Wohneigentum für sich selbst erwerben – und alles, was Sie haben, ist Ihr Eigenkapital. Das verpufft mit dem Kauf der Immobilie. Zudem hat die Bank nur ein Objekt als Sicherheit – nämlich das Haus, in dem Sie dann wohnen. Deutsche Banken verpfänden und versteigern Eigenheime überaus ungern. Der finanzielle Schaden ist das eine, schlimmer ist der schlechte Ruf, der einer habgierigen Bank oder Sparkasse anhängt, die ihre säumigen Schuldner vor die Tür setzt.

Jetzt die zweite Annahme: Sie und Ihr Partner wollen Wohneigentum für sich selbst erwerben. Einige Jahre zuvor haben Sie eine kleine Wohnung als Kapitalanlage gekauft. Die Mieteinnahmen fließen ebenso monatlich, wie der Wert der Immobilie langsam, aber stetig steigt. Sie haben zwar keine Rendite. Aber auf die kommt es jetzt auch noch nicht an. Mit der zusätzlichen Sicherheit der vermieteten Immobilie wird die Bank das Haus, das Sie nun für sich selbst kaufen wollen, zu deutlich besseren Konditionen finanzieren. Denn so kann die Bank nicht nur eine Immobilie, sondern gleich zwei belasten – sei es auch nachrangig. Das Risiko für die Bank sinkt, auch weil Sie bereits unter Beweis gestellt haben, dass Sie den Umgang mit Immobilieneigentum zumindest ansatzweise verstehen. Außerdem haben Sie als Zweitimmobilienerwerber eine bessere Bonität. So kommen Sie in den Genuss niedrigerer Zinsen. Dadurch haben Sie entweder mehr Geld am Ende des Monats oder Sie können frühzeitig mehr tilgen. Dem Eigenheim steht also nichts mehr im Wege.

KAPITEL 5

ES IST NIE ZU FRÜH FÜR DIE ERSTE WOHNUNG

Es gibt Dinge, für die gibt es nie den richtigen Augenblick. Dazu zählt auch der Kauf der ersten Mietwohnung. Mich haben schon viele Freundinnen gefragt, wann meiner Meinung nach die Zeit dafür reif sei. Ich selbst war noch jung und habe meine erste Wohnung mit 23 Jahren gekauft – wir sprachen zu Beginn dieses Buches darüber. Nun, werden Sie süffisant denken, die Dame ist vom Fach. Sie geht ganz anders an die Sache heran als etwa eine Strafverteidigerin oder Zahnärztin oder Unternehmensberaterin. Und doch galten für mich die gleichen grundsätzlichen Parameter wie für jeden anderen. Die Fragen, die ich mir stellte, ehe ich den Entschluss fasste, meine erste Wohnung zu kaufen, sollten auch Sie sich gerade stellen – wir werden sie in den kommenden Kapiteln immer wieder thematisieren.

Brauchen Sie für den Wohnungskauf einen Partner? Brauchen Sie einen festen Job – und wie lange schon? Müssen Sie wissen, in welcher Stadt Sie die nächsten Jahre leben werden? Wie viel Einkommen sollten Sie mitbringen und wie viel Eigenkapital? Gibt es ein Mindestalter für den Kauf einer Wohnung? Gibt es ein Höchstalter? Muss Ihnen die Wohnung gefallen?

Nun, wir wollen uns all diesen Fragen zunächst einmal sehr nüchtern nähern.

Die erste Wohnung, die Sie kaufen, dient Ihnen nicht als Zuhause. Ob Sie also allein, zu zweit oder mit Kind und Hund und Kegel leben, spielt weder für Ihre Entscheidung noch für dieses Kapitel eine Rolle. Die Immobilie zur Kapitalanlage hat mit Familie und Partner nichts zu tun. Im Gegenteil: Je unabhängiger Sie dabei agieren, desto besser ist das auch für Ihre aktuellen und zukünftigen partnerschaftlichen Beziehungen.

Sofern Sie einen Partner haben und mit ihm Ihre regelmäßigen Investitionen, Einkäufe und Ausgaben besprechen, dann empfehle ich Ihnen Folgendes: Behalten Sie den ersten Wohnungskauf zunächst einmal für sich. Diskutieren Sie nicht gleich alle Argumente für und wider am heimischen Essenstisch, sondern machen Sie sich eigenständig und eigenbrötlerisch schlau. Es wird Ihnen nicht schaden. Der Grund dafür ist ebenso einfach wie komplex: Je mehr Sie gemeinsam mit Ihrem Partner entscheiden, desto mehr fließen Ihrer beider Expertisen, Meinungen und Wissen ein. Sie aber möchten selbst eine gewisse Objektivität in Ihrer Investitionsentscheidung erreichen. Das heißt nicht, dass Sie ab sofort beratungsresistent sein sollen. Das will niemand gesagt haben. Das Gegenteil ist der Fall: Uns geht es darum, dass Sie sich auch in Fragen der Beratung professionalisieren. Kurz gesagt: Sie sollen selbst die Argumente kennen und anbringen können, die Ihnen Ihr Partner im gemeinschaftlichen Sparring entgegenwirft. Dafür brauchen Sie zu Beginn externen, nicht internen Rat. Sie werden anschließend noch genug Zeit haben, die anstehende Investition gemeinsam zu diskutieren und zu prüfen.

Ich will das an einem Beispiel kurz erläutern. Eine gute Freundin von mir ist seit Jahren glücklich verheiratet. Sie ist

Scheidungskind, und ihr Mann hat in gewissen Punkten zugleich die Rolle ihres Vaters übernommen. In beinahe allen Belangen und erst recht in allen Fragen, die das Thema Geld und Finanzen betreffen, überlässt meine Freundin sämtliche Berechnungen ihrem Mann. Sie hat zwar ihr eigenes Konto. Aber die Betonung liegt auf dem Wörtchen *zwar*. Als sie Elternzeit nahm, war sie sehr überrascht, dass sie um die Mitte eines jeden Monats in den Dispositionskredit rutschte – wir sprachen bereits über die Tücken dieses Prinzips. Da sich Geschichte nie wiederholt, weiß ich, dass diese Freundin nicht das Schicksal ihrer Mutter teilen wird. Sie wird hoffentlich eine glückliche und lange Ehe führen. Und doch leben wir im 21. Jahrhundert und diese Frau weiß nicht, wie man sich um die eigenen Finanzen kümmert. Sie gibt sich auch keinerlei Mühe, es zu lernen. Würde sie alleine eine Wohnung kaufen wollen oder sollen, wäre ihre erste Anlaufstelle, um sich diesbezüglich Rat einzuholen, ihr Mann. Würde sie von ihrem Arbeitgeber eine Betriebsrente angeboten bekommen, würde sie ebenfalls als Allererstes wohin laufen – richtig, zu ihrem Mann. Dass das ein gefährlicher und fahrlässiger Weg ist, wissen wir, zumal er am Anfang nicht Verpflichtungen anbelangt, die man eingeht, sondern Rat und Beratung, die man ersucht. Der Partner sollte hierfür nicht immer die erste Anlaufstelle sein – heben Sie sich das im Interesse ihrer Beziehung für später auf.

Kommen wir nun zu einigen Kriterien, an denen Sie festmachen können, ob Sie bereit sind für die eigene Wohnung. Einige Eckpunkte gibt es, die sich auch ohne weitere Probleme identifizieren lassen und die Ihnen zum Teil der Staat, zum Teil die Banken, zum Teil Sie selbst vorschreiben.

Volljährigkeit vorausgesetzt, kennt der Immobilienerwerb kein Mindestalter. Wenn alle anderen Kriterien zugunsten eines

Immobilienerwerbs sprechen, gibt es keinen Grund zu warten. Im Gegenteil: Nutzen Sie die Zeit und seien Sie dankbar, dass Sie bereits früh vorsorgen können. Wer mit Anfang 20 eine Wohnung kaufen kann und darf, der legt schon früh den Grundstock für das spätere Vermögen.

Umgekehrt gilt das leider auch. Es gibt in der Tat Altershöchstgrenzen, wenn es um den Erwerb einer Immobilie geht. Ich habe es bereits mehrfach erwähnt: Sie sollten grundsätzlich in der Lage sein, die Wohnung bis zum Erreichen des Renteneintrittsalters abzubezahlen. So sieht es die europäische Wohnimmobilienkreditrichtlinie (kurz: WIKR) zum Schutze der Verbraucher vor. Sie wurde als Reaktion auf die »faulen« Kredite der Finanzkrise 2008/2009 eingeführt. Die WIKR wurde zunächst sehr streng in deutsches Recht übersetzt. Deshalb herrschte bei Banken und Bausparkassen nach der Einführung des neuen Gesetzes im Jahr 2016 eine gewisse Unsicherheit darüber, ob Wohnungskäufer über 45 Jahre überhaupt noch kreditwürdig sind. Diese Problematik wurde in der Zwischenzeit behoben. Dennoch gilt der Grundsatz: Je später Sie mit dem Kauf der ersten Immobilie beginnen, desto mehr müssen Sie tilgen, um in der verbleibenden Zeit bis zum errechneten Renteneintrittsalter hypothekenfrei zu sein.

> Sobald Sie eine feste und unbefristete Arbeitsstelle haben, müssen Sie damit anfangen, sich um Ihren Vermögensaufbau zu kümmern. Und weil Sie mit einer Festanstellung in jungen Jahren am kreditwürdigsten sind, lohnt es sich, so früh wie möglich in eine Immobilie zu investieren.

Die Überlegung ist folgende: Wir nehmen als Renteneintrittsalter 65 Jahre an und rechnen von da an rückwärts. Kaufen Sie eine Immobilie mit 45 Jahren, stehen Ihnen ab dem Kauf 20 Jahre für die Tilgung des Kredits zur Verfügung. Kaufen Sie mit 35 Jahren, stehen Ihnen 30 Jahre zur Verfügung. Und wer mit 25 Jahren eine Immobilie erwirbt, hat sage und schreibe noch 40 Jahre Zeit, um den Kredit zu tilgen. Die Banken dürfen bei diesen Berechnungen potenzielle – und in den meisten Fällen erwartbare – Einkommenssteigerungen und dadurch ermöglichte Ratenerhöhungen nicht in Betracht ziehen. Sie müssen strikt das als Grundlage nehmen, was Sie zum Zeitpunkt des Kreditaufnahmeantrags verdienen. Das ist die Strenge des Verfahrens. Sie straft den späten Kauf ab, da sie nicht berücksichtigt, dass der Einkommenspeak bei den meisten im Alter zwischen 55 und 60 Jahren liegt. Das heißt: Je weniger Zeit Sie bis zum Renteneintrittsalter haben, desto schwieriger wird es, eine (erste) Immobilie zu erwerben. Und umgekehrt: Je jünger Sie sind und entsprechend weiter weg von der gesetzlichen Rente, desto mehr und *bessere* Finanzierungsangebote werden Sie erhalten, auch wenn Sie sich zu diesem Zeitpunkt noch gar nicht so viel leisten können. In gewisser Weise haben wir es also im Hinblick auf die Kreditwürdigkeit tatsächlich mit einem Paradox zu tun, aus dem es nur einen Ausweg gibt: sich möglichst frühzeitig mit dem Thema des Vermögensaufbaus zu beschäftigen.

Ich habe gerade das Wort *bessere* im Zusammenhang mit möglichen Finanzierungsangeboten betont, das will ich kurz erläutern. Je weiter weg Sie vom Renteneintrittsalter sind, desto kreditwürdiger sind Sie vor dem Hintergrund der Wohnimmobilienkreditrichtlinie für finanzierende Banken. Das bedeutet, dass mehr Banken daran interessiert sein werden, Sie als Kunden für eine Immobilienfinanzierung zu gewinnen. Und das wiederum bedeutet einen erhöhten Wettbewerb der Banken um Sie persönlich. Also wird man Ihnen, je jünger Sie sind, auch umso bessere Angebote unterbreiten. Diesen Vorsprung an potenziellen Kreditangeboten sollten Sie auf jeden Fall für sich nutzen.

Kommen wir nun zu den eigentlichen Eigenschaften Ihrer Person. Meinen Sie wirklich, dass das ausschlaggebend ist für die Frage, ob Sie schon »alt« genug sind, um eine Immobilie als Kapitalanlage zu erwerben? Ich schlage Ihnen zum Vergleich die Perspektive der Immobilienerbschaft vor. Nehmen wir folgende Situation: Sie sind 20 Jahre alt und erben plötzlich eine vermietete Wohnung, die Ihnen monatlich 1000 Euro Mieteinnahmen bringt. Die Immobilie ist nicht belastet, der Mieter vertrauenswürdig, die Lage gut, die Wohnung in Schuss. Würden Sie das Erbe ausschlagen? Wohl kaum. Würden Sie die Wohnung verkaufen, doch wozu? Sie haben eine Rendite von 12 000 Euro im Jahr (die Sie natürlich versteuern müssen, aber was tut man nicht alles für den Staat). Sie haben ein Vermögen – die Immobilie –, das jährlich um einige Prozent an Wert wächst, und Sie haben keine Belastungen in Form von Hypotheken und Bausparverträgen. Das ist die Idealsituation, die Sie und ich erreichen wollen: Ein passives Einkommen, das es einem ermöglicht, den beruflichen und privaten Interessen nachzugehen, die einen wirklich bewegen. Hinzu kommt, dass Sie diese abbezahlte, also nicht belastete Immobilie später sogar selbst belasten können.

Nun kommen wir zu der Frage, wann sich eine Investition in eine vermietete, respektive zu vermietende, Immobilie lohnt und wann man zu jung dafür ist? Da Sie weder als 20-Jährige noch als 30-Jährige eine Wohnung ausschlagen würden, wenn Sie Ihnen vererbt wird, gilt der Umkehrschluss auch hier: Sofern die finanziellen Parameter stimmen, kann man mit dem Wohnungskauf nicht zu früh anfangen.

Jetzt denken Sie: Ach, diese finanziellen Parameter, das sagt sich so leicht! Doch woher soll man als junger Mensch in den ersten Jahren nach dem Berufseinstieg das nötige Eigenkapital nehmen, um eine Immobilie zu erwerben? Immerhin sind mindestens 20 bis 30 Prozent des Kaufpreises notwendig, damit die Bank den Kaufplänen zustimmt. Entsprechend malen wir uns hier auch keine Luftschlösser aus, sondern je nach Geldbeutel eine möglichst kleine Wohnung. Zwei Monatsgehälter haben Sie auf der hohen Kante. Das ist die goldene Regel, die wir alle einhalten sollten für den Fall unerwarteter Ausgaben, als stille Reserve und als Beweis finanzieller Verantwortung – wir legen uns auf eine gewisse Sparquote fest. Wenn Sie dieses Geld noch nicht selbst beiseitegelegt haben, dann müssen Sie sich so lange anstrengen, bis Sie tatsächlich zwei volle Monatsgehälter angespart haben. Ganz ohne diese Sparquote funktioniert es nicht, ebenso wie eine finanzielle Strukturierung und Selbstorganisation Voraussetzungen für den wirtschaftlichen Erfolg sind.

Parallel zu diesem persönlichen Einsatz, also Ihrer erhöhten Sparquote, empfehle ich Ihnen auch das Gespräch mit Eltern, Großeltern und den nächsten Tanten und Onkeln, die Sie in der Vergangenheit schon immer bedacht haben. Haben Sie zum 18. Lebensjahr ein Konto geschenkt bekommen? Haben Sie zur Beendigung Ihrer Ausbildung Aktien erhalten? Wie sieht es damit aus? Ist davon noch etwas vorhanden oder haben Sie alles für Ihre Indienreise ausgegeben? Nun, Sie sehen, auch hier gilt: Konsum sei Ihnen gegönnt. Aber bedenken Sie, dass jede Konsumausgabe mit Einnahmen aufgewogen werden sollte. Wenn Sie sich also etwas *gönnen*, fragen Sie sich stets auch, an welcher Stelle Sie dafür etwas *sparen*.

Davon unabhängig bin ich der festen Überzeugung, dass Ihnen beim Erwerb einer Eigentumswohnung die engste Familie gern auch unmittelbar zur Seite stehen wird. Nehmen wir dazu einen Kaufpreis von 150 000 Euro zuzüglich Nebenkosten in Höhe von 15 000 Euro für Ihre erste Mietwohnung an. Das werden je nach Stadt und Region in Deutschland ein bis drei Zimmer sein – wir fangen bescheiden an. Für den Kauf dieser Wohnung benötigen Sie mindestens 20 Prozent Eigenkapital, also 33 000 Euro. Besser für die Finanzierung und sicherer für Sie ist es, wenn Sie 30 Prozent mitbringen, also rund 50 000 Euro. Angenommen, Ihr Tagesgeldkonto und Ihr Sparbuch, das Sie als Kind bekommen haben, bringen 30 000 Euro auf die Waage. Es fehlen also, um eine solide Sicherheit zu gewährleisten, weitere 20 000 Euro. Es gibt zwei Möglichkeiten: Sie können ausrechnen, wie viele Monate Sie auf wie viel Geld verzichten können und müssen, um den Betrag zu sparen. Oder Sie sprechen mit Ihren Eltern und Großeltern. Ich teile die allgemeingültige Einschätzung, dass der Immobilienerwerb in den meisten Fällen von Verwandten ideell, in vielen Fällen aber auch materiell unterstützt wird. Wenn Sie also Großeltern und Eltern um jeweils knapp 7000 Euro bitten, die sie Ihnen zinslos zur Verfügung stellen, dann steht Ihnen schon jetzt und nicht nach einer weiteren Ansparzeit der Weg zum Immobilienerwerb frei.

Das gilt entsprechend auch für größere Beträge. Wenn Sie mit mehr Eigenkapital starten können, umso besser. Ausschüttung und Tantiemen können auch schon einmal 50 000 Euro und mehr betragen. Mit einem solchen Betrag können Sie weitaus mehr anfangen und den Kaufpreis Ihrer Investition auf 200 000 Euro erhöhen. Die Grundregel lautet in allen Fällen, dass Sie sich lösen müssen von der Befürchtung, dass Ihr Eigenkapital gleichzusetzen ist mit dem Kaufpreis einer Immobilie. Dank der Hebelwirkung von Finanzierungen, die abgesichert sind durch den realen Wert der Immobilie, ist das mitgebrachte

Eigenkapital stets als Eintrittskarte zum Eigentum zu verstehen und nicht als dessen materieller Gegenwert.

Fangen Sie daher lieber ein paar Monate oder sogar Jahre früher mit der Suche und Planung des ersten Immobilienerwerbs an, als bis zum vermeintlich richtigen Zeitpunkt zu warten. Der wichtigste Parameter ist nämlich weder Ihr Alter noch die Vorstellung von der idealen Immobilie, sondern das notwendige Eigenkapital. Multiplizieren Sie das Geld, das Sie zur Verfügung haben, mit dem Faktor 5 bis 7 – dann wissen Sie, wie teuer die Mietwohnung sein darf, die Sie kaufen wollen. Wenn Sie eher sicherheitsbewusst denken, dann sollten Sie bei Faktor 5 bleiben. Sind Sie risikofreudig und überzeugt davon, dass Sie schon bald mehr Geld verdienen werden oder Ausschüttungen und Prämien anstehen, dann gehen Sie ein bis zwei Faktoren höher. Welchen Faktor Sie wählen, ist Ihrer persönlichen Einstellung überlassen. Mit einem Mythos aber sollten Sie ein für alle Mal abgeschlossen haben: Sie können nie zu jung sein für den ersten Wohnungskauf, sondern nur zu alt.

KAPITEL 6

KAUFEN, NUR WO?

Reden wir im folgenden Kapitel nicht über Geld, sondern über Standorte. Sie wollen eine Wohnung kaufen, drei Zimmer, mittlere Lage, mittlere Güte – in welcher Stadt würden Sie sich auf die Suche machen? Wenn Sie jetzt vor Ihrem geistigen Auge gleich die Antwort haben und mir den Namen der Stadt nennen wollen, dann frage ich lieber noch einmal nach: Welche Kriterien sind für Ihre Entscheidung maßgeblich? Ich wette, dass Sie Ihre erste Wahl nicht objektiv getroffen haben. Sie haben sich von Ihrem persönlichen Umfeld und Ihrer persönlichen Erfahrung leiten lassen. Wahrscheinlich sehen Sie die Metropole, in deren Einzugsgebiet Sie leben. Wenn Hamburg für Sie die Referenzstadt ist, dann dort. Wenn Sie zum Einkaufen und Ausgehen nach Hannover fahren, dann Hannover. Wenn es Heidelberg ist, dann Heidelberg. Die Liste lässt sich beliebig fortsetzen, obwohl schon diese drei Städte kaum miteinander vergleichbar sind: Hamburg ist die zweitgrößte Stadt Deutschlands und zählt beinahe 1,8 Millionen Einwohner. Hannover ist eine Landeshauptstadt mit einer halben Million Einwohner. Heidelberg hat rund 160 000 Einwohner und liegt damit auf Platz 51 der größten deutschen Städte, ist aber weltweit als Universitätsstandort bekannt und zudem ein beliebtes Touristenziel.

Sie ahnen wahrscheinlich schon, worauf ich hinauswill: Die Größe und Bedeutung allein können nicht ausschlaggebend sein für den richtigen Standort einer Wohnung zur Kapitalanlage. Es gibt weitaus mehr Kriterien. Nun sagen Sie vielleicht: »Die Dame hat gut reden. Sie wohnt in Berlin, der boomenden Hauptstadt Deutschlands mit wachsender internationaler Bevölkerung, spannenden Start-ups und, wie allseits bekannt, nicht genügend Mietwohnungen. Klar kann man da wenig falsch machen, wenn man eine Wohnung zur Kapitalanlage erwirbt, und im nächsten Atemzug anderen erklären, dass Größe nicht alles ist. Allein die Nachfrage nach Wohnungen und die schiere Wucht der Stadt machen Berlin zu einer sicheren Bank, die alle anderen Städte Deutschlands in den Schatten stellt.« Zumal, so denken Sie weiter, ja nicht jeder in Berlin eine Wohnung kaufen kann. Die Stadt hat knapp vier Millionen Einwohner, und das sind dann nicht ganz 5 Prozent der deutschen Bevölkerung.

Auch abseits von Berlin gibt es in Deutschland viele interessante Standorte. Denn wir haben bereits erfahren, dass anders als in Frankreich und Großbritannien die meisten Menschen in Deutschland verteilt auf die Regionen und deren Mittelzentren und Großstädte leben. Kaum ein anderes Land in Europa ist derart föderal organisiert. Vielleicht erinnern Sie sich noch an den Geschichtsunterricht in der Schule, als uns erklärt wurde, dass die besondere Struktur Deutschlands ihre Ursprünge im deutschen Flickenteppich mit den vielen kleinen Fürstentümern hat. Davon profitiert Deutschland wirtschaftlich, aber eben auch als Immobilienstandort. In Frankreich besteht der Immobilienmarkt nur aus Paris, in Großbritannien nur aus London. Das sind für sich genommen auch riesige Märkte, aber sobald man *Greater London* und die *Île de France* verlassen hat, befindet man sich buchstäblich in der Provinz. In Frankreich gibt es bestenfalls noch den Markt für Luxusimmobilien an der Côte d'Azur, aber die müssen wir an dieser Stelle nicht berücksichtigen.

Lassen Sie sich bitte nicht gleich blenden vom Vorteil des deutschen Föderalismus. Gerade wenn es darum geht, eine Wohnung zur Kapitalanlage zu erwerben, sind die Entwicklung und das Potenzial des Standorts entscheidend und keineswegs seine historisch gewachsene Bedeutung. Unterscheiden Sie also zwischen den Einwohnerzahlen auf der einen Seite und der Bevölkerungsentwicklung auf der anderen: Die eine Zahl zeigt Ihnen eine Momentaufnahme, die andere vermittelt Ihnen die Tendenz und damit auch die Prognosen für den Wohnungsmarkt. Angenommen, Ihre Wahl fällt auf eine Großstadt mit 200 000 Einwohnern. Dann sollten Sie genau prüfen, wie sich die Bevölkerung in und um diese Stadt in den vergangenen zehn Jahren entwickelt hat und wie die Aussichten für die kommenden Jahre sind. Das ist nicht besonders schwer. Die meisten Daten dazu finden sich heute im Internet. Aber Ihnen muss klar sein: Wenn die demografische Entwicklung rückläufig ist und jährlich Menschen von dem Standort, an dem Sie kaufen wollen, wegziehen, dann sind das keine guten Indizien für einen Wohnungskauf.

Noch einmal müssen wir unterscheiden: Angenommen, Sie suchen für sich und Ihren Partner oder für sich allein oder für sich, Ihre Familie und Ihre Eltern ein Domizil, das Sie selbst bewohnen werden, dann gelten andere, teilweise sogar gegenläufige Kriterien. Vielleicht ist eine Region mit sinkender Bevölkerung unter diesen Umständen für Sie sogar von Vorteil, weil Sie mehr für Ihr Geld bekommen und die Ruhe auf dem Lande genießen werden. Umso besser. Greifen Sie gerne zu. Aber wenn es um die Perspektive geht, eine Wohnung oder ein Haus zu kaufen, das es zu vermieten gilt, müssen Sie die Leerstandsrisiken minimieren. Das geht am besten, indem Sie dort kaufen, wo die Bevölkerungszahl und damit auch der Bedarf an Wohnraum steigt.

Und bitte beachten Sie: Schauen Sie nicht allein auf den Wanderungssaldo der Stadt, sondern achten Sie auch auf die Zahlen in den Speckgürteln. Die meisten Städte wachsen und schrumpfen heute antiproportional zu ihren Vororten. Es kann also vorkommen, dass die Stadtbevölkerung stagniert oder sogar leicht schrumpft, die Vororte das aber wieder ausgleichen. Nicht die reine Statistik der kreisfreien Stadt zählt, sondern der Blick auf die Bevölkerungsentwicklung in der Metropolregion.

Grundsätzlich lässt sich für Deutschland dabei nur Positives sagen: Auch wenn es viele junge Familien vor die Tore der Stadt zieht, weil sie sich den Traum vom eigenen Haus mit Garten verwirklichen wollen, erleben wir derzeit eine neue, große und lange Welle der Urbanisierung. Die Städte bieten Arbeits- und Ausbildungsplätze, hohe Lebensqualität und sind längst nicht mehr so schmuddelig und stickig wie in der Zeit der städtischen Schwerindustrie. Kurzum: Wohin es junge Menschen zieht, da sind Investitionen in Mietwohnungen eine gute Entscheidung.

Wichtig ist dabei folgende Unterscheidung: Schauen Sie nicht nur auf die großen Metropolen, deren Namen Sie an zwei Händen abzählen können. Blicken Sie über deren Horizont hinaus. Vor einigen Jahren wurde hierfür in der Immobilienwirtschaft der sehr treffende Begriff der *Schwarmstädte* eingeführt. Diesen Begriff sollten Sie sich bitte merken. Städte mit einer großen Anziehungskraft und hohen Ausbildungsquoten sind prädestiniert für Investitionen in Mietwohnungen. Es ist kein Zufall, dass diese Städte in den meisten Fällen Universitäten haben. Vorhin erwähnte ich Heidelberg, eine klassische Schwarmstadt, da sie der Größe nach nicht zu den Metropolen gehört. Heidelberg spielt auch nicht in der Liga der B-Städte mit, wie das bei

Hannover, der Landeshauptstadt Niedersachsens, der Fall ist, über die wie wir ebenfalls sprachen. Und dennoch: Heidelberg ist eine der begehrtesten Städte Deutschlands und spielt preislich eher in einer Liga mit München.

Nun steigen wir eine Stufe niedriger ein: Es muss ja nicht gleich eine Wohnung in der Barockperle am Neckar sein. Jedes Bundesland hat Schwarmstädte zu bieten und damit auch interessante Relationen zwischen Kauf- und Mietpreisen. Denn die Besonderheit von Schwarmstädten ist, dass dort die Mietpreise relativ gesehen meist höher sind als die entsprechenden Kaufpreise. Das heißt: Es lohnt sich in vielen Fällen zu kaufen, anstatt zu mieten. Und damit gilt auch: Für den Kapitalanleger stehen die Chancen gut, dass es auf das investierte Kapital eine höhere Mietrendite gibt. Wenn Sie also unabhängig von Ihrem Wohnort und Ihrer intuitiven Standortsuche für eine Kapitalanlage auch die Schwarmstädte anschauen, dann werden Sie sehen, wie schnell Sie das Standortspektrum für potenzielle Kapitalanlagen vergrößern werden.

> Notieren Sie sich die Schwarmstädte in allen Bundesländern. Schauen Sie, in welcher der Schwarmstädte Sie sich auskennen. Jetzt haben Sie schon mindestens zwei Standorte für die Immobilie zur Kapitalanlage – Ihren Wohnort und mindestens eine Schwarmstadt in der näheren Umgebung.

Kommen wir nun zu einem zweiten Bestandteil der Standortwahl – zu Ihren persönlichen Bezugspunkten. Wir sprachen bereits mehrfach darüber, dass Sie keinesfalls mit den Ansprüchen an die Kapitalanlage herantreten dürfen, die Sie für Ihre eigene

Wohnung ansetzen würden. Für Sie kommen die mittlere Lage und die mittlere Qualität nicht in Betracht – für Ihre Mieter aber schon. Denn der Unterschied liegt darin, dass eine Mietwohnung für den Mieter ein Konsumgut und für Sie eine Einkommensquelle ist, während die selbstgenutzte Wohnung vor allem Konsumgut und Lebenstraum ist – für Letzteres zeichnen immer nur Sie selbst verantwortlich. Die Frage nach dem persönlichen Bezug zum Standort Ihrer Kapitalanlage bleibt davon aber unberührt und ist überaus berechtigt. Wie jede Investition ist auch die vermietete Wohnung mit Arbeit verbunden. Bei der Immobilie hält sich der Arbeitseinsatz, den Sie erbringen müssen, in den meisten Fällen in Grenzen. Die Hausverwaltung erledigt das meiste und schickt jährlich Abrechnungen, die Sie dann wiederum bei Ihrer Steuererklärung berücksichtigen. Es bleibt Ihnen also nur der Aufwand, der entsteht, wenn Ihr Mieter auszieht.

Für den Standort Ihres Immobilienerwerbs zur Kapitalanlage gilt daher folgender Merksatz: Kaufen Sie dort, wo Sie sich auskennen! Als Erstkäuferin ergibt es wenig Sinn, wenn Sie sich für eine Eigentumswohnung zur Vermietung am anderen Ende der Republik entscheiden. Das ist mir erst vor Kurzem wieder in einem Gespräch mit einer Bekannten klar geworden: Besagte Bekannte, Juristin ihres Zeichens mit einem Prädikatsexamen, ist der Liebe wegen nach Freiburg gezogen. Sie meldete sich aus heiterem Himmel bei mir, um den Kauf einer Eigentumswohnung zur Vermietung mit mir zu besprechen. Sie wohnt in einem dieser idyllischen Weindörfer am Rande der Hauptstadt des Breisgaus mit Blick über das Rheintal – hinüber ins Elsass und auf die Vogesen. Ein Eigenheim hat sie mit ihrem Mann und den Zwillingen bereits, obwohl wir wissen, dass es andersherum geschickter wäre: zuerst die Kapitalanlage, dann das Eigenheim. Doch was soll's, die beiden konnten es sich leisten und die Risiken waren gering. Nun hat sie genug Kapital für eine Wohnung zur Vermietung. Aber es reicht bei Weitem nicht für Freiburg. Mit 50 000 Euro wird sie in einer der teuersten Städte Deutschlands nicht weit kommen. Das wusste sie auch. Denn als wir uns in Berlin trafen, kam meine Bekannte gerade von einer Wohnungsbesichtigung in Greifswald. Sie hatte hin und her recherchiert und war tatsächlich darauf gekommen, dass das Preisleistungsverhältnis in Greifswald optimal ist. Sie könnte dort sogar mehrere Wohnungen im Paket kaufen und vermieten – vielleicht an Studenten oder Doktoranden, am besten Pärchen, die gerade promovieren und die Wohnung dann an ihre Nachfolger am Lehrstuhl weitergeben.

Ich wollte die hübschen Luftschlösser meiner Bekannten nicht schleifen, aber ein wenig musste ich sie dann doch auf den Boden der Tatsachen hinabholen. Meine Kritik betraf nicht Greifswald und auch nicht die charmante Überlegung, dass sich die Wohnungen unter der Hand von Doktorand zu Doktorand hangeln. Ich wollte nur zwei Sachen wissen: Ob sie sich in Greifswald auskannte und wie lang der Weg von Freiburg bis an die Ostsee ist.

Kartenhäuser einstürzen zu lassen, ist keine Freude, aber mitunter notwendig. Von Freiburg bis nach Greifswald – das hatte sie sich gar nicht vorstellen können, womit dann auch meine erste Frage hinreichend beantwortet war – sind es über neun Stunden reine Fahrtzeit. Das ist für eine nicht-professionelle Immobilieninvestorin, wie meine Top-Juristin eine werden wollte, schlicht nicht leistbar. Es kann nicht funktionieren, auch wenn sie und ihr Mann eine moderne Beziehung führen und er gern die Zwillinge übernimmt, während sie auf Immobilientour geht und auf der Rückfahrt bei mir Halt macht.

Für Erstkäufer gilt daher: Suchen Sie nicht querbeet. Fokussieren Sie sich auf Ihre Region(en). Wenn Sie also in oder in der Nähe einer Stadt wohnen, die aus Investorensicht interessant ist, dann umso besser. Wenn Sie hingegen nicht im direkten Umkreis Ihres Wohnortes suchen, dann sehen Sie sich in den Schwarmstädten Ihrer Region um. (Die Liste haben Sie bereits erstellt!) Mit Sicherheit gibt es in Ihrer Region die eine oder andere Stadt, die für Kapitalanlagen in Betracht kommt, selbst wenn Sie sich persönlich nicht vorstellen könnten, dorthin zu ziehen. Eine Wohnung zu vermieten und zu verwalten, ist eine ruhige und langfristige Form der Kapitalanlage und des Vermögensaufbaus. Unterschätzen Sie aber bloß nicht die Zeit, die Sie dann doch vor Ort verbringen müssen. Und wenn dann lange Fahrtzeiten hinzukommen, kann sich auch eine noch so günstige Investition als zeitaufreibende Nebenbeschäftigung entpuppen. Gerade dies aber wollen wir vermeiden.

So ungefähr erklärte ich auch meiner Freundin die Situation. Für sie bedeutete das Folgendes: Wir öffneten Google Maps und fuhren die A7 von Freiburg aus in Richtung Norden. Baden-Baden ließen wir links liegen. Aber Offenburg, Karlsruhe und Pforzheim notierten wir uns für die weitere Suche und den Abgleich zwischen Mietpreisen, Quadratmeterpreisen, Bevölkerungsentwicklung und weiteren Faktoren für die Standortwahl.

KAPITEL 7
LOB DES SPECKGÜRTELS

Da Sie die vergangenen Kapitel sorgfältig gelesen haben, sind Sie vermutlich mittendrin bei der Suche nach der passenden Eigentumswohnung zur Kapitalanlage. Sie haben auf einem Unterkonto zusammengetragen, was Sie an Eigenkapital zur Verfügung haben. Sie haben das kleine Aktiendepot, das seit Ihrem 18. Lebensjahr unangetastet geschlafen hat, versilbert. Sie haben den einen oder anderen Privatkredit getilgt. Sie achten darauf, dass Ihre Finanzen geordnet und geregelt ablaufen, um Kreditanfragen nicht unnötig zu gefährden. Und Sie suchen nun eifrig in den gängigen Internetportalen. Dabei schauen Sie, versteht sich, im Umkreis Ihres Wohnortes, da Sie diesen gut kennen und bei der ersten Immobilieninvestition, die Sie tätigen, auf den Rat Ihrer Vorsorgeberaterin Laura hören wollen. So weit, so gut.

Und nun, ach, schauen Sie und finden innerorts kaum bezahlbare Wohnungen. Jedenfalls keine, die für Kapitalanlagen infrage kommen. Die meisten Objekte stehen leer, müssen aufwendig saniert werden und sind im Verhältnis zur potenziell möglichen Marktmiete schlicht zu teuer. Solche Angebote lohnen sich, wenn man die Wohnung selbst beziehen möchte. Die Mehrkosten sind jener Konsum, den man sich gerne gönnt, wenn man sich sein wohlverdientes eigenes Zuhause einrichtet. Aber für die Geldanlage sind derartige Objekte ungeeignet. Die Rechnung, bei der Sie am Ende des Monats einige Hundert Euro mehr übrighaben sollen, als die Wohnung Ihnen an Kapitaldiensten und Nebenkosten abverlangt, geht nicht auf. Und das Risiko, dass Sie draufzahlen, wollen und dürfen Sie nicht eingehen. Die Immobilie soll für Sie bekanntlich keine Mehrbelastung, sondern eine kluge und langfristige Entlastung darstellen.

Gegen dieses Lamento gibt es zwei Abhilfen: Entweder Sie lassen es gleich mit der Immobiliensuche, legen dieses Buch kopfschüttelnd beiseite und geben sich geschlagen, weil für Sie fortan klar ist, dass finanzielle Freiheit, Vorsorge und Vermögensaufbau nicht in Betracht kommen. Oder Sie erweitern Ihren Suchradius und lassen den Blick ins Umland schweifen.

Jetzt sagen Sie natürlich: »*Uff, das Umland* – lesen Sie nicht allenthalben, dass die Metropolen und Innenstädte boomen, dass es die Menschen in die Kieze zieht, wo der Bär steppt und alles mit dem Fahrrad oder fußläufig erreichbar ist? Und da soll man gegen den Strom schwimmen und eine Immobilie, die man zudem nicht einmal selbst beziehen will, draußen vor den Toren der Stadt kaufen, weil es innerorts zu teuer ist?« Nun, liebe Leserin, ich weiß nicht recht, ob das so sehr Investitionen *gegen den Strom* sind, wenn Sie in den Speckgürtel oder in die Randlagen gehen. Wir sollten das auf jeden Fall genauer untersuchen.

Wie bereits erwähnt hatten die niedrigen Zinsen der vergangenen Jahre zwei Folgen für den Immobilienmarkt: Auf der einen Seite waren mehr Menschen in der Lage, sich eine Wohnung zu kaufen, als dies zu Zeiten hoher Zinsen der Fall ist. Zum anderen haben die niedrigen Zinsen aber auch dazu geführt, dass mehr Akteure in Immobilien investieren wollten, respektive mussten, weil Versicherungen und Anleihen nicht genug Rendite abwarfen. Beinahe jedes Versorgungswerk, jede Beamtenpensionskasse und jede Betriebsrentenversicherung hält mittlerweile Immobilien. Beides zusammen hat dazu geführt, dass die Immobilienpreise deutlich gestiegen sind.

Ein weiterer Gedanke sei hier noch erwähnt, den ich für wichtig erachte und über den, wie ich finde, nur wenig berichtet wird: Preise sind immer relativ. Und beim Blick auf deutsche Immobilienpreise muss man berücksichtigen, dass die Wohnungs- und Hauspreise hierzulande weitaus niedriger sind als in den meisten unserer Nachbarländer. Die Preisentwicklungen der vergangenen Jahre beruhten also auf den niedrigen Zinsen, der erhöhten Nachfrage und der grundsätzlichen Angleichung der Immobilienmärkte in einem zusammenwachsenden Europa. Entsprechend gilt: Wenn jetzt die Preise sinken, dann ist das ebenfalls eine Folge der Zinslage – nämlich der steigenden Zinsen, die den Erwerb von Wohneigentum für viele Menschen erschweren.

Und nun zurück zum »Uff des Umlands«. Ob das Umland für eine Kapitalanlage geeignet ist oder nicht, bemisst sich an denselben Kriterien, die auch für und wider die Immobilie innerorts sprechen. Das heißt im Klartext: Wenn Sie zu Beginn der Suche festgestellt haben, dass die Stadt, in der Sie investieren wollen, positive Zukunftsaussichten aufweist, gibt es keinen Grund, warum dies nicht auch für die Vororte drumherum gelten sollte. Falls Sie also im Speckgürtel suchen, dann ist das nicht logischerweise eine Investition gegen den Strom, sondern eine Frage des Geldbeutels, der Nachfrage am Wohnungsmarkt und der Wachstumsperspektiven in der Region.

> Ob Umland oder Innenstadt: In beiden Fällen zählen die Nachfrage, der Wohnungsbedarf und die Wachstumsperspektiven des Ballungsgebietes. Wenn das Ballungsgebiet wächst und weiterwachsen wird, dann profitieren Wohnlagen in der gesamten Region. Hier können Sie ruhig auch außerhalb der Stadtgrenzen investieren.

Die demografische Entwicklung der Städte hat zwei Perspektiven: So wachsen zwar die deutschen Großstädte, und die Bevölkerung nimmt zu. Gleichzeitig ziehen aber mehr Menschen aus den Innenstädten in die Vororte als andersherum. Man spricht hier vom sogenannten Wanderungssaldo, der für alle deutschen Metropolen negativ ist. Heißt das nun, dass die Großstädte weniger attraktiv werden? Mitnichten! Aber die Preise und die Angebote entsprechen häufig nicht mehr den Wünschen der Käufer. Sie wollen zwar in der Stadt bleiben, verstehen aber darunter die ganze Region und achten nicht auf die offiziellen Stadtgrenzen.

Eine Bekannte von mir, verheiratet, zwei Kinder, hat vor Kurzem, und zwar entgegen der Ratschläge und Überlegungen, die wir hier gemeinsam anstellen, den Entschluss gefasst, ein Eigenheim zu erwerben und selbst zu beziehen. Über Wochen suchten sie und ihr Mann im Internet und mussten feststellen: Die Preise innerhalb der Stadt waren sehr hoch, zu hoch – und sie stiegen sogar kontinuierlich weiter. Also erweiterten die beiden den Suchradius um einige Vororte. Und siehe da, kaum hatten sie die Grenzen ihrer Stadt verlassen, schon fielen die Preise, sowohl für freie Grundstücke als auch Bestandsimmobilien. Meine Bekannte und ihr Mann wollten unbedingt ins Eigenheim. Und bei so sehnlichen Wünschen darf man als Bekannte nicht reingrätschen. Die Familie mit den zwei Kindern zog also aus der betonierten, lauten, anstrengenden Stadt hinaus ins Grüne, wo sie die Vorzüge der Stadtnähe nun ebenso genießt wie die Vorteile des Lebens im Speckgürtel. Und das auch noch zu einem niedrigeren Preis.

Vielleicht hätte ich mich in einem anderen Fall mit der Kritik nicht zurückgehalten, aber hier war der Blick auf die Metropollage vielversprechend. Und genau diese Regel gilt auch für Sie, wenn Sie eine Wohnung als Kapitalanlage erwerben und Ihre Suche über die Stadtgrenzen hinaus ausdehnen wollen. Mein Rat: Schauen Sie sich unbedingt die Stadt inklusive des gesamten Ballungsgebietes an. Prüfen Sie die gesamte Metropolregion und nicht nur die Entwicklung innerhalb oder außerhalb der Stadtgrenzen. Erst der Blick auf das ganze Gebiet gibt Aufschluss über die tatsächlichen Potenziale.

Und wenn schon Ratschläge, dann gleich ein zweiter hinterher: Übertragen wir die Suchkriterien der Käufer, die für sich selbst suchen, auf uns, die wir vermieten wollen. Während die eine Regel besagt, dass wir das, was wir selbst bewohnen wollen, nicht zum Maßstab für die Immobilie zur Kapitalanlage machen sollten, gilt nämlich im Umkehrschluss: Das, was für andere Eigennutzer taugt, kann durchaus auch als Kapitalanlage interessant sein.

Lesen Sie sich also bitte ein in die Immobilienentwicklungen Ihrer Region – das kann eine Metropole, eine Großstadt, eine Schwarmregion oder ein attraktives Mittelzentrum sein. Wird darüber berichtet, dass Vororte und Randlagen beliebter werden, weil es in der Stadt selbst zu wenig Objekte gibt? In diesem Fall können Sie der Tendenz ruhig folgen. Dann werden Sie mit einer Kapitalanlage in einer soliden Vorortlage nichts falsch machen, weil es viel mehr Menschen gibt, die eine Mietwohnung suchen, als Menschen, die eine Immobilie kaufen. Sie haben also stets einen größeren Markt, wovon Sie als Vermieterin profitieren können.

Der zweite Grund, warum ich die Verachtung vieler Investoren für den Speckgürtel nicht teilen mag, ist weitaus kaufmännischer und hat mit den Mietrenditen zu tun. Auch dafür müssen Sie sich mit den Immobilienportalen beschäftigen. Diesmal aber nicht mit den Kaufangeboten, sondern mit den Mietinseraten. Überhaupt ist ein Blick auf die Mietangebote in der Region, in der Sie suchen, ein wichtiger Bestandteil der Kapitalanlage. Wie bei jedem Angebot, das Sie dem Markt unterbreiten möchten, müssen Sie sich auch ein Bild davon machen, was nachgefragt wird. Niemand mag Eulen nach Athen tragen. Das gilt auch für Wohnungen. In einer Stadt mit einem deutlichen Überangebot an leer stehenden Mietwohnungen eine weitere Mietwohnung auf den Markt zu bringen, wäre töricht. Unser Glück: In den meisten deutschen Städten gibt es nicht genügend Mietwohnungen. Daher ist die Beschäftigung mit dem Mietwohnungsangebot umso aufschlussreicher. Sie erfahren, wie groß Wohnungen sind, welche Ausstattung sie haben, wie teuer bestimmte Wohnungen sind und vieles mehr. Dass dies zum Inventar des Immobilieninvestments gehört, versteht sich von selbst. Wobei das nicht heißt, dass Sie tagtäglich sämtliche Wohnungsangebote studieren müssen. Essenziell ist, dass Sie sich einen Überblick verschaffen und sich regelmäßig auf dem Laufenden halten. Wer Fußballfan ist, kennt die Ergebnisse der Sonntagsspiele. Wer eine Immobilie kaufen will, ist gut über die Preisentwicklungen am Standort seiner Investition informiert.

Nun schauen Sie sich also die Mietwohnungsangebote innerorts und vor den Toren der Stadt an. Und Sie werden erkennen:

Die Mietpreise, die in den Vororten aufgerufen werden, unterscheiden sich nicht besonders von den Mietpreisen innerhalb der Stadtgrenzen. Während sich bei Kaufimmobilien die Postleitzahl und der Name des Standortes preistreibend auswirken, sind es bei Mietwohnungen andere Faktoren. Die gute Anbindung an den öffentlichen Nahverkehr und eine gute Straßenanbindung fallen deutlich mehr ins Gewicht. Nun fragen Sie vielleicht, warum das so ist. Die Antwort ist wohl ebenso menschlich wie unlogisch: Die Mietwohnung deckt einen klaren Wohnraumbedarf ab, während die Eigentumswohnung – sei es »auf Etage«, sei es als Haus – auf emotionaler Ebene ausgewählt und besiegelt wird. Das bedeutet: Die Wahl für oder gegen eine bestimmte Mietwohnung fällt weitaus objektiver aus und folgt klaren Kriterien wie Wohnungsgröße, Preis und Nutzwert. Ob sich eine Wohnung in einer bestimmten Stadt befindet oder in deren Vorort, spielt eine weitaus geringere Rolle. Wichtig ist, dass die Wohnung praktisch gelegen und praktisch geschnitten ist. Die Folge für uns: Der mögliche Mietzins ist vergleichbar.

Anders bei den Kaufpreisen. Hier kommen plötzlich all jene Emotionen zum Tragen, die bei der Mietwohnungssuche nicht anfallen. Der Käufer, der selbst nutzen will, erwirbt nicht nur eine Wohnung oder ein Haus, sondern auch eine Adresse: Straße, Postleitzahl und Stadtnamen – und wir alle wissen nur zu gut, wie gern wir selbst die Nase rümpfen, wenn jemand nicht im richtigen Stadtteil wohnt. Die Folge: Kaufpreise orientieren sich viel stärker an der Lage als Mietpreise.

Für Sie ist das aber alles einerlei. Ob innerorts oder im Vorort: Wo sich Ihre Kapitalanlage befindet, hat niemanden zu interessieren. Sie schweigen nur und freuen sich über die monatliche Mietrendite, die der Grundstock Ihres Vermögensaufbaus sein wird.

In den meisten Fällen sind die Kaufpreise außerhalb der Stadtgrenzen günstiger als innerorts. Die Mietpreise hingegen variieren nicht so deutlich. Wer eine Wohnung zur Kapitalanlage im Einzugsgebiet einer attraktiven Stadt kauft, kann als Vermieter also häufig eine bessere Rendite erzielen, als wenn er eine vergleichbare Wohnung innerhalb der Stadtgrenzen kauft und vermietet.

TEIL 5
DIE IMMOBILIE ALS QUELLE FÜR PASSIVES EINKOMMEN

Wir sprachen schon von der Bedeutung des passiven Einkommens für den Vermögensaufbau. Sie erinnern sich: Passives Einkommen aktiviert Geld. Es beginnt für Sie zu arbeiten, anstatt dass Sie Monat für Monat für Ihr Gehalt schuften. Gleichzeitig ist das passive Einkommen der beste Schutz vor Schulden- und Kreditfallen, da Sie den Spieß der finanziellen Abhängigkeit umdrehen.

Für die Vermietung von Wohnraum gilt das entsprechend: Als Vermieterin schaffen Sie sich eine Quelle für passive Einkünfte. Umso wichtiger ist es, dass die Mischung von Mietrendite und Wertsteigerung passt. Wer sich allein auf Mieterträge oder allein auf die steigenden Eigentumspreise verlässt, der agiert außerhalb des sozial-marktwirtschaftlichen Gleichgewichts. Das ist wahrscheinlich auch schlecht fürs Karma.

Gleichzeitig können niedrige Mieten sehr charmant für Investoren sein, weil das Aufwertungspotenziale schafft. Wer niedrig einsteigt, kann mehr rausholen. Die Frage ist nur: Ab wann lohnt sich das und für wen? Hier gilt es tatsächlich nachzurechnen – wir werden das an einigen Beispielen machen.

Ebenso sollten Sie bei scheinbar makellosen All-inclusive-Angeboten rechnen. Sie kennen das von All-you-can-eat-Buffets: Als Gast kommt man geschmacklich immer besser weg, wenn man à la carte bestellt. Dasselbe gilt für Immobilien: Als Käufer und Eigentümer kommt man immer besser weg, wenn man sich um Vermietung und Abrechnung selbst kümmert. Erst recht gilt das für sogenannte Mietpools, also für den Zusammenschluss von Eigentümern, um sich bei Mietausfällen mit Mindesteinnahmen unter die Arme zu greifen. Das ist (fast) immer eine Milchmädchenrechnung und zahlt auf das Konto des Anbieters solcher Dienstleistungen ein.

Und da wir schon beim Thema Glaubwürdigkeit sind, wollen wir über ein letztes Thema sprechen: das Kreditangebot. Auch hier gelten nämlich die Regeln des Eigeninteresses des Kreditanbieters und des Kreditvermittlers. Mein Rat: Vor einer Zusage müssen Sie immer mehrere Angebote einholen und vergleichen. Das schärft Ihren Blick und professionalisiert nebenbei Ihren Umgang mit Finanzangeboten.

KAPITEL 1

WAS ALLES SCHIEFGEHEN KANN

In diesem Kapitel wird es ärgerlich. Ich habe einen Cousin zweiten Grades, wir haben uns schon mehrere Jahre nicht gesehen. Irgendwann hatte er einen guten Job in Berlin und beschloss, sich eine Wohnung zu kaufen. Hier beginnt das Abenteuer, das ihn sechs Jahre und viele Nerven gekostet und ihn am Ende um über 200 000 Euro reicher gemacht hat.

Philipp ist leidenschaftlicher Junggeselle. Seine Wohnung sollte ein Neubau sein – mit Terrasse und einer möglichst großen Wohnküche inklusive Hochtisch. Seine Idealvorstellung, die er sich als Büroleiter eines westdeutschen Unternehmens in der Hauptstadt vorstellte, war es, mit Freunden zu kochen, am Hochtisch am Laptop zu arbeiten und gleichzeitig Fußball über eine Leinwand zu gucken.

Ein Altbau kam für ihn nicht in Betracht. Also kaufte Philipp eine Wohnung bei einem Projektentwickler, der ihm versprach, innerhalb von drei Jahren ein bezugsfertiges Zuhause zu liefern: 100 Quadratmeter, 12 Quadratmeter Terrasse, zwei separate Zimmer und – nach Philipps Wünschen – eine gewaltige offene Wohnküche von über 50 Quadratmetern. Die Logik seiner Entscheidung sei dahingestellt, denn er hat aus vier Zimmern drei gemacht. Mit seiner Neuaufteilung der Wohnung widersprach er dabei dem größten Vorzug eines Neubaus. Denn bei Neubauwohnungen zählt vor allem der praktische Schnitt, bei dem auf möglichst wenig Quadratmetern möglichst viele separat betretbare Zimmer vorhanden sind. Angesichts steigender Quadratmeterpreise ist das der beste Weg, um bedarfsgerechten Wohnraum zu schaffen und diesen optimal zu vermieten.

Der Preis der Wohnung, die Philipp erwarb betrug zum Zeitpunkt des Kaufes 350 000 Euro, also 3500 Euro auf den Quadratmeter. Da kann man nicht meckern, nicht wahr? Heute gibt es keine Neubauwohnung in der deutschen Hauptstadt zu dem Quadratmeterpreis, den Philipp damals gezahlt hat. Die Wohnung war zudem provisionsfrei, sodass die Kosten inklusive Grunderwerbsteuer, Notar und Grundbuch bei insgesamt 380 000 Euro lagen.

Philipps Problem: Damals hätte es solche Wohnungen auch nicht mehr geben dürfen. Der Projektentwickler, der bis dato keine Berlin-Erfahrung hatte und über Umwege an das Baugrundstück gekommen war, hatte sich mit den Baukosten gewaltig verkalkuliert. Bei seiner Annahme, dass der Quadratmeterbaupreis bei rund 1500 Euro liegen könnte, hatte er weder die wachsende Nachfrage im Baugewerbe (zumal in Berlin!) noch die stetig steigenden Rohstoff- und Energiepreise berücksichtigt. Nach mehreren Baustopps und Verzögerungen musste der Bauträger schließlich Insolvenz anmelden. Den Käufern wurde ein Rücktritt vom Bauträgervertrag angeboten. Die Insolvenzverwalter hofften, dass sie über anschließende Wiederverkäufe des bereits erstellten Rohbaus weitaus bessere Margen erzielen würden. Immerhin waren die Wohnungspreise im Neubausegment in Berlin seit dem Verkauf der Wohnungen um jährlich knapp 20 Prozent gestiegen. Wer nicht zurücktreten wollte, musste draufzahlen. 25 Prozent vom ursprünglichen Kaufpreis forderte der Insolvenzverwalter von den künftigen Eigentümern, um das Projekt zu Ende bauen zu können. Philipp gehörte zur Mehrheit der Käufer, die diesen Preisaufschlag akzeptierten, obwohl ihm der neue Vertrag mit Passagen wie »*Der Verkäufer plante, einen Neubau zu errichten*« oder »*Der Verkäufer kann das Projekt nicht zu Ende führen*« seinerzeit mehr als nur eine schlaflose Nacht bereitet hat.

Nach weiteren drei Jahren war der Komplex endlich bezugsfertig und übergeben. Zwar hatten fast alle Parteien noch Mängel innerhalb ihres Sondereigentums. Aber man muss ja auch nicht zu kleinlich sein: Eine falsch gelegte Stromleitung hier – ein fehlendes Waschbecken da. Das sind Luxusprobleme in einer Zeit grassierender Wohnungsknappheit. Das Gemeinschaftseigentum war zu 99 Prozent fertig. Der Projektentwickler hatte eine versprochene Sandgrube nicht geliefert, sodass sich mehrere Familien zusammentaten und für 1000 Euro eine Tonne Sand kauften. Der Innenhof war nicht begrünt, sodass die Eigentümer Gartenarbeitswochenenden veranstalteten. Die Treppenhäuser mussten noch einmal gestrichen und die Spiegel in den Aufzügen ausgetauscht werden. Die ersten WEG-Sitzungen dauerten bis tief in die Nacht. Man überbot sich mit Verfluchungen des inzwischen gänzlich insolventen Projektentwicklers.

Philipps Problem war jedoch ein ganz anderes: Er hatte in diesen sechs Jahren seinen Job in Berlin gegen eine Anstellung in Stuttgart eingetauscht. Nachdem er fast zehn Jahre in Berlin verbracht hatte, zog es ihn wieder in die Heimat zurück. Nach Berlin wollte er nicht mehr. Nach den Erfahrungen mit dem Bauträger wollte er auch keine Wohnung in Berlin vermieten – erst recht nicht diese Wohnung. Das sei ihm zu viel Aufwand, zu viel Arbeit und überhaupt: Er sei ein gebranntes Kind.

Und so meldete sich Philipp bei mir und wir begannen zu rechnen. Die Wohnung war noch nie vermietet. Philipp hatte sie lediglich als seinen Zweitwohnsitz angemeldet, um später Steuern zu sparen. Das heißt: Bei einem Verkauf kamen sowohl Eigennutzer als auch Kapitalanleger in Betracht, die die Baukosten und die Nebenkosten steuerlich geltend machen können. Bei Neubauwohnungen darf man aktuell vier Jahre lang 5 Prozent der Gebäudekosten abschreiben, wobei folgende Regeln zu beachten sind: Man darf nicht mehr als 100 Euro je Quadratmeter geltend machen. Die Baukosten dürfen 3000 Euro je Quadratmeter nicht überschreiten und der Kauf muss im Jahr der Fertigstellung erfolgen. Beides war bei Philipps Wohnung der Fall. Außerdem können die Nebenkosten, also Grunderwerbsteuer, Notar, Grundbuch und – sofern anwendbar – Provisionskosten, geltend gemacht werden. Für Kapitalanleger, die langfristig agieren, ist das ein doppelter Vorteil, weil sie die komplette Palette an Steuerabschreibungen ausschöpfen können.

Wie bereits erwähnt hat Philipp ursprünglich 350 000 Euro zuzüglich rund 30 000 Euro Nebenkosten für die Wohnung gezahlt. Hinzugekommen sind dann noch 25 Prozent von 350 000 Euro, als der Bauträger das erste Mal kurz vor der Insolvenz stand. Das macht 87 500 Euro. Insgesamt betrug der Bruttopreis ohne Zinsen 467 500 Euro. Philipp hat 25 Prozent des ursprünglichen Kaufpreises zuzüglich Nebenkosten aus Eigenkapital finanziert, also 117 500 Euro. Auch die Hälfte der späteren Zusatzzahlung in Höhe von 43 750 Euro hat er mit Eigenmitteln bestritten. Der erste Kredit hatte daher ein Volumen von 262 500 Euro, der zweite Kredit nach drei weiteren Jahren 43 750 Euro. Nehmen wir die damals gängige Verzinsung von 2 Prozent für die große erste Kreditsumme und von 1,5 Prozent für die zweite kleinere Summe sowie eine Tilgungsrate von 2 Prozent an.

Wir kalkulieren hier der Einfachheit halber ohne die einzelnen Raten, die bei Neubauten grundsätzlich je nach Baufortschritt zu entrichten sind, sodass sich Zins und Tilgung in den ersten Jahren ab Beurkundung zunächst Schritt für Schritt erhöhen. Zudem lassen wir die Bereitstellungszinsen, die aufgrund der Verzögerungen beim Bau angefallen sind, außer Acht. Überschlagen handelt es sich um Kosten im kleinen vierstelligen Bereich und in Philipps Fall macht das den Braten nicht fetter, als er ohnehin schon ist. Zins und Tilgung beliefen sich in den ersten drei Jahren auf jeweils rund 6000 Euro im Jahr. Das war eine zusätzliche monatliche Belastung von 500 Euro, da die Wohnung noch nicht existierte. Nach drei Jahren kamen weitere 120 Euro für den zusätzlichen Kredit hinzu. In den sechs Jahren, die seit dem Kauf vergangen sind, hat Philipp insgesamt rund 35 000 Euro an Zinsen entrichtet und minimal weniger an Kredit getilgt. Philipps Kreditschulden belaufen sich jetzt auf 295 000 bei einem investierten Eigenkapital in Höhe von 160 000 Euro. Wir müssen Philipp natürlich zugutehalten, dass er zu einer Zeit investiert hat, als die Zinsen niedrig waren und dann nochmals sanken. Das ist heute nicht mehr der Fall. Deshalb ist es umso absonderlicher, was Philipp jetzt tun will.

Nun will Philipp nämlich verkaufen. Da er die vergangenen beiden Jahre mit Nebenwohnsitz in der Wohnung gemeldet war, muss er den Gewinn nicht versteuern. Einen Neubau in dem Stadtteil von Berlin gibt es aktuell für rund 6500 Euro je Quadratmeter zu kaufen. Philipps Wohnung mit 100 Quadratmetern Innen- und 12 Quadratmetern Terrassenfläche lässt sich also für rund 650 000 anbieten. Ziehen wir die restliche Kreditsumme und das eingebrachte Eigenkapital ab, bleiben ihm 195 000 Euro Reingewinn innerhalb von sechs Jahren. Phillipp hat sein Eigenkapital mehr als verdoppelt. Sollte Philipp nun, da er Berlin Lebewohl sagen möchte, in Stuttgart eine Wohnung erwerben, sei es als Kapitalanlage, sei es, um sie endlich selbst zu bewohnen, würde er mit dem Kapitalstock von über 200 000 Euro mit Sicherheit etwas finden. (Was er machen sollte, kaufen und vermieten oder kaufen und bewohnen, haben wir bereits im Kapitel *Das Eigenheim ist ein Konsumgut* besprochen. Wobei auch hier gilt: Ausnahmen bestätigen die Regel. Vielleicht wäre für Philipp nun tatsächlich ein echtes Zuhause die bessere Alternative.)

Ende gut, alles gut? Nicht ganz. Ich habe am Beispiel von Philipp erläutert, wie man aus einem eigentlich gescheiterten Immobilienprojekt mit deutlichem Gewinn wieder herauskommt. Und das, obwohl Philipp mehrere Jahre eine finanzielle monatliche Mehrbelastung, jede Menge nervenaufreibende Gespräche und viel Kummer hatte. Bei Philipp ist tatsächlich alles schiefgegangen, was hätte schiefgehen können. Von den Baumängeln in seiner Wohnung sind mir zwei besonders in Erinnerung geblieben: Im Wohnzimmer war ein Fenster sichtbar schief eingebaut, sodass die Außenwand nochmals aufgebrochen werden musste. Und da die Wasserpfanne unter der Terrasse mangelhaft eingesetzt und Philipp nur unregelmäßig in der Wohnung war, hatte er nach einem besonders regenreichen Herbsttag einen nicht unerheblichen Wasserschaden entlang der gesamten Terrassenfront. Wand, Parkett, Abdichtungen und Abfluss mussten neu gemacht werden. Wobei der Bauträger sich zunächst auch noch aus der Verantwortung winden wollte – mit der Ausrede, Philipp sei selbst schuld, schließlich sei er zu selten in der Wohnung.

Jetzt übertragen wir Philipps Geschichte auf Sie, liebe Leserin. Dazu stellen wir einige Fragen: Haben sich aus Ihrer Sicht diese sechs Jahre finanziell gelohnt? Hätten Sie, wenn Sie wüssten, was auf Sie zukommt oder zukommen kann, wie Philipp investiert? Oder hätten Sie versucht, alle Unvorhersehbarkeiten doch noch vorherzusehen? Philipp hat aus dem Moment heraus gehandelt. Er hatte eine Vorstellung, wie und wo er leben will. Dafür hat er Risiken in Kauf und Kredite aufgenommen. Die Wohnung, die er erworben hat, gab es gar nicht, als er sich verschuldet hat. Das muss man sich mal vorstellen. Er hat in vollem Vertrauen in seine eigene Zukunft gehandelt!

Gehen wir einen Schritt weiter: Sie haben zu Beginn wie Philipp gehandelt und die Wohnung gekauft. Nun sind drei Jahre vergangen. Die Wohnung ist nicht fertig. Im Gegenteil: Der Projektentwickler hat sich verkalkuliert. Er ist zahlungsunfähig und die Insolvenzverwalter fordern eine Kaufpreisaufstockung von 25 Prozent, um das Projekt fertigzustellen. Allerdings gibt es keine Garantie, dass die Aufstockung ausreicht. Sie können entweder akzeptieren und draufzahlen oder vom ursprünglichen Bauträgervertrag zurücktreten.

Und schließlich folgender Gedanke: Was, wenn ich Ihnen gesagt hätte, dass Sie, wenn die Wohnung endlich bezugsfertig ist, nicht mehr in der Stadt leben werden, in der sie steht? Hätten Sie sich für die Investition entschieden, auch wenn Sie gewusst hätten, dass das Leben seine eigenen Spielregeln hat?

Philipp kennt die Antwort. Er hat mit dem Wissen von vor sechs Jahren investiert. Seine damalige Wunschvorstellung, im großen Wohnzimmer zu arbeiten, mit Freunden zu kochen und Fußball zu gucken, wird so nicht in Erfüllung gehen. Vielleicht war sein Wunsch auch zu konkret. Aber er hat den Mut und die Zuversicht aufgebracht, sich auf etwas einzulassen, dessen Ausgang – wie alles im Leben – sich nicht voraussagen lässt. Diesen Mut wünsche ich auch Ihnen. Denken Sie zurück an die kluge Else. Akzeptieren Sie, dass es ein Leben ganz ohne Risiken nicht gibt. Vertrauen Sie vielmehr Ihrem gesunden Menschenverstand: Für jeden Einzelnen von uns gibt es Risiken, die man eingehen darf – und dann gibt es Wagnisse, von denen man lieber die Finger lassen sollte.

> Wenn Sie mehr über die Wagnisse beim Immobilienerwerb erfahren möchten, dann lesen Sie gleich im Anschluss das Kapitel *Die wichtigsten Regeln für Tollkühne und Wahnsinnige*. Dort habe ich ein paar Risiken zusammengetragen, die Sie als private Käuferin einer Eigentumswohnung zur Kapitalanlage auf jeden Fall vermeiden sollten.

Zum Schluss dieses Kapitels möchte ich das Augenmerk auf einen weiteren Punkt richten: den Immobilienkauf vom Papier. Anders als Philipp – der Glück in seinem Unglück hatte – dürfen wir unseren Vermögensaufbau nicht dem Zufall überlassen. Uns geht es um die finanzielle Unabhängigkeit. Hier sind Casinoabende ausgeschlossen. Meine Erfahrung lehrt mich: Immobilien zu kaufen, die noch nicht stehen, ist immer mit Risiken verbunden. Selbst wenn der Bau ohne Überraschungen vonstattengeht, bleiben hinterher immer noch sichtbare und versteckte Mängel. Das ist häufig nicht einmal Absicht oder Pfusch, sondern die Wirklichkeit des Bauens. Der Bau von Gebäuden zieht so gut wie immer Gewährleistungen, Nachbesserungen und Mängelbeseitigungen nach sich. In manchen Fällen geht das gut. In anderen muss vor Gericht gestritten werden. Das passiert häufig, wenn das Neubauprojekt abgeschlossen ist. Denn dann existiert die Projekt-GmbH, also die Tochterfirma, die nur zur Realisierung dieses Bauvorhabens ins Leben gerufen wurde, nicht mehr – eben weil das Projekt dem Grunde nach abgeschlossen und abverkauft ist.

Neubau ist auch viel teurer als Bestand. Natürlich zahlen zukünftige Mieter einige Euro mehr Miete pro Quadratmeter. Aber das wiegt den erheblichen Mehrpreis von rund 50 Prozent und mehr nicht auf. Häufig rechnet es sich erst nach vielen Jahren – aber dann ist der Neubau schon längst kein »Neubau« mehr.

Ich habe bereits wiederholt davon gesprochen, dass es uns nicht um die schicke Immobilie, die Trophäe oder die Verwirklichung des eigenen Lebenstraumes im Eigenheim geht, sondern um finanzielle Unabhängigkeit und Vermögensaufbau. Dafür sollten Sie auf jeden Fall in den Bestand investieren, der in Deutschland trotz aller Kritik in der Regel gut und solide gebaut ist.

KAPITEL 2

SETZEN SIE AUF DIE GESUNDE MISCHUNG AUS MIETRENDITE UND WERTSTEIGERUNG

Hand aufs Herz, liebe Leserin, hätten Sie etwas gegen einen kleinen Goldschatz einzuwenden? Ich teile Ihre Meinung: Auch ich würde nicht nein sagen, wenn ich beim Unkrautjäten im Garten auf eine kleine Truhe mit Kleinodien und Juwelen stoßen würde. Aber als Investitionsobjekt wäre ich bei solchen Werten äußerst vorsichtig. Die schimmernde Ernte meiner Gartenarbeit würde ich deshalb bei bester Gelegenheit veräußern und die Einnahmen reinvestieren. Denn Gold und Edelsteine mögen zwar an Wert gewinnen. Sie werfen aber keine Rendite ab. Und so weit, dass wir uns am Klunker ob seiner selbst willen erfreuen dürfen, sind Sie und ich noch nicht.

Drei Themen wollen wir uns im Folgenden anschauen: die Rendite und den Wertzuwachs von Investitionen sowie die Trägheit von Immobilien. Beginnen wir mit den beiden ersten Schwerpunkten – der Rendite und dem Wertzuwachs. Von diesen zwei Faktoren zehrt jede Kapitalanlage. Wobei die Regel gilt: Investitionen können, müssen aber nicht beides bieten. Wer auf Gold setzt und es in einem Safe deponiert, der kann ausschließlich auf die Wertsteigerung des Edelmetalls hoffen. Eine Rendite erzielt man damit nicht. Goldbarren zahlen keine Miete. Und wenn Sie Ihr Gold nicht unter Ihrem Kopfkissen, sondern – wie es sich empfiehlt – in einem Bankschließfach aufbewahren, fallen dafür jährlich sogar weitere Kosten an.

Auf der anderen Seite gibt es Investitionen, die einen klaren Fokus auf Rendite haben. Aktien zum Beispiel werfen in der Regel jährlich eine Dividende ab – obwohl immer mehr Unternehmen in den vergangenen Jahren dazu übergegangen sind, auf eine Ausschüttung zu verzichten und den Anlegern ausschließlich über die Wertsteigerung der Unternehmensanteile potenzielle Gewinne zu ermöglichen. Vor allem im Tech-Bereich ist das so. Unternehmen wie Tesla, Amazon und Google zahlen grundsätzlich keine Dividende. Sie argumentieren unter anderem damit, dass sie alle erwirtschafteten Gewinne im Unternehmen halten wollen, um weiter extensiv wachsen zu können. Tatsächlich sind auch nicht die Gewinne ausschlaggebend für diese Unternehmen und deren Erfolg bei Anlegern (viele Tech-Konzerne agieren über Jahrzehnte nicht profitabel), sondern eine emotionale und idealistische Überzeugung der Anleger, aktiv an dem technologischen Fortschritt mitzuwirken. Aber das sind Aktien – und wenn Sie sich für Aktienallokationen und Dividendenaktien interessieren, empfiehlt sich das intensive Studium und die intensive Beschäftigung mit den Spielregeln der Börse.

Bei der Investition in Immobilien müsste klar sein: Hier zählt für mich die richtige Mischung aus den langfristigen Wertsteigerungen der Immobilie und aus den kurzfristigen Mietrenditen, die die Immobilie abwirft. Denn dadurch blickt man als Anleger auf ein doppeltes Sicherheitsnetz: Auf der einen Seite erhält man als Vermieter monatlich Mieteinnahmen, auf der anderen Seite steigt der Wert des Eigentums über lange Zeit kontinuierlich an – man profitiert also auf zwei Ebenen.

Dabei muss uns bewusst sein: Die Wertsteigerungen von Immobilien kommen nicht über Nacht. Die Preisanpassungen des vergangenen Jahrzehnts waren vor allem darauf zurückzuführen, dass der deutsche Wohnungsmarkt im europäischen Vergleich sehr viel Nachholbedarf hatte. Gesunde Wertsteigerungen brauchen Jahrzehnte – und das ist auch gut so: Uns geht es um den langfristigen Vermögensaufbau und nicht um den schnellen Lottogewinn. Wer also heute in Immobilien investiert, muss beides – Mieteinnahmen und langfristige Wertsteigerungen – in Kombination sehen.

Immobilien bieten zwei Renditen: die kurzfristige Mietrendite und die langfristige Wertsteigerungsrendite. Beide zusammen bieten Eigentümern von Mietwohnungen Schutz und steigern die langfristige Attraktivität. Daher ist es wichtig, beides beim Kauf zu berücksichtigen: die monatliche Mietrendite und die potenzielle jährliche Wertsteigerung.

Auch als Eigentümer und Vermieter muss man sich mit den weniger erfreulichen Seiten von Immobilieninvestitionen beschäftigen. Es gibt keine komplett risikofreie Investition – wir sprachen bereits darüber und hatten dabei die arme kluge Else vor Augen. Malen wir aber nicht alles pechschwarz und erschlagen wir keine ungeborenen Kinder, sondern bedienen uns nur bis zu einem gewissen Grad einiger dunklerer Töne auf der Farbpalette.

Schauen wir uns zunächst die Mietrendite an, also den Betrag, den eine Immobilie jährlich an Einnahmen aus Vermietung erwirtschaftet. Wir rechnen dieses Mal mit einem Kaufpreis in Höhe von 300 000 Euro. Das ist eine gute Summe, um eine Wohnung zur Kapitalanlage zu erwerben. Sie erwerben also eine Dreizimmerwohnung für 300 000 Euro – zuzüglich 12 Prozent Kaufnebenkosten in Höhe von 36 000 Euro. Die Nettokaltmiete beläuft sich auf 1200 Euro. Somit erwirtschaften Sie Einnahmen in Höhe von 14 400 Euro im Jahr. Rechnen wir also konservativ. Gehen wir von Zinsen von rund 3,0 Prozent und 2,0 Prozent anfänglicher Tilgungsrate aus. Die Zinsbindung beläuft sich auf zehn Jahre. Die Eigenkapitalquote liegt bei 20 Prozent (67 200 Euro). Für den aufgenommenen Kredit in Höhe von 268 800 Euro zahlen Sie damit knapp 1100 Euro pro Monat. Das deckt Ihren Kapitaldienst und ermöglicht eine kleine Rücklagenbildung von rund 100 im Monat.

Doch was geschieht, wenn Ihr Mieter nach einem Jahr auszieht und Sie erst nach drei Monaten einen Nachmieter finden? Oder was, wenn ausgerechnet Sie – was ich niemandem wünsche – auf einen Mietnomaden stoßen, der die Miete prellt und die Wohnung in einem völlig desolaten Zustand hinterlässt? Wir bleiben beim gängigeren Fall, der Nachvermietung, die in die Sommermonate fällt. Dadurch steht die Wohnung für einige Zeit leer. Nach drei Monaten Leerstand haben Sie als Vermieterin Mietausfälle von 3600 Euro. Zugleich müssen Sie das Wohngeld selbst tragen und für Zins und Tilgung aufkommen. Die im ersten Jahr gebildete Rücklage in Höhe von 1200 Euro ist da schnell weg. Sie müssen draufzahlen, was sich auf die Rendite negativ auswirkt. Dabei habe ich noch nicht einmal die Nebenkosten berücksichtigt, die sonst der Mieter anteilig zahlt: Strom-, Wasser-, Gasanschluss, Müll, Kehrwoche, Verwaltung und Steuern fallen ja nicht weg, nur weil eine Wohnung leer steht. Im Gegenteil: Sie müssen damit rechnen, dass durch den Leerstand sogar weitere

Instandhaltungskosten entstehen können. Was für Musikinstrumente gilt, gilt erst recht für Wohnungen: Sie nehmen es einem übel, wenn sie nicht benutzt werden.

In über 90 Prozent der deutschen Städte gewinnen Wohnimmobilien weiterhin kontinuierlich an Wert. Die großen Sprünge der vergangenen Jahre, insbesondere als sich der Wohnungsmarkt nach der Banken- und Finanzkrise 2008/2009 erholt hatte, werden wir wahrscheinlich nicht mehr verzeichnen. Umso wichtiger ist es, sich regelmäßig in Immobilien-Reports und Rankings zu informieren. Zum einen kommen beinahe alle Analysten zu dem Schluss, dass sich die Wertsteigerungen auch in Zukunft – entsprechend der demografischen Entwicklung und Attraktivität des Standorts – fortsetzen werden. Hier sprechen die Zahlen ihre eigene Sprache: In Deutschland sind die Preise für Wohneigentum zwischen 2015 und 2020 flächendeckend um knapp 40 Prozent gestiegen. Wir können also annehmen, dass an den attraktiveren Wachstumsstandorten, die für Sie und mich in Betracht kommen, die Wertsteigerungen erheblich höher ausgefallen sind.

Zum anderen müssen wir uns das Ende des Immobilienzyklus anschauen, der Anfang 2022 eingesetzt hat. Bedeutet das Ende des Zyklus, dass die Preise nun ebenso lange und deutlich fallen werden, wie sie in den vergangenen zehn Jahren gestiegen sind? Sie kennen die Antwort: Wohl kaum. Kurzfristig mag es zu einigen Schwankungen kommen – vor allem an den Spitzen. Immobilien, die sehr teuer waren, werden im Verhältnis günstiger werden. Auch wird es zu Seitwärtsbewegungen kommen: Die Preise werden teilweise über einige Zeit stabil bleiben oder kleinere Korrekturen erfahren. Auf uns hat das jedoch keine Auswirkungen, da wir nicht investieren, *um zu verkaufen*, sondern um *langfristig* Mieteinnahmen zu generieren.

Stellen wir uns die Situation einmal in der Praxis vor: Sie investieren in eine Wohnung, haben einen soliden Mieter, die Finanzierung ist auf die kommenden zehn Jahre durchgeplant und fest. Nun also ist die Blase »geplatzt«. Die Immobilienpreise fallen um 10 oder sogar 15 Prozent. Ist das ein Grund zur Sorge? Wenn Sie kurzfristig investieren wollten und es Ihnen darum ging, die Immobilie möglichst schnell wieder zu verkaufen, dann stehen Sie in der Tat vor einer Herausforderung. Aber Sie sind keine Immobilienhändlerin, sondern investieren langfristig. Sie haben nicht vor, die Immobilie aktuell oder in den kommenden Jahren wieder zu verkaufen. Vielmehr rechnen Sie damit, dass Sie über einen langen Zeitraum mit den Mieteinnahmen den Kredit tilgen. Was interessieren Sie da kurzfristige Preisschwankungen?

Der zweite Gedanke betrifft in diesem Zusammenhang den Mietvertrag. Was, denken Sie, wenn in der Zeit der fallenden Immobilienpreise Ihr Mieter auszieht? Ist das nicht problematisch? Auch hier ist Entwarnung angesagt: Die Großwetterlage der Immobilienpreise ist unabhängig von der Nachfrage nach Mietwohnraum. Wenn Sie also in einer attraktiven Stadt gekauft haben, werden auch sinkende Preise am Kaufmarkt keinen Einfluss auf die Mietpreise haben. Im Gegenteil: Es kann sogar gut sein, dass die Mietpreise steigen, obwohl die Eigentumspreise fallen. Sollte also Ihr Mieter ausziehen, vermieten Sie neu – und zwar mit großer Wahrscheinlichkeit zu einem höheren Mietzins.

Nun fragen Sie mit Recht, was Ihnen die langfristige und Krisen überdauernde Wertsteigerung Ihrer Immobilie bringt? Sie haben sich nicht für den Kauf einer Immobilie entschieden, um die Wohnung weiterzuverkaufen. Im Gegenteil: Sie wollen die Wohnung halten. Der Wert der Wohnung mag also steigen, doch das Kapital bleibt weiterhin gebunden. Diese Frage ist berechtigt. Vor allem im institutionellen Bereich gibt es immer wieder Diskussionen darüber, ob größere Immobilienunternehmen die Wertsteigerungen ihrer Assets in die Bilanz mit aufnehmen dürfen oder nicht. Im angelsächsischen Raum ist diese Berechnungsmethode an der Tagesordnung; in Deutschland hingegen berücksichtigt man überwiegend die aktiv erwirtschafteten Einnahmen. Für uns stellt sich diese Frage nicht etwa mit Blick auf Bilanzen und Quartalsergebnisse, sondern weil uns der Wert der Immobilie eigentlich gleichgültig sein könnte, solange jedenfalls die Mieteinnahmen unseren Kapitaldienst decken. Aber auch das stimmt nicht. Um das zu verstehen, müssen wir noch einen Schritt weiterdenken – und zwar über die erste Immobilie hinaus.

In der Broschüre eines Wohnungsunternehmens, das sich darauf spezialisiert hat, Wohnungen zur Kapitalanlage zu verkaufen, habe ich vor Kurzem einen klugen Satz zu diesem Thema gelesen. Da stand sinngemäß, dass Wohneigentum auch deshalb eine finanzielle Sicherheit darstellt, weil es bei der Aufnahme kurzfristiger Liquidität zusätzliche Garantien bietet. Ich bin zwar weit weg davon, Ihnen weitere Schulden aufbürden zu wollen. Im Gegenteil: Ich habe Ihnen an vielen Stellen in diesem Buch deutlich gemacht, wie wichtig es ist, seine Verbindlichkeiten möglichst gering und strukturiert zu halten. Immobilien bieten aber tatsächlich die sicherste und solideste Form der Beleihung. Erstens, weil sie sprichwörtlich immobil sind: Dadurch stellen sie für Banken eine Sicherheit dar, die kein anderes Gut erreichen kann. Und zweitens, weil Immobilien, wie bereits erwähnt, in den meisten Fällen kontinuierlich an Wert gewinnen.

Schauen wir uns das nochmals am Beispiel der vermieteten Kapitalanlage mit einem Kaufpreis von 300 000 Euro an. Diese Immobilie ist Jahr für Jahr um einige Prozentpunkte im Wert gestiegen, während die vorhandene Belastung gleichbleibt. Ihre Bank schaut ausschließlich auf den Wert zum Kaufzeitpunkt. Das heißt: Jahr für Jahr ist die relative Schuldenlast im Vergleich zum finanzierten Wert gesunken, und die Haben- und Schuldenseite bewegt sich alle zwölf Monate zu Ihren Gunsten. Dadurch wurden weitere Finanzierungen möglich, ohne dass Sie etwas aktiv dafür tun mussten. Ihr passives Einkommen und Ihr Vermögen machen es möglich.

Und heute? Die veränderte Zinslage hat dazu geführt, dass wir von einer Zeit der Preissteigerungen in eine Zeit der Preisstagnation gekommen sind. Die Entwicklungen am Immobilienmarkt werden in den kommenden Jahren eher Seitwärtsbewegungen verzeichnen. Zugleich aber ist die Inflation gestiegen. Geld, das nicht gebunden ist, verliert an Wert. Die höheren Zinsen mögen zwar bewirken, dass Kredite teurer geworden sind und dass die Nachfrage nach Kaufimmobilien gesunken ist. Umso wichtiger ist, die eigenen Finanzen für die kommenden Jahre von der Inflation und der weiteren Zinsentwicklung zu entkoppeln, da man so den Zeitraum der ökonomischen Instabilität mit der langfristig stabilsten Investition überbrücken kann – einer vermieteten Immobilie.

Darüber hinaus dient eine Immobilie selbst in Zeiten stagnierender Preise, hoher Inflation und gestiegener Zinsen als Möglichkeit, weiteres Kapital *aus sich selbst heraus* zu schaffen. Denn: Wer eine vermietete Immobilie sein Eigen nennen kann, kann dies zum Grundstock für weitere Investitionen nutzen – unabhängig davon, wie die Zinslage ist.

Ich habe eine Bekannte, die so ohne den Einsatz weiteren Eigenkapitals inzwischen alle zwei Jahre eine Wohnung kaufen kann. Sie konnte die erste Wohnung nach einigen Jahren abermals belasten, um damit eine hundertprozentige Finanzierung für eine weitere Immobilie zu stemmen. Und dann, nach Ablauf weiterer zwei Jahre, konnte sie das Ganze wiederholen. Das Immobilieneigentum begann, für sie zu arbeiten. Lediglich die Kaufnebenkosten musste sie einbringen. Das sind nach heutigem Stand, je nach Bundesland, zwischen 9 und 14 Prozent des Kaufpreises. Ihre Regel, um diesen Betrag anzusparen, war einfach: Sie legte ihren jährlichen Bonus auf ein Unterkonto – und nach einem Jahr musste sie nur eine Null hinten dranhängen. Schon wusste sie, in welchem Kaufpreisspektrum die nächste Investition liegen durfte.

Nun kommen wir zum dritten Punkt, der mir in diesem Zusammenhang sehr wichtig ist: die eingangs erwähnte Trägheit von Immobilieninvestitionen. Eine Immobilie reagiert anders als Wertpapiere nicht auf jeden Windstoß. Aktienmärkte, so heißt es, sind das Fieberthermometer der Wirtschaft. Das ist bei Immobilien sprichwörtlich anders. Ein Betonklotz ist nicht dazu geeignet, das schnelle Geld zu machen. Wenn Sie lesen, wie manch ein Immobilienkäufer in kürzester Zeit seine Investition verdoppelt oder verdreifacht hat, so mag das wahr sein. Ebenso wahr, wie man als Goldschürfer im australischen Outback einstmals das eine oder andere Nugget finden konnte. Doch darum geht es uns nicht: Wir wollen weder auf das Glück spekulieren noch wollen wir im Schweiße unseres Angesichts Vorsorge betreiben. Unser Ziel ist es, nicht in Quartalszahlen, sondern in Jahren und in Jahrzehnten zu denken. Wir sähen heute die Investitionen, deren Früchte Sie erst viel später ernten wollen – und das geht mit einer Immobilie am besten.

Stellen wir nun auch den Vergleich zum Aktienmarkt an: Da erkennen wir, dass die Langsamkeit, mit der die Immobilienmärkte auf Krisen reagieren, etwas Beruhigendes hat. Nicht jede Nervosität führt zu Wertverlusten. Auf viele Situationen reagieren Immobilien erst gar nicht. Hier ein Beispiel, das diese Langsamkeit unterstreicht: Im Jahr 2020 führte das Land Berlin den Mietendeckel ein. Sie haben vielleicht von der Debatte um dieses Gesetz und der Entscheidung des Bundesverfassungsgerichts in Karlsruhe, das den Mietendeckel für verfassungswidrig und nichtig erklärt hat, gehört oder gelesen. Als der Mietendeckel eingeführt wurde, reagierten die Aktienkurse von börsennotierten Immobilienunternehmen sehr stark. Die Kurse fielen kurzfristig um über 20 Prozent und brauchten eineinhalb Jahre, um sich von diesem »regulatorischen Schock« zu erholen. In der gleichen Zeit haben aber viele Privatanleger weiterhin Immobilien gekauft – auch in Berlin zog die Nachfrage nach Wohnungen deutlich an.

> Immobilien sind träge. Sie reagieren nicht auf jeden Windstoß. Das macht sie für kurzfristige Investitionen nicht interessant, aber für langfristige Investitionen umso interessanter. Wer eine Immobilie vermietet, kann ruhig schlafen.

Der Berliner Mietendeckel hatte insgesamt 14 Monate Bestand – so lange dauerte es vom Beschluss des Berliner Abgeordnetenhauses zur Einführung des Gesetzes bis zum Urteil des Bundesverfassungsgerichts zu dessen Nichtigkeit. 14 Monate sind Zeit genug für eine Reaktion der Preise am Berliner Wohnungsmarkt auf das Gesetz und dessen Auswirkungen. Doch die Preise reagierten überhaupt nicht: Der Berliner Mietendeckel hatte keine Auswirkungen auf die Immobilienpreise in Berlin. Für mich ist das ein wunderbarer Beleg für die Langfristigkeit im Immobiliengeschehen.

Zum Schluss dieses Kapitels muss ich nun doch noch einmal auf die Aktien zurückkommen, die keine Dividende ausschütten und sogar stolz darauf sind. Ich habe vor einiger Zeit in einem Blog gelesen, dass diese Luxusaktien, deren Besitzer ausschließlich von der Wertsteigerung profitieren, mit hochwertigen Neubauwohnungen in den angesagteren Metropolen der Welt vergleichbar seien. Die Argumentation lautete, wenn ich mich recht erinnere, wie folgt: Wer eine Wohnung in einer Berliner oder Münchner (Pariser, Zürcher, Londoner, New Yorker) Bestlage erwerbe, könne nicht davon ausgehen, eine überdurchschnittliche Mietrendite zu erzielen. Bei den aufgerufenen Quadratmeterpreisen sei das auch gar nicht das Ziel der Investition. Diese würde sich eher deswegen auszahlen, weil die Wertsteigerungen in diesen Städten so massiv sind. Wir sind damit wieder auf dem Pfad der Trophäenjäger, denen meines Erachtens die monatliche Rendite weniger wichtig ist als das Halten gewisser Immobilienperlen. Eigentümer und Investoren in dieser Klasse gehen meiner Meinung nach mit Immobilien um wie mit Schmuck: Sie tragen sie zur Schau und nutzen sie als Statussymbol. Wahrscheinlich würden sie, wenn das ginge, diese Immobilientrophäen auch in einem Bankschließfach aufbewahren. Sie und ich investieren hingegen nicht in Schmuck und Trophäen, sondern in sichere Kapitalanlagen zum Vermögensaufbau.

KAPITEL 3

GEFAHR UND CHARME DER NIEDRIGEN MIETE

Wann und wo immer Sie sich über die wichtigsten Grundregeln beim Immobilienerwerb zur Kapitalanlage informieren, werden Sie zwangsläufig auf den Kaufpreisfaktor stoßen. Landauf, landab werden Sie ein und dasselbe hören: »Der Kaufpreisfaktor ist entscheidend. Er darf bloß nicht zu hoch sein. Sonst lohnt sich die Investition nicht!« Nun, mit dieser gängigen Meinung wollen wir auf den folgenden Seiten ein wenig aufräumen. Denn ganz so einfach ist die Sache mit dem Kaufpreisfaktor nicht.

Der Kaufpreisfaktor – Sie werden mancherorts auch auf den Begriff »Vervielfältiger« stoßen – setzt die jährliche Rendite und die Investitionskosten einer Immobilie ins Verhältnis zueinander. Folglich ist der Kehrwert des Kaufpreisfaktors die jährliche Rendite, die sich daher dank dem Faktor leicht ermitteln lässt: Bei einem Faktor 20 erwirtschaften Sie eine jährliche Rendite von 5 Prozent. Bei unserem bewährten Beispiel von der Mietwohnung, die 300 000 Euro zuzüglich Kaufnebenkosten in Höhe von 36 000 Euro kostet und eine Nettokaltmiete von 14 400 Euro im Jahr erwirtschaftet, kommt man so auf einen Kaufpreisfaktor von etwas über 23. Die Rechnung lautet wie folgt: Um den Kaufpreisfaktor zu ermitteln, dividieren Sie die Investitionssumme von 336 000 Euro durch die Mieteinnahmen von 14.400 Euro.

Wie hoch ein angemessener Kaufpreisfaktor ist, hängt von vielen einzelnen Aspekten ab: dem Standort, der Mikrolage, der Nachfrage, der Vermietungssituation und vielem mehr. Diese Faktoren sind vor allem für große institutionelle Investoren entscheidend. Deshalb haben sie entsprechende Investitionskategorien eingeführt. Professionelle Investoren unterscheiden zusätzlich zwischen Core-, Core-Plus-, Value Add- und opportunistischen Investitionen. Wir müssen uns die englischen Begriffe nicht merken, zumal sie ursprünglich aus dem Gewerbeimmobilienbereich kommen. Ich persönlich fand jedenfalls interessant, dass das englische Wort *core* zunächst einmal auf Deutsch *Kern* oder *Kernstück* bedeutet. Gemeint sind also die besten Immobilien am Platz. Übertragen auf einzelne Wohnungen wären das drei Zimmer gegenüber vom Georgenhof in München-Schwabing, ein Berliner Stuck-Altbau mit Blick auf den Kollwitzplatz, eine Wohnung mitten in der Hamburger Schanze, um sich allmorgendlich mit portugiesischen Croissants eindecken zu können.

Es gibt Unternehmen, die sich auf solche Immobilientrophäen spezialisiert haben. Diese Unternehmen profitieren dann von dem Glanz, den ihre Investitionen auf die Eigentümer abstrahlen. Wenn Sie daran zurückdenken, was wir über den Standort unserer Kapitalanlage besprochen haben, müssten Sie bereits jetzt wissen, dass ein solches Core-Objekt für uns als Mietwohnung zur Kapitalanlage nicht in Betracht kommt. Wir wollen weder Glanz noch Gloria, sondern den Grundstein für mehr finanzielle Unabhängigkeit. Und dennoch sehen Sie, wie gern man ins althergebrachte Muster verfällt und selbst Wohnungen zur Kapitalanlage mit Wohnungen, die man auch selbst gern bewohnen würde, gleichsetzt. Das ist für mich kein Widerspruch, sondern bestätigt vielmehr die Bedeutung des Immobilieneigentums. Es ist ein Grundbedürfnis des Menschen, Eigentum zu haben – und sei es auch, um es zu vermieten.

> Wenn Sie sich für einen bestimmten Standort entschieden haben, in dem Sie nach einer Wohnung zur Kapitalanlage suchen, recherchieren Sie unbedingt die aktuellen Kaufpreisfaktoren. So verschaffen Sie sich einen ersten Überblick, ob die angebotenen Immobilien ein angemessenes Verhältnis zwischen Miete und Kaufpreis haben oder nicht.

Lassen Sie uns im Folgenden die einzelnen Zahlen variieren und so die Auswirkungen auf die Kaufpreisfaktoren und Renditen genauer betrachten. Wir nehmen dafür unsere 300 000-Euro-Wohnung mit einem Kaufpreisfaktor von 23. Erhöhen wir die Miete von 1200 Euro auf 1400 Euro im Monat, sinkt der Kaufpreisfaktor von 23 auf 20. Senken wir die Miete von 1200 Euro auf 1000 Euro im Monat, erhöht sich der Kaufpreisfaktor auf 28. Wir stellen also zunächst einmal fest, dass dieser Indikator sich sehr schnell an das Verhältnis zwischen Investitionskosten und Rendite anpasst. Dadurch liefert er belastbare Indizien dafür, ob sich der Erwerb einer Immobilie lohnt oder nicht. In der Tat wäre die Wohnung für 300 000 Euro mit einem dazugehörigen Mietvertrag von 1000 Euro oder weniger im Monat etwas kritisch – vor allem bei einer Eigenkapitalquote von 20 Prozent. Sie erinnern sich, dass es uns wichtig war, monatlich eine gewisse Rücklage zu bilden – nicht etwa, um Mietausfälle und Sanierungskosten im großen Stil damit begleichen zu können, aber wenigstens, um auf der sicheren Seite zu sein und nicht Monat für Monat mit Ach und Krach an den roten Zahlen entlangzuschrammen.

Sie sehen also: Eine zu niedrige Bestandsmiete kann einer interessanten Investition gefährlich werden. Maßgeblich ist dann zusätzlich das Verhältnis zwischen Ihrem Eigenkapital und den Mieteinnahmen. Je mehr Eigenkapital Sie investieren (können), desto niedriger fällt Ihr monatlicher Kapitaldienst aus und desto weniger sind Sie auf höhere Mieteinnahmen angewiesen. Sie können das alles ohne Weiteres nachrechnen: Nehmen Sie dieselbe Wohnung mit denselben Kaufnebenkosten und setzen Sie statt 20 Prozent Eigenkapital 30 Prozent an – also anstelle von 67 200 Euro 100 800 Euro. In unserem Beispiel würde sich die Kreditsumme so auf 235 200 Euro belaufen, für die dann entsprechend weniger Zins und Tilgung fällig werden. Der geringere Kapitaldienst würde Ihnen also auf der einen Seite ein größeres Mietfenster eröffnen, da die Immobilie auch günstiger vermietet sein darf. Gleichzeitig würde aber Ihre Rendite sinken und Sie hätten weniger Möglichkeiten, Rücklagen zu bilden, die unabhängig von den Mieteinnahmen sind.

Natürlich ist das nur die halbe Rechnung. Jeder Finanzberater wird Ihnen mit Recht vorhalten, dass Sie die Eigenkapitalrendite außer Acht lassen, also die Rendite, die Sie mit dem Geld erzielen, das Sie selbst in die Kapitalanlage einbringen. Ich bin aber der festen Überzeugung, dass dies bei der ersten Immobilieninvestition noch nicht entscheidend sein sollte. Es ist essenziell, dass Sie den Betrag an Eigenkapital, den Sie zur Verfügung haben, nicht auf mehreren Tagesgeldkonten und einem oder zwei geerbten oder geschenkten Sparbüchern liegen haben. Auf solchen Konten wirft Kapital effektive Renditen im Promillebereich ab. Vielmehr müssen Sie jegliches Kapital, auf das Sie zurückgreifen können, als Hebel nutzen, um mehr investieren zu können. So werden Sie über die Jahre jenes Vermögen aufbauen, auf das Sie jetzt noch nicht zurückgreifen müssen, und legen damit das Fundament für Ihre finanzielle Unabhängigkeit.

Wohlgemerkt, um bei dem Rechenbeispiel von eben zu bleiben: Es gibt Gründe für und wider, ob man die Eigenkapitalquote auf 30 oder gar 40 Prozent erhöhen sollte. Mehr Eigenkapital senkt gewiss die Risiken und reduziert den eigenen Kapitaldienst um mitunter mehrere Hundert Euro im Monat. Es bindet aber enorm viel Geld in einer einzigen Investition. Daher mein Rat: Bleiben Sie stets bei der Grundannahme von 20 bis 30 Prozent Eigenkapital. Wir haben damit in den vergangenen Kapiteln gut gearbeitet. Und Sie werden sehen, dass Sie sich damit in den meisten Fällen gute Kapitalanlagen in Mietwohnungen und gute Zinskonditionen ermöglichen können.

> Wenn Sie mit einer Eigenkapitalquote von 20 bis 30 Prozent der Investitionskosten arbeiten, sind Sie in der Regel auf der sicheren Seite. Für die meisten Kreditgeber ist das ausreichend, um Ihnen möglichst gute Zinskonditionen anzubieten. Gleichzeitig strapazieren Sie Ihr Eigenkapital nicht zu sehr.

Wie bei einer DJ-Konsole beginnen wir gerade, die einzelnen Hebel bei der Kapitalanlage in eine Mietwohnung nacheinander zu bewegen. Mal heben oder senken wir die Miete, mal erhöhen wir das Eigenkapital und senken dementsprechend den Kreditzins, mal spielen wir mit den Investitionskosten, mal erhöhen wir die Zinsen und zugleich die aktuelle und potenzielle Miete. Immer wieder erkennen wir dabei: Die einzelnen Verhältnisse verschieben sich und passen sich den Parametern an, sodass zu Beginn der Prüfung noch gar nicht feststeht, welche der möglichen Investitionsoptionen am Ende die sinnvollste sein wird.

Dasselbe Prinzip gilt auch für den Kaufpreis: Je nachdem, wie hoch der Kaufpreis ist, kann sich eine Investition lohnen, obwohl das Verhältnis zwischen Investitionskosten und Mietrendite schlechter ausfällt. Ebenso umgekehrt: Eine im Verhältnis zu den Investitionskosten eindeutig überhöhte Miete kann ein Indiz dafür sein, dass der niedrige Kaufpreisfaktor nicht nachhaltig sein wird. Fangen wir mit letzterem Beispiel an:

Ihnen wird eine vermietete Wohnung angeboten. Der Kaufpreis liegt bei 300 000 Euro, die Nettoeinnahmen belaufen sich auf 1200 Euro im Monat. Mit der Mieteinnahme von 14 400 Euro im Jahr würden Sie damit einen Kaufpreisfaktor von etwas über 23 erzielen. Eine lukrative Investition, meinen Sie nicht auch? Wäre da nicht der Mietvertrag, den Sie sich genauer vornehmen müssen. Der Fall, den ich jetzt schildere, kommt häufiger vor als gedacht. Da steckt vonseiten des Verkäufers in den meisten Fällen keine Arglist dahinter, sondern eine andere Herangehensweise an den Umgang mit vermieteten Immobilien, als Sie und ich sie anwenden wollen. Der Mietvertrag zu der angebotenen Wohnung ist erst vor wenigen Monaten geschlossen worden. Der Mieter ist Berufspendler und wird aller Voraussicht nach schon bald wieder ausziehen. Die hohe Miete verdanken Sie einerseits der Teilmöblierung, bestehend aus einem in die Jahre gekommenen Kühlschrank und einem IKEA-Bett, und der kurzen Laufzeit des Mietvertrags. Der Eigentümer hat sich immer aktiv um die Nachvermietung gekümmert. Meist stand die Wohnung nur wenige Monate im Jahr leer, bis dann ein neuer Berufspendler oder Zuzügler auf dem Sprung in eine dauerhafte Bleibe die Wohnung übernahm. Für Sie bedeutet das: Schon schmelzen die Mieteinnahmen wieder dahin und der Kaufpreisfaktor steigt. Dabei ist für uns vor allem folgende Frage wichtig: Für wie viel könnten Sie diese Wohnung langfristig vermieten – ohne Bett und Kühlschrank? Kämen Sie dann tatsächlich in die Nähe der aktuell gezahlten 1200 Euro oder wären Sie wieder deutlich drunter und damit im Bereich von 1000 Euro? Um das herauszufinden, müssen Sie aktuelle Vermietungsannoncen für ähnliche Objekte in Ihrer Stadt heranziehen und nicht nur auf den Mietvertrag zu der Ihnen angebotenen Wohnung achten. Nur dieser Überblick verschafft Ihnen hinreichend Informationen, um klar erkennen zu können, ob die aktuellen Mieten überzogen sind oder nicht. Genauso ist es natürlich auch bei den Kaufpreisen. Auch hier wird der Vergleich mit anderen Angeboten Ihnen wichtige Hinweise darauf geben, ob die aufgerufenen Kaufpreise gerechtfertigt sind oder nicht.

Jede Investition in eine Immobilie beginnt mit einem Vergleich. Vergleichen Sie die Kaufpreise. Vergleichen Sie die Mieten. Vergleichen Sie die Anzahl an Mietangeboten, an Kaufangeboten. So erhalten Sie einen Überblick und ein Gefühl für den Immobilienmarkt in Ihrer Stadt.

Drehen wir nun den Spieß um, weil es deutlich spannender ist, die Kaufpreisfaktoren zu senken als zu erhöhen. Das gilt vor allem, wenn es darum geht, zu berechnen, ob sich eine Kapitalanlage langfristig lohnt. Sie erinnern sich noch an die Maßgabe, dass wir stets eine Rücklage bilden wollen? Just dieser Rücklage wollen wir jetzt an den Kragen. Dieselbe Wohnung, mit der wir bislang gearbeitet haben, wird Ihnen jetzt für 200 000 Euro angeboten. Das ist ein Drittel weniger als die üblichen 300 000 Euro, mit denen wir bislang gerechnet haben. Die Miete beträgt diesmal aber nicht proportional dazu ein Drittel weniger. Die 1200 Euro, mit denen wir bisher gerechnet haben, werden halbiert. Somit liegt die Miete bei 600 Euro im Monat – daher auch der niedrigere Kaufpreis. Ihre Mieteinnahme beläuft sich also auf magere 7200 Euro im Jahr. Der Kaufpreisfaktor ist mit gut 31 entsprechend hoch. Wer nur auf den Kaufpreisfaktor blickt, wird dieses Angebot vielleicht nicht weiterverfolgen. Der Faktor verbietet, sich mit dieser Wohnung zu beschäftigen. Und was meinen Sie?

Angenommen, Sie hätten genügend Eigenkapital, um 40 Prozent der Investitionskosten von 224 000 Euro aufzubringen. Dann kann es sein, dass sich die Investition in die günstigere Wohnung mit dem höheren Kaufpreisfaktor dennoch lohnt. Mit der höheren Eigenkapitalquote von 89 600 Euro müssen Sie monatlich weniger Geld aufwenden. Zum einen können Sie von einem niedrigeren Kreditzins ausgehen, weil Sie mehr Eigenkapital haben, zum anderen fällt auch Ihre Kreditsumme mit 134 400 Euro geringer aus. Allerdings stehen Ihren eigenen niedrigeren Kosten auch niedrigere Mieteinnahmen gegenüber. Gleichzeitig ist die Wohnung jedoch deutlich mehr wert, weil nicht alle Potenziale, die in ihr schlummern, ausgeschöpft wurden. Das heißt: Sie können die Rendite über die Jahre selbst weiterentwickeln.

Nun kommt es auf Sie an: Wären Sie bereit, auf die geringe Rücklage, die wir bilden wollen, zu verzichten? Würden Sie sogar monatlich draufzahlen, wenn Sie wüssten, dass Sie den Mietzins bei einer Neuvermietung deutlich erhöhen könnten? Das hängt wiederum ganz von der voraussichtlichen Mietdauer Ihres Mieters ab.

Wir bleiben bei dem Beispiel von eben – mit einer niedrigen Anfangsmiete von 600 Euro im Monat, aber deutlich mehr Potenzial. Denn die Wohnung ließe sich auch für 1200 Euro vermieten. Unserer Rechnung müssen wir nun die durchschnittliche Mietdauer in Deutschland zugrunde legen – das sind rund acht Jahre. Wir nehmen an, Ihr Mieter ist bereits seit vier Jahren in der Wohnung, zahlt also seit vier Jahren 600 Euro Miete monatlich.

In den vier weiteren Jahren, die der Mieter in der Wohnung bleibt, werden Sie Mieteinnahmen von insgesamt 28 800 Euro erwirtschaften. In diesen vier Jahren liegt Ihr Kaufpreisfaktor bei 31. Nun aber zieht der Mieter aus. Sie lassen die Wohnung streichen, nehmen noch kleinere Ausbesserungen vor und vermieten Sie für jene 1200 Euro, die für eine entsprechende Wohnung am entsprechenden Standort angemessen sind. Und siehe da: Jetzt kippt die Lage sehr deutlich zu Ihren Gunsten. Der Kaufpreisfaktor sinkt auf 15,5 – und Ihre jährlichen Mieteinnahmen betragen ab sofort 14.400 Euro. Ihre laufenden Kosten steigen nicht. Denn Ihre Ausgaben für Zins und Tilgung sind unabhängig von den monatlichen Mieteinnahmen. Deshalb können Sie nun monatliche Rücklagen von mehreren Hundert Euro bilden und diese als Grundstock für eine weitere Investition nutzen. Sie müssen zugeben, dass diese Rechnung einiges an Charme hat. Erstens zahlt sich die Durststrecke von vier Jahren innerhalb des fünften Jahres bereits wieder voll aus. Und zweitens können Sie mit anfänglicher Zurückhaltung langfristig ein Vielfaches an Rendite erzielen.

Vor allem aber zeigt dieses Rechenbeispiel eines: Nur Kaufpreis und Mieteinnahmen miteinander zu vergleichen, hilft Ihnen bei einer klugen Kapitalanlage in eine Mietwohnung nicht weiter. Es kann sein, dass Sie auf der sichereren Seite sind, solange Sie alle Regeln befolgen. Aber ebenso sicher ist, dass Ihnen dann die eine oder andere Gelegenheit entgehen wird, weil Sie sich zu streng an die Standardregeln gehalten haben. Wie für alles im Leben gilt auch bei der Investition in Immobilien: Ausnahmen bestätigen die Regel. Doch auch umgekehrt gelten die gleichen strengen Regeln. Lassen Sie sich von einer aktuell hohen Miete und einem entsprechend niedrigen Kaufpreisfaktor nicht blenden. Kein Mietvertrag ist in Stein gemeißelt. Sie sollten immer im Hinterkopf behalten, dass Sie die Wohnung nie zu schlechteren, sondern immer zu gleichen oder besseren Konditionen wiedervermieten sollten.

> Für Kapitalanlagen in Immobilien gibt es Standardregeln, wenn es um Lage und Zustand, Eigenkapitalquote, Kaufpreisfaktor, Mietvertrag geht. Aber jede Regel lebt von der Ausnahme. Sie müssen daher die Immobilie, für die Sie sich interessieren, individuell prüfen. Nur so erfahren Sie, ob die Einnahmen auf dem Papier tatsächlich nachhaltig sind und ob sie in Zukunft steigen oder sinken werden.

Auf einen letzten wichtigen Punkt möchte ich an dieser Stelle nochmals eingehen: Wir haben bisher vom Kaufpreisfaktor als Verhältnis zwischen jährlicher Mieteinnahme und absolutem Kaufpreis gesprochen. Ausschließlich darauf abzustellen, würde aber bedeuten, den Quadratmeterpreis außer Acht zu lassen. Auch das ist nicht richtig und kann zur Folge haben, dass man kluge Investitionen übersieht, weil man sie aufgrund eines hohen Kaufpreisfaktors zu früh aussortiert. Interessanterweise sind vor allem institutionelle Investoren vor solchen kategorischen Entscheidungen nicht gefeit, weil sie in ihren Statuten und Regularien häufig klare Vorgaben zu Kaufpreisfaktoren haben. Eine Immobilie kann noch so günstig sein, ist der Faktor zu hoch, dürfen viele Fonds und Banken nicht kaufen. Diesem Beispiel wollen wir nicht folgen. Deshalb prüfen wir neben dem Kaufpreisfaktor auch den absoluten Quadratmeterpreis. Wenn der Preis je Quadratmeter günstig ist, kann sich für uns die Investition auch dann lohnen, wenn der Kaufpreisfaktor aufgrund einer aktuell niedrigen Miete zu hoch ausfällt.

KAPITEL 4

ALL-INCLUSIVE IST IMMER TEURER

Es ist nicht lange her, da wollte ein Bekannter von mir seinen Eltern zur goldenen Hochzeit eine Reise nach Chile schenken. Gemeinsam mit seiner Schwester fing der Freund also an, die Reise zu planen, und da weder er noch sie jemals in Chile gewesen waren, fragten sie bei Reiseanbietern an, die die Tour von Santiago über Valparaiso bis hinunter nach Feuerland und zurück anboten. Nur den Flug nach Santiago de Chile, so lautete das verlockende Angebot, musste man selbstständig organisieren. Nach der Ankunft am Flughafen der Hauptstadt von Chile würde dann die vierzehntägige Tour mit dem Transfer zum Hotel samt Empfangscocktail beginnen. Während der Tour sollten dann Stadtbesichtigungen, mehrere Nationalparks und als Höhepunkt eine achttägige Schiffsfahrt bis nach Kap Hoorn, mit Abstechern zu Pinguinen und Gletschern, warten.

Das Angebot klang in der Tat verlockend und deckte sich mit den aufgeschnappten Wünschen der Eltern. Die Geschwister spielten schon mit dem Gedanken, die beiden Jubilare auf die Reise nach Südamerika zu schicken, bis sie – unten auf der Seite angelangt – den aufgerufenen Preis für die Reise sahen. Die Reise sollte 9000 Euro je Person kosten – inklusive Schiffskajüte zweiter Klasse. Sie verstehen, dass mein Bekannter und seine Schwester mehr als schluckten. Die beiden hatten bereits nachgesehen, wie teuer die Inlandsreisen in Chile sein würden, die Übernachtungs- und Verpflegungskosten überschlagen und sogar einige Angebote für Kreuzfahrten entlang der Küste bis nach Punta Arenas gefunden. Mit Museumsbesuchen, einem Abend im Theater und ein wenig Luxus kamen sie auf einen ganz anderen Preis.

Warum also die Differenz? Weil die angebotene Pauschalreise eine deutschsprachige Reiseleitung umfasste und seitens des Anbieters alles organisiert war. Das heißt: Während der gesamten Fahrt wird man an die Hand genommen, damit bloß nichts schiefläuft und man sich um nichts selbst kümmern muss. Doch so kann man selbst auch nichts lernen. Ich will weder Ihnen noch Ihren Eltern Pauschalreisen in fremde Länder mit polyglotten Reiseleitern madig machen. Doch Sie verstehen sicherlich meinen Punkt. Je weniger man selbst ausprobiert, desto gravierender sind die Folgen: Man lernt umso weniger und man zahlt umso mehr dafür.

Dieses Prinzip gibt es auch bei Investitionen in Immobilien zur Kapitalanlage. Es existiert sogar in doppelter Form: Sie können auf die Reise komplett verzichten. Stattdessen sehen sie sich mit Ihren Eltern am heimischen Fernseher eine Dokumentation der BBC oder des National Geographic an (früher hätten Sie vielleicht eine Diashow besucht). Dann haben Sie in etwa genau so viel vom Land Ihrer Träume gesehen, wie wenn Sie meinen, mit einer Investition in einen Immobilienfonds eine Kapitalanlage in eine Immobilie getätigt zu haben. Oder Sie investieren respektive reisen und lassen sich dann gepampert durch das Land leiten. Sie werden dann zwar das Land gesehen, aber Sie werden es nicht annähernd kennengelernt haben. Das gilt entsprechend auch für Immobilieninvestitionen: Je mehr Sie die Risiken kollektivieren wollen, desto weiter entfernen Sie sich vom unmittelbaren Eigentum an einer Immobilie.

Die Nachfrage nach Wohnimmobilien zur Kapitalanlage ruft tatsächlich immer mehr Anbieter von Rundum-sorglos-Paketen auf den Schirm. Das ist nachvollziehbar. Es gibt erfolgreiche und wohlhabende Menschen, Zahnärzte, Rechtsanwälte, Unternehmensberater, die in den vergangenen Jahren und Jahrzehnten bereits ein gewisses Vermögen aufgebaut haben und ihre jährlichen Überschüsse und Ausschüttungen nun in einzelne Wohnungen für ihre Kinder oder Enkel investieren möchten. Häufig sind die Begünstigten des Immobilienkaufs noch zu jung, um sich selbst um die Verwaltung und Vermietung zu kümmern. Die Käufer wollen sich diese zusätzliche Arbeit aber nicht ans Bein binden. Wozu auch, denkt sich der erfolgreiche Partner der Großkanzlei oder die erfolgreiche Zahnärztin, solle man das selbst tun? Für die Käufer dieses Schlages gibt es Anbieter von Wohnimmobilien, die lediglich eines von ihren Kunden wollen: die bonitätsgeprüfte Unterschrift unter dem Kaufvertrag. Selbst die Finanzierung der Kapitalanlage übernehmen sie und lassen sich das entsprechend gut bezahlen.

Sie sehen, dass meine Überzeugung gefestigt ist und wir dieses Kapitel recht früh wieder beenden könnten. Vor allem gilt es zu verstehen: Wenn Sie von vornherein mit einem Wohnungsverkäufer zusammenarbeiten, der Ihnen auch die gesamte Arbeit nach Kaufvertragsschluss abnimmt, dann werden Sie nie erfahren, was zur Vermietung und Verwaltung Ihrer Wohnung gehört. Doch bin ich überzeugt, dass die Aufgaben des Vermieters Freude bereiten, die Arbeit einen Wert hat und der Aufwand in einem fairen Verhältnis zur investierten Zeit steht.

Lassen Sie uns also ein wenig genauer überprüfen, welche Aufgaben auf einen Immobilieninvestor zukommen und wann die Beauftragung von Dienstleistern sinnvoll oder sogar notwendig ist. Wenn Sie hingegen eine Wohnung inklusive Rund-um-sorglos-Paket erwerben wollen, dann überspringen Sie bitte den Rest dieses Kapitels.

> Je mehr Arbeit an der Immobilie Sie an Dritte abgeben, desto kostspieliger wird die Investition. Mit jedem Euro, den Sie zusätzlich von den Mieteinnahmen abgeben, sinkt Ihre Rendite. Achten Sie also darauf, möglichst viele Aufgaben selbst zu organisieren.

Grundsätzlich kann man für die Aufgaben des Vermieters das Prinzip V – I – V anwenden, das für Vermietung, Instandhaltung und Verwaltung steht. Wir wollen uns diese drei Punkte genauer anschauen und beginnen mit der Vermietung.

Als Käuferin einer Wohnung müssen Sie zu Beginn zunächst einmal wissen, ob die Wohnung vermietet ist oder nicht. Das hört sich nach einer Selbstverständlichkeit an, stellt aber die Weichen für die nächsten Schritte. Es gibt für beide Investitionsvarianten, also den Kauf einer vermieteten oder den Kauf einer leer stehenden Wohnung zur Kapitalanlage, gute Argumente. Dieses Thema werden wir später noch separat behandeln. Klar ist nur eines: Wenn Sie eine Immobilie zur Kapitalanlage kaufen, die aktuell vermietet ist, ändert sich durch den Eigentümerwechsel nichts am bestehenden Mietvertrag. Sie informieren als neue Eigentümerin Ihren Mieter, lernen ihn möglicherweise kennen und teilen ihm das geänderte Bankkonto mit, auf das er ab Lastenübergang die Miete zu überweisen hat. Solange Ihr Mieter nicht auszieht, müssen Sie sich nicht näher mit dem Thema der aktiven Vermietung beschäftigen.

Davon unberührt bleibt das Thema Instandhaltung. Je nach Stadt ist es üblich, dass Mietwohnungen mit oder ohne Küche vermietet werden. Sie müssen die Weißobjekte im Bad funktionstüchtig halten und vielleicht gibt es Abnutzungserscheinungen am Bodenbelag, die in den Verantwortungsbereich des Eigentümers fallen. Zudem kann der Fall eintreten, dass Sie sich für den Einbau von neuen, besser isolierten Fenstern entscheiden. Doch wie häufig wechselt man die Fenster in einer Wohnung? Und wie oft braucht man eine neue Badewanne, ein neues Waschbecken oder eine neue Küche? Wir haben bereits darüber gesprochen, dass die Mietwohnung für Ihren Mieter ein Nutzgegenstand sein soll, der ihm ein bequemes und zeitgemäßes, aber vor allem auch bezahlbares und praktisches Dach über dem Kopf bietet. Für Sie als Eigentümerin heißt das: Es geht nicht darum, der neusten Mode im Bereich Bad-Design zu folgen, sondern vor allem darum, die Mietwohnung pflegeleicht und abnutzungsbeständig auszustatten. Es gibt eine Reihe von guten Ratgebern und Praxishandbüchern, die eine möglichst effiziente und preiswerte Instandhaltung einer Mietwohnung aufzeigen und Sie – ähnlich wie bei einem Gartenkalender – an die Hand nehmen. Darüber hinaus gibt es viele kleinere und mittlere Verbände, in denen sich Vermieter organisieren und informieren können. Ob sich eine Mitgliedschaft gleich nach der ersten Kapitalanlage lohnt, muss jeder für sich entscheiden. Die Entscheidung kann ich Ihnen nicht abnehmen, weil das auch eine Typfrage ist. Manche mögen Vereine und Verbände, manchen graut es bei der Vorstellung, weitere freiwillige Mitgliedschaften einzugehen. Fest steht aber, dass Sie sich ab und an um die Instandhaltung Ihrer

Immobilie kümmern müssen. Sie sind dafür zuständig, dass Ihr Mieter zufrieden ist und für den Mietzins, den er monatlich entrichtet, nicht nur eine Wohnung erhält, sondern dass diese auch anstandslos bewohnbar ist.

Kommen wir nun zum dritten Punkt, der sich aus Ihren Pflichten und Aufgaben als Vermieterin ergibt, der Verwaltung. Das ist zunächst ein schwammiger und ausufernder Begriff. Denn dazu gehören mehrere Ebenen. Nehmen wir an, Sie erwerben eine Wohnung und kein ganzes Haus. Dann werden Sie durch den Erwerb Mitglied der Wohnungseigentümergemeinschaft (WEG). In den meisten Fällen hat die WEG eine Hausverwaltung bestellt, die die Abrechnung des Gemeinschaftseigentums übernimmt, Jahrespläne aufstellt und sich um die nötigsten Maßnahmen zum Betrieb der Immobilie kümmert. Hausverwaltungen verlangen dafür einen gewissen Abschlag, der sich an der Größe des Sondereigentums orientiert. Ihre monatlichen Zahlungen heißen Haus- oder Wohngeld, von denen wiederum ein großer Teil auf Ihren Mieter umlegbar ist. Das gilt übrigens entsprechend für die selbst genutzte Immobilie. Wer Mitglied einer WEG ist und sein Wohneigentum selbst nutzt, kann zwar das Hausgeld nicht umlegen, aber Teile davon als haushaltsnahe Dienstleistungen und Handwerkerleistungen von der Steuer absetzen. Für uns als Vermieterin gilt also: Absetzbare Leistungen übernehmen wir nicht selbst.

Der zweite Teil der Immobilienverwaltung betrifft die einzelne Einheit, das Sondereigentum, das Sie zur Kapitalanlage erworben haben. Auch hierfür bieten immer mehr Unternehmen Verwaltungsdienste an, die von der laufenden Abrechnung bis zur Mietersuche alles umfassen können. Sie sehen aber bereits, dass sich die Aufgaben im Rahmen halten. Solange Ihr Mieter regelmäßig zahlt und mit der Wohnung, die Sie zur Verfügung stellen, pfleglich umgeht, haben Sie mit Ihrer Investition nur wenige Stunden im Jahr zu tun. Eine Bekannte, die eine kleine Wohnung in Stuttgart vermietet, berichtete mir, dass sie das erste und einzige Mal spontan aktiv werden musste, als Ihrem Mieter der Schlüssel abgebrochen ist und er nicht mehr in die Wohnung kam. Um in die Wohnung zu gelangen, bestellten sie keinen teuren Schlüsseldienst. Stattdessen zogen sie das abgebrochene Stück gemeinsam aus dem Schlüsselloch. Die gemeinsame Tasse Tee, die sie und ihr Mieter anschließend getrunken haben, war viel mehr wert.

Zur Verwaltung Ihrer Kapitalanlage gehört ebenfalls die notwendige steuerliche Arbeit. Informieren Sie sich rechtzeitig, welche Ausgaben beim Erwerb und welche laufenden Kosten für Sie steuerlich relevant sind. Auch hierzu gibt es kurze Ratgeber, die Ihnen die Abrechnung erläutern und die gängigsten Fragen, die sich eine private Vermieterin zu Beginn ihrer Vermieterkarriere stellt, pragmatisch beantworten. Fest steht jedenfalls: Wenn Sie Ihre Mietwohnung selbst verwalten, dürfen Sie dafür einen bestimmten Betrag geltend machen. Zudem können Sie beispielsweise die Werbungskosten, Zinsen, Instandhaltungskosten und nicht umlegbaren Bestandteile des Hausgeldes, aber auch die Ausgaben für Ihre Weiterbildung als Vermieterin oder mögliche Mitgliedschaften in Vermietervereinen von der Steuer absetzen. Legen Sie dafür einen Ordner an, sammeln Sie die Rechnungen und Abrechnungen und überschlagen Sie, ob diese wenigen Minuten Arbeit und der Erkenntnisgewinn, den Sie zugleich haben werden, die Bestellung eines Allround-Kapitalanlage-Services aufwiegen können.

Als ich meine erste Wohnung gekauft habe, dachte ich auch, dass ich überfordert sein würde. Nicht umsonst, dachte ich mir, gibt es Hausverwalter, die sich regelmäßig fortbilden. Es gibt aber einen klaren Unterschied zwischen der professionellen Verwaltung von WEGs und größeren Vermietungsobjekten im institutionellen Bereich und der Verwaltung einer (ersten) Mietwohnung zur Kapitalanlage. Wer eine vierstellige Anzahl an Wohneinheiten verwaltet, hat täglich mit Instandhaltung und Mieteranliegen zu tun. Die Wahrscheinlichkeit, dass ein Schlüssel abbricht, ist bei 1000 Wohnungen schlicht deutlich höher als bei einer Wohnung. Diesem höheren Verwaltungsaufwand steht die Skalierbarkeit der Mietrenditen gegenüber. Ob Sie eine Mietrendite von 2,5 Prozent oder 2,6 Prozent erzielen, ist bei einer Wohnung vielleicht eine Frage von einem Euro im Monat. Multiplizieren Sie das mit 1000 oder 10 000 oder gar 100 000 Wohnungen, dann verstehen Sie, dass ein professioneller Verwalter und Asset-Manager eines Wohnungsportfolios mit ganz anderer Strenge an jede investierte Minute herantreten muss.

Manche Anbieter von Kapitalanlagen in Wohnimmobilien empfehlen sogenannte Mietpools. Dabei werden die Mietzahlungen von allen Mietern eines Objekts gesammelt und anschließend unter den Eigentümern anteilig ausgezahlt. Der Vorteil, mit dem geworben wird, lautet: Steht eine einzelne Immobilie leer, ist der jeweilige Vermieter vor Mietausfällen geschützt. Denn allen Mietpool-Einzahlern wird eine gewisse monatliche Einnahme garantiert. Auch hier werden die Risiken kollektiviert. Doch für die Einrichtung und Verwaltung des Mietpools fallen zusätzliche Kosten an. Und außerdem frage ich mich bei diesen Modellen immer, warum ich für die Nichtvermietung der Wohnung eines Dritten aufkommen soll? Wenn ich bei der Standortwahl, der Wohnungssuche, der Finanzierung und der davon abhängigen Mindestmiete alles richtig gemacht habe, wird meine Wohnung nie lange unvermietet bleiben. Wenn ich aber dank des Mietpools ohnehin stets abgesichert bin, werde ich mich um etwaige Nachvermietungen mit deutlich weniger Energie kümmern. Warum auch, wenn meine Nachbareigentümer für mich sorgen? Sie sehen also: Sowohl aus Überzeugung zur Eigenverantwortung als auch aus praktischen Gründen bin ich dafür, dass Sie das Thema Vermietung, Instandhaltung und Verwaltung Ihrer Kapitalanlage selbst in die Hand nehmen!

Das Prinzip V – I – V gilt für alle Immobilieninvestitionen zur Kapitalanlage. Der Eigentümer muss sich um die Vermietung, die Instandhaltung und die Verwaltung kümmern. Manche dieser Aufgaben sollten Sie als Vermieterin selbst lernen und aktiv übernehmen. Andere Aufgaben können Sie abgeben und lediglich beaufsichtigen. Wichtig ist aber, dass Sie genau wissen, wer wofür verantwortlich ist. Denn Sie sind die Investorin. Es geht um Ihr Geld und Ihren Vermögensaufbau.

KAPITEL 5

GLAUBEN SIE NUR DEM KREDITANGEBOT, DAS SIE SELBST GESCHRIEBEN HABEN

Wir schließen nahtlos an und machen dort weiter, wo wir im Kapitel zu den Mehrkosten der Rundum-sorglos-Pakete aufgehört haben. Sie erinnern sich: Je mehr Sie an Aufgaben rund um die Mietwohnung zur Kapitalanlage an Dritte abgeben, desto mehr zahlen Sie drauf und desto niedriger fällt Ihre Mietrendite aus. Man kann es auch andersherum formulieren: Je mehr Sie sich selbst um Ihre Kapitalanlage kümmern, desto mehr Kredit können Sie sich leisten. Fallen Verwaltungsgebühren für Mietpools und Mieterverwaltung weg, steht Ihnen monatlich automatisch ein höherer Betrag zur Verfügung, für den Sie einen Kredit aufnehmen können: Das Preisspektrum Ihrer Immobiliensuche wächst – und damit letztlich Ihr Vermögen.

Vor diesem Hintergrund werden Fragen der Finanzierung immer wichtiger. Ich habe das Thema bereits kurz angerissen: Wie soll man auf Wohnungsverkäufer reagieren, die Ihnen als Käuferin den Kredit zur Kapitalanlage gleich mit anbieten? Nun sagen Sie bitte nicht, dass Ihnen das noch nie untergekommen ist. Das ist im Grunde dasselbe Prinzip, wie es beim Ratenkauf im Möbelgeschäft oder beim Onlinehandel Anwendung findet. Kurz bevor Sie auf Kaufen klicken, werden Ihnen wie Sauerbier noch unterschiedliche Ratenkaufmodelle angeboten. Erinnern Sie sich? Zu diesem Thema habe ich geschrieben, dass die Händler die Ersparnis von rund 10 Prozent durch den Nichtverkauf des Zahlungsanspruchs, den sie Ihnen gegenüber haben, lieber unmittelbar Ihnen in Form eines Preisabschlags anbieten sollten. Jeder Kaufpreis, der Ihnen zu den vermeintlich gleichen Konditionen auch in zwölf Monatsraten angeboten wird, ist von vornherein um 5 bis 15 Prozent überhöht, weil die Ansprüche an externe Zahlungsanbieter weiterverkauft werden. Dass uns das nicht mit aller Deutlichkeit beim Shoppen mitgeteilt wird, ist ganz klar eine Irreführung des Verbrauchers, dem der Handel vorgaukelt, dass Ratenzahlungen in der Marktwirtschaft zinsfrei erfolgen könnten. Das ist unmöglich. Jede Ratenzahlung hat ein Risiko – und Risiken haben einen Wert für sich und werden dementsprechend eingepreist.

Dieses Prinzip gibt es auch bei Investitionen in Immobilien. Dort wird das meist nur eleganter kaschiert oder unter Ausnutzung des Ermüdungseffektes erst mitgeteilt, wenn der Kreditnehmer sich bereits mit allem abgefunden hat und vor allem nur noch eines sieht: das Zustandekommen des Immobilienerwerbs, das grüne Lämpchen beim Kreditantrag, die Bestätigung der eigenen Kreditfähigkeit durch die unpersönlichen Algorithmen des finanzierenden Instituts. Das meine ich buchstäblich: Wer schon einmal eine Immobilie finanziert hat, weiß um die Ehrwürdigkeit von Kreditanträgen. Man freut sich darüber, dass einem ein abstraktes Institut glaubt (daher ja auch der Begriff *Kredit*) und willens ist, eine sechsstellige Summe und mehr auf das angegebene Konto zu überweisen. Auch wenn man weiß, dass dieses Geld schon bald wieder weiter überwiesen werden muss, so bleibt für eine gewisse Zeit doch das Gefühl von Ehrfurcht und Selbstrespekt: Ja, liebe Leserin, Ihre Bank vertraut darauf, dass Sie in den kommenden Jahren und Jahrzehnten Ihren Kapitaldienst pünktlich und vertragstreu erfüllen werden!

Vor Kurzem habe ich bei einem mittelständischen deutschen Wohnungsprivatisierer folgenden Satz gelesen: »Dank günstiger Darlehen und staatlicher Fördermodelle finden wir in Zusammenarbeit mit unseren Experten der ABC-Finanz GmbH auch für Sie ein maßgeschneidertes Finanzierungsmodell.« Diesen Satz möchte ich mit Ihnen analysieren. Er ist in seiner Doppeldeutigkeit sehr bezeichnend. Stellen wir uns folgende Situation vor: Sie haben sich für den Kauf einer Wohnung zur Kapitalanlage entschieden, bringen eine bestimmte Summe an Eigenkapital auf und wissen, wie viel die Wohnung, die Sie erwerben wollen, kosten darf und an welchem Standort sie sich befinden soll. Nun stoßen Sie auf ein passendes Angebot. Der Verkäufer ist ein Unternehmen, das auf die Aufteilung von Mietshäusern und den anschließenden Einzelverkauf von Eigentumswohnungen spezialisiert ist. Die Wohnung hat einen guten Schnitt, ist solide vermietet, kurzum: für Ihre Kapitalanlage genau das Richtige. Nun aber fragt der Berater, ob Sie auch an einer Finanzierung seitens einer Tochtergesellschaft des Verkäufers interessiert sind. Was meinen Sie, lohnt sich das? Genauer gesagt: Für wen lohnt sich das?

Vermietete Wohnimmobilien in deutschen Großstädten sind das Lieblingskind aller Banken. Wenn Sie über einen festen und unbefristeten Arbeitsvertrag verfügen, jünger als 45 Jahre alt und bisher nicht als Kreditbetrügerin in Erscheinung getreten sind, werden sich Banken, Sparkassen, Bausparkassen, Versicherungen und viele alternative Kreditgeber um Sie reißen. Als die Zinsen vor einiger Zeit immer weiter sanken, sprach man mit Blick auf die Kreditzinsen, die von Immobilieninvestoren zur Kapitalanlage verlangt werden, von einem Margenblutbad. Das heißt: Viele Institute betrieben aktives Zinsdumping, um überhaupt noch an Kunden zu kommen, und opferten dafür nicht selten ihre eigenen Renditen. Das Ganze kann man mit dem Treiben auf dem Basar vergleichen. Man umgarnt Sie mit immer neuen Angeboten und Leistungen, um Sie bloß auf lange Zeit an sich zu binden. Irgendwann, so die Berechnung, wird sich das schon auszahlen. Nun sind die Zinsen wieder gestiegen, der Kauf einer Immobilie und die entsprechende Suche nach dem passenden Kredit erfordert deutlich mehr Arbeit und ist mit mehr wirtschaftlichen Hürden verbunden.

Neben dem wirtschaftlichen Aufwand steht der administrative Aufwand, der bei der passenden Finanzierungssuche nicht zu leugnen ist. Jede Bank hat eigene Kriterien und verlangt unterschiedliche Unterlagen. Die Formulare, die Sie ausfüllen, und die Datenräume, die Sie mit Nachweisen befüllen müssen, sind teilweise unübersichtlich. Selbst unverbindliche Kreditanträge können viel Zeit beanspruchen. Zugleich geht jeder Kreditantrag mit dem Schufa-Risiko einher. Nicht nur Ihre objektive Kreditwürdigkeit ist nämlich für den zu berechnenden Zins ausschlaggebend, sondern auch die Häufigkeit der Schufa-Anfragen, die in Ihrem Namen getätigt werden. Obwohl die meisten Privatpersonen das nicht wissen, kann man sich bei der Suche nach der passenden Kreditfinanzierung auch dadurch ins eigene Fleisch schneiden, dass man zu häufig in die Überprüfung der Kreditwürdigkeit einwilligt. Irgendwann blockieren die Finanzierungsportale die Anträge automatisch, weil in zu kurzer Zeit zu viele Kreditanträge gestellt wurden. Auch hier ist also Vorsicht geboten.

In diesem Spannungsverhältnis gilt es, Ruhe und Besonnenheit zu bewahren. Ich werde an dieser Stelle nicht davor warnen, Finanzdienstleister, die im Umfeld des Verkäufers tätig sind, mit der passenden Kreditsuche zu beauftragen. Aber lassen Sie es mich versuchsweise charmant mithilfe eines Vergleichs umschreiben: Wenn Sie im Urlaub sind und an der Hotelrezeption nach einem Restaurant fragen, erhalten Sie dann tatsächlich objektive Empfehlungen? Oder stehen die Gaststätten und Hotels, die sich gegenseitig empfehlen, nicht in einem gewissen geschäftlichen Verhältnis zueinander? Das heißt nicht, dass das Restaurant, das man Ihnen empfiehlt, schlecht sein wird, keineswegs. Aber die Beziehung zwischen Hotel und Restaurant hat einen ökonomischen Wert. Das Hotel profitiert davon, dass Sie sich bei Ihrer Ankunft im Restaurant darauf berufen: Häufig fließen Provisionen zu Ihren Lasten.

Das Gleiche gilt für Finanzierungen von Immobilien – grundsätzlich und insbesondere bei Kapitalanlagen. Viele Privatisierer haben Finanzierungen und Finanzierungsdienstleistungen als lukrativen Nebenverdienst für sich entdeckt, mit dem die Marge je verkauftem Objekt erhöht werden kann. Je nach Größe und Finanzstärke des Privatisierers werden privaten Investoren eigene Subunternehmen oder angeschlossene Partnerfirmen als Finanzberater angeboten. Das Risiko solcher Konstellationen ist Folgendes: Zum einen verlangen diese Finanzberater eine Provision. Die Höhe dieser Provision beträgt ungefähr 1 Prozent der Kreditfinanzierung. Das sind bei einem Kaufpreis von 300 000 Euro und einem Finanzierungsbetrag von 200 000 Euro auf einen Schlag 2000 Euro. Die 2000 Euro werden Ihnen zwar nicht direkt in Rechnung gestellt. Aber sie werden unmittelbar an Ihnen verdient. Zum anderen sind Finanzierungsberater noch lange keine Bank, Sparkasse oder Versicherung, die Sie am Ende als Kreditgeber für den Immobilienkauf benötigen. Im Klartext bedeutet das: Sie engagieren einen Dritten, der für Sie um eine Finanzierung bittet. Die Prüfungsparameter bei solchen Finanzierungsberatern sind deutlich höher angesetzt als bei Banken, weil der Kreditnehmer dem Kreditgeber in den meisten Fällen nicht persönlich bekannt ist und daher erst recht streng geprüft werden muss.

Über diese Konstellation wird der Wohnungsverkäufer freilich nicht mit Ihnen sprechen. Vielmehr wird es um kurze Wege und die Abnahme des Aufwandes gehen, mit denen Ihnen die Finanzierung durch den Verkäufer angepriesen wird. Ich kann das durchaus verstehen und auch die Bequemlichkeit, die Sie und ich dabei empfinden, wenn uns angeraten wird, den Kauf und die Finanzierung in einem Abwasch zu machen. Wozu alle Daten doppelt und dreifach eingeben? Wozu Banken vergleichen, wenn es Dienstleister gibt, die das scheinbar unentgeltlich für einen übernehmen?

Finanzierungen bringen Gewinne. Daher ist so gut wie jede Empfehlung für eine Finanzierung mit Provisionen verbunden. Achten Sie darauf, dass Sie unabhängig beraten werden. Die Finanzierungsberatung ist der zentrale Pfeiler einer erfolgreichen Kapitalanlage. Sie dürfen hier nicht an Zeit und Aufwand sparen.

Kommen wir mit dieser Frage im Hinterkopf zum Werbetext des mittelständischen Privatisierers zurück, den ich vorhin zitiert habe. Erstens wollen wir wissen, wie die Beziehung zwischen dem Verkäufer und dem Finanzierungsberater aussieht. In der

Annonce steht dazu Folgendes: »... in Zusammenarbeit mit unseren Experten der ABC-Finanz GmbH.« Das Personalpronomen sollte Sie nicht verwirren. Ob das unsere oder Ihre oder die Experten von wem auch immer sind, spielt keine allzu große Rolle. Spannender ist da schon der Begriff »in Zusammenarbeit«. Fragen Sie sich bitte einfach selbst: Wenn Sie auf Kolleginnen und Kollegen verweisen, mit denen Sie ein Projekt betreuen, was sagen Sie dann? Sagen Sie, dass Sie das Projekt *in Zusammenarbeit mit* durchführen oder benutzen Sie ein schlichtes *wir*, um zu unterstreichen, dass Sie als Team tätig sind? Umgekehrt wird ebenso ein Schuh draus: *In Zusammenarbeit mit* ist die eingedeutschte Formulierung für eine Kooperation, die bekanntlich mindestens zwei Geschäftspartner voraussetzt. Das bestätigt auch der Verweis auf die »Experten der ABC-Finanz GmbH«. Wären die Experten tatsächlich innerhalb des Unternehmens des Verkäufers tätig, wäre der Verweis auf die Dritt-GmbH überflüssig. Dann hätte auch das Personalpronomen eine andere Betonung und Gewichtung. So aber muss jedem klar sein: Diese Finanzexperten arbeiten zwar mit dem Verkäufer zusammen und profitieren von dessen Kunden. Sie sind aber ökonomisch von ihm getrennt und müssen eigenständig Umsätze und Gewinne erzielen, die – verzeihen Sie mir die Redundanz – abermals zu Ihren Lasten gehen.

Letzter Punkt, dann ich lasse Sie mit dieser Analyse in Ruhe. Es geht um das Angebot, das *unsere Experten* Ihnen unterbreiten. Dazu steht geschrieben: »dank günstiger Darlehen und staatlicher Fördermodelle«. Was sich wohl dahinter verbirgt, würde ich nur allzu gern wissen. Denn die günstigen Darlehen werden (siehe oben) nicht günstiger, wenn unabhängige, mit dem Verkäufer kooperierende Finanzberater sich darum kümmern. Im Gegenteil, solche Kredite werden in der Regel deutlich teurer, wovon Sie als Kundin aber nichts mehr erfahren. Und zweitens stelle ich vorsichtig infrage, ob staatliche Fördermodelle für den Immobilienerwerb zur Kapitalanlage sich tatsächlich verändern, je nachdem, ob die Anträge direkt oder durch Berater gestellt werden. Meines Wissens nach sind die steuerlichen Vorteile und die staatlichen Fördermaßnahmen für Kapitalanlagen in Wohnimmobilien nicht davon abhängig, wer die Förderung beantragt. Vielmehr geht es darum, in wessen Namen die Förderung erfolgt und für welches Vorhaben. Sie sehen also, worauf ich hinauswill: Ich rate Ihnen von Finanzierungen durch Kooperationsfinanzierungsberater ab und empfehle den klassischen Bücklingsgang zu Banken und Versicherungen.

Nehmen Sie sich Zeit. Treffen Sie mehrere Berater. Vergleichen und prüfen Sie die Angebote. Seien Sie streng zu sich selbst und zu potenziellen Finanzierern. Bedenken Sie: In den meisten Fällen wollen die Banken Sie als Kundin, denn Sie verdienen an Ihnen Geld. Umso genauer sollten Sie prüfen, wem Sie die Finanzierung Ihres Vermögensaufbaus anvertrauen.

TEIL 6
DEN MUTIGEN GEHÖRT DIE WELT

Es ist und bleibt ein Entweder-oder: entweder totale Sicherheit oder totales Risiko. Mit diesen Gegensätzen wollen wir uns in den letzten Kapiteln dieses Buches gemeinsam beschäftigen. Sollte eine Immobilie leer sein oder vermietet, wenn man sie kauft? Hier wollen wir uns genau ansehen, was die Vor- und Nachteile sind. Das ist besonders wichtig, weil Sie die Wohnung nicht selbst beziehen oder an eine bestimmte Person vermieten, sondern langfristige Renditen erzielen wollen, um Ihren Kapitaldienst zu decken. Sie verstehen schon: Vielleicht ist eine »langweilig« vermietete Wohnung ein sichereres Pfund als die Wohnung, die sich zwar »spannend« vermieten lässt, aber bei der noch einiges gemacht werden muss und noch nicht einmal gesichert ist, dass der theoretisch kalkulierte Mietzins am Markt auch einen Interessenten findet.

Wir können auch noch grundsätzlicher fragen: Sollte man überhaupt in Immobilien investieren? Oder ist es nicht deutlich klüger und sinnvoller, auf die Aktien von Immobilienunternehmen zu setzen? Immerhin: Sie sparen sich Verwaltung und Aufwand und letztlich gründen die Aktien selbst auf Immobilien. Da gibt es einige Argumente. Vor allem Anbieter von Immobilienaktienunternehmen, die auf private Investoren zielen, werden nicht müde, ihre Produkte anzubieten. Sauerbier ist das zwar nicht, was da ausgeschenkt wird, aber wir sollten uns unbedingt fragen, ob die Investition in fremde Unternehmungen der richtige Weg zum Einstieg in den Vermögensaufbau und die finanzielle Unabhängigkeit ist.

Und dann gibt es eine ganze Reihe von Regeln für Wahnsinnige. Sie lieben den Kick. Für sie gilt die Regel, dass sie nie zurückschauen. Ich will Ihnen diese Investitionsmöglichkeiten – sie fangen beim Blindkauf an und enden bei der Immobilienversteigerung – nicht madig machen. Aber ich will doch warnend fragen: Sind Sie bereits so weit, dass Sie diese Risiken eingehen und Ihr Kapital auf eine derart gewagte Karte setzen dürfen? Es kann sein, dass Sie in einigen Jahren ein kluges, gut gestreutes Portfolio haben, das eine derartige Opportunität gestattet. Doch ob zu Beginn der Vorsorgekarriere gleich alles auf eine Karte gesetzt werden sollte, wage ich zu bezweifeln.

Zu guter Letzt drehen wir den Spieß nochmals um und schauen uns Mehrfamilienhäuser an. »Ach, Mehrfamilienhäuser, wo denkt sie hin!«, höre ich Sie ausrufen. Doch ich meine, dass wir die Argumente dafür (viele) und dagegen (nur eines) genau prüfen sollten. Es kann nämlich gut sein, dass Sie längst in der Lage sind, ein Mehrfamilienhaus als finanzierte Kapitalanlage zu erwerben, ohne es selbst zu ahnen. Dass das von mehreren Faktoren abhängt, ist klar. Diese Faktoren wollen wir genauer prüfen.

KAPITEL 1

VERMIETET ODER NICHT, DAS IST HIER DIE FRAGE

Ich habe in den vergangenen Kapiteln das Thema Vermietung immer nur verkürzt und kursorisch angesprochen. Allerdings nicht, weil die Vermietung einer Wohnung nebensächlich ist. Im Gegenteil: Weil die Fragestellung, was mit der Immobilie zur Kapitalanlage geschieht und wie sie am besten vermietet wird, von zentraler Bedeutung ist und einiges an Raum und Zeit für sich beansprucht.

Dabei geht es mir nicht um die aktive Vermietungsarbeit, also das Aushängen von Angeboten am Schwarzen Brett der örtlichen Hochschule, das Erstellen eines Nutzerkontos bei Immobilienscout oder die Beauftragung eines Maklers, der die Vermietung für Sie übernimmt. (Achtung: weitere Kosten!) Auch geht es mir nicht darum, mit Ihnen einen Leitfaden zum Mietvertrag zu erstellen. Dazu finden Sie im Internet alles, was Sie benötigen. Kurz und knapp dargestellt – mit Vorlagen und Vordrucken zum Ausfüllen. Uns geht es vielmehr um die Investition in die Immobilie an sich und die Frage, ob Sie eine vermietete Wohnung einer unvermieteten Wohnung vorziehen sollten.

Angenommen, Sie stehen vor der Wahl und können ein und dieselbe Wohnung mit oder ohne Mieter kaufen: Für welche der beiden Wohnungen würden Sie sich entscheiden? Wenn Sie jetzt stutzig werden und die Antwort nicht auf Anhieb wissen, dürfen Sie sich beglückwünschen. Denn so einfach und eindeutig, wie viele glauben, ist die Entscheidung eben nicht.

Eine leer stehende Wohnung hat für den zukünftigen Vermieter erhebliche Vorteile, die wichtigsten sollten Sie sich merken:

1. Sie können Ihren Mieter oder Ihre Mieterin selbst aussuchen.
2. Sie können in vielen Fällen von vornherein eine höhere Miete verlangen, als wenn Sie einen Bestandsmietvertrag mit erwerben.
3. Sie können vor dem Einzug Ihres Mieters noch Ausbesserungen und Modernisierungen vornehmen, die möglicherweise zu einer weiteren Mieterhöhung berechtigen.
4. Beim Erwerb haben Sie zudem eine bessere Übersicht über mögliche versteckte Mängel, da die Wohnung in den meisten Fällen während der Besichtigung bereits leer stehen wird.

Aber – und dieses Aber kommt recht dicke: Unvermietete Wohnungen haben in den meisten Fällen einen deutlich höheren Kaufpreis!

Wird eine unvermietete Wohnung verkauft, so werden damit zwei Zielgruppen angesprochen. Auf der einen Seite sind es die Kapitalanleger, die die Wohnung nach dem Erwerb vermieten wollen. Auf der anderen Seite sind da aber auch die Selbstnutzer, die die Wohnung für sich oder nahe Angehörige erwerben möchten. Das Spektrum potenzieller Käufer ist also mindestens doppelt so groß, wenn nicht noch größer, da viele Menschen ihren Traum von den eigenen vier Wänden verwirklichen wollen. Warum wir Letzteres nicht als ersten Schritt auf dem Weg ins Immobilieneigentum tun, wissen wir bereits. Wir investieren zunächst in die Mietwohnung und später in das selbstgenutzte Eigenheim: zuerst die finanzielle Unabhängigkeit, dann der Konsum!

Der zweite Grund dafür, dass unvermietete Wohnungen scheinbar mehr wert sind: Nach dem Erwerb kann man als Vermieter die Erstvermietungsmiete deutlich höher ansetzen als bei den meisten laufenden Mietverträgen. Allerdings rufen die Verkäufer deswegen einen entsprechend höheren Kaufpreis auf. Das tun sie aus ihrer Perspektive in den meisten Fällen mit gutem Recht. Aber für uns stellt sich die Frage, ob der vermeintliche Mehrwert des Leerstands sich auch tatsächlich auszahlt. Anders gesagt: Ob die Annahme einer höheren Mietrendite den deutlichen Preisaufschlag beim Erwerb rechtfertigt.

> Am Immobilienmarkt wird unterschieden zwischen vermieteten und unvermieteten Wohnungen. Unvermietete Wohnungen sind grundsätzlich teurer als vermietete Wohnungen. Das heißt aber nicht, dass unvermietete Wohnungen für Kapitalanleger auch mehr wert sind. Man muss genau prüfen, was man mit einer Immobilie machen will. Erst dann weiß man, ob eine vermietete oder eine unvermietete Wohnung eher in Betracht kommt.

Durchschnittlich sollte man mit einem Kaufpreisunterschied von rund einem Drittel rechnen: Denn eine unvermietete Wohnung ist in etwa 30 Prozent teurer als eine vergleichbare vermietete Wohnung, wenn wir bei unseren klassischen Standorten bleiben – mit kontinuierlichem Bevölkerungswachstum und solider Wirtschaftsstruktur. Wenden wir für unsere Rechnung unser altbekanntes Beispiel an: Sie haben die Wahl zwischen einer Mietwohnung mit Mieter für 300 000 Euro und derselben Wohnung ohne Mieter für 400 000 Euro – jeweils zuzüglich der Kaufnebenkosten und abzüglich einer Eigenkapitalquote von 20 Prozent. Nun müssen Sie den Taschenrechner zücken.

Die Wohnung für 336 000 Euro (inklusive Kaufnebenkosten) brachte Ihnen in unserer Beispielrechnung 1200 Euro Nettokaltmiete im Monat ein – also 14 400 Euro im Jahr. Bei 20 Prozent Eigenkapital, rund 3 Prozent Zinsen und 2 Prozent anfänglicher Tilgungsrate mussten Sie dafür ebenfalls rund 1100 Euro monatlich für Zins und Tilgung aufwenden. Nicht beachtet haben wir bislang die steuerlichen Abschreibungsmöglichkeiten für die Investition, da es sich um eine Wohnimmobilie zur Vermietung handelt. Das wollen wir auch künftig nicht tun, und zwar aus zweierlei Gründen: Erstens sollte man sich grundsätzlich nicht auf mögliche Steuerrückerstattungen als Einnahmequelle verlassen. Denn sowohl die Steuern, die wir zahlen, als auch die den Steuern zugrunde liegenden Einkünfte können ständigen Veränderungen unterliegen. Und zweitens sind Steuerrückerstattungen, sofern Sie üppiger ausfallen, jenes Fünkchen Freude, das Ihnen gewisse Freiheiten einräumt oder den Grundstock für weitere Investitionen bildet. In Sachen Steuer denken Sie bitte daran: Die Steuer ist eine Einnahme für den Staat – nicht für den Bürger.

Wenden wir unser Beispiel nun auf die unvermietete Wohnung an: gleicher Schnitt, gleiche Lage, gleiche Größe – nur ohne einen Mieter. Diese Wohnung hat einen Kaufpreis von 400 000 Euro zuzüglich 12 Prozent Kaufnebenkosten. Wieder bringen Sie 20 Prozent Eigenkapitalanteil mit – konkret sind das 89 600 Euro. Das heißt: Sie finanzieren von den Gesamtkosten in Höhe von 448 000 Euro ganze 358 000 Euro. Sie sehen zunächst einmal, dass das notwendige Eigenkapital zum Erwerb dieser Wohnung deutlich höher ausfällt als bei der vermieteten Wohnung. Doch das allein ist nicht alles: Die 358 000 Euro, die finanziert werden müssen, verlangen von Ihnen bei gleichbleibenden Konditionen – also rund 3 Prozent Zinsen und 2 Prozent anfänglicher Tilgung – einen monatlichen Kapitaldienst von rund 1500 Euro. Um auf monatliche Rücklagen in ähnlicher Höhe zu kommen, müssten Sie eine monatliche Nettokaltmiete von mindestens 1600 Euro erwirtschaften. Überschlagen wir einmal die Rechnung: Die Kosten und die erforderlichen Einnahmen sind allesamt proportional um ein Drittel gestiegen. Finden Sie nicht auch, dass der Sprung von 1200 Miete im Monat auf 1600 Euro Miete im Monat recht hoch ist? Für mich ist das jedenfalls ein gewaltiger Unterschied beim Mietpreis für ein und dieselbe Wohnung. Ich möchte Ihnen zudem erklären, warum ich diese Investition riskant finde.

Der Aufschlag für die leer stehende Wohnung kann sich auszahlen, wenn Sie zeitnah einen solventen Mieter finden, der willens und in der Lage ist, ein Drittel mehr Miete zu zahlen, als man für vergleichbare Bestandsmieten aufwenden muss. In einigen deutschen Metropolen wird dies sogar der Fall sein können. In Städten wie Berlin, wo der Bedarf an Mietwohnungen das Angebot bei Weitem übersteigt und die Klientel häufig aufgrund ihres internationalen Hintergrunds aus ihren Heimatländern noch höhere Mietpreise gewohnt ist, wird die Vermietung wahrscheinlich funktionieren. Aber schon in Städten wie Hamburg, immerhin der zweitgrößten Stadt Deutschlands, klaffen Angebot und Nachfrage nicht mehr so weit auseinander: Ob

Ihre Kalkulation dort aufgehen würde, müsste man sehr genau anhand der Mietinserate überprüfen. Denn nichts ist ärgerlicher, als eine unvermietete Wohnung zu einem Preis zu erwerben, zu dem auch Selbstnutzer kaufen würden, um anschließend lange nach einem geeigneten Mieter suchen oder am Ende sogar die Mieterwartung deutlich absenken zu müssen.

Erinnern Sie sich noch an das Kapitel, in dem wir über mittlere Güte und mittlere Preise gesprochen haben? Dieselbe Regel gilt für Ihre Vermietungsstrategie: Es ist weitaus sicherer, nicht die teuerste Wohnung anbieten zu müssen, um den eigenen Kapitaldienst zu stemmen, sondern mit anfänglich weniger Mieteinnahmen das gleiche Vermögen aufzubauen. Für das Beispiel, das wir eben angeführt haben, gilt das erst recht. Denn wir haben vor lauter Miet- und Kaufpreisunterschieden beinahe aus den Augen verloren, dass unsere Berechnungen abstrakt waren und Sie am Ende des Tages ein und dieselbe Wohnung betrafen. Mehr noch: Sie wollten die Wohnung auch zum selben Zweck kaufen – um sie dauerhaft zu vermieten und von den Mieteinnahmen den Kaufpreis abzubezahlen.

Die Gründe, die gegen eine leer stehende Wohnung sprechen, unterstreichen auf der anderen Seite die Vorzüge der vermieteten Wohnung zur Kapitalanlage. Selbstverständlich müssen Sie auch hier prüfen, ob die angegebene Miete tatsächlich monatlich überwiesen wird. Lassen Sie sich also die Kontoauszüge zeigen. Prüfen Sie, ob und wann es Mietrückstände gab. Sehen Sie sich nach Möglichkeit auch Ihren künftigen Mieter an und lernen Sie ihn kennen. Das ist alles nicht verboten. Im Gegenteil: Es trägt dazu bei, in der Geschäftsbeziehung, die Sie mit Ihrem Mieter eingehen wollen, ein gutes Verhältnis zueinander zu entwickeln. Die Mär, dass Mieter und Vermieter nicht miteinander klarkommen, ist ein seltsames Vorurteil. Regelmäßig gibt es Umfragen, sowohl unter Vermietern als auch unter Mietern, die belegen, dass beide Seiten mehrheitlich zufrieden bis sehr zufrieden miteinander sind. Das ist vor allem bei privaten Kleinvermietern, wie Sie und ich es sein wollen, der Fall.

Für Sie als Vermieter bringt das auch nur Vorteile für Ihre Planung. Bei dem Erwerb einer Wohnung mit Mieter erhalten nämlich Sie und Ihr Kreditgeber die entscheidenden Zahlen, die Sie zur Berechnung Ihres monatlichen Kapitaldienstes benötigen. Ein laufender Mietvertrag ist, so seltsam das auf den ersten Blick erscheint, daher Gold wert: Er garantiert der Bank, dass Sie ab dem Zeitpunkt des Lastenübergangs Einnahmen generieren, die Ihren Kredit absichern.

> Vor vermieteten Wohnungen braucht man sich nicht zu fürchten, wenn man eine Immobilie zur Kapitalanlage sucht. Für Kreditinstitute sind die Mietverträge der Garantieschein dafür, dass der monatliche Kapitaldienst des Käufers durch die Mieteinnahmen abgesichert ist.

Das Thema der Sicherheit, das wir im Zusammenhang mit Kapitalanlagen, Mietwohnungen, Ihrer Altersvorsorge und Ihrem Vermögensaufbau bereits mehrfach angesprochen haben, zieht sich also wie ein roter Faden bis hinein in die Institute, die Ihnen wiederum die Kapitalanlage ermöglichen. Wenn Sie eine Wohnung ohne Mieter erwerben, müssen die Finanzinstitute Kurzgutachten erstellen, um die erwartbare durchschnittliche Nettomiete zu ermitteln. In den meisten Fällen fallen solche Vermietungsgutachten sehr konservativ aus. Das heißt: Die Banken preisen von vornherein erhebliche Abschläge ein. Ich würde sogar bezweifeln, ob eine Bank, Sparkasse oder Versicherung die in unserem Beispiel der teuren Wohnung kalkulierten 1600 Euro so akzeptieren würde, selbst wenn der Standort solche Mieten zulassen würde. Anders ist es dagegen beim Erwerb einer vermieteten Wohnung. Hier bestätigt der Mietvertrag die durchschnittliche Nettomiete und dient Ihnen somit gegenüber der Bank als Einnahmengarantie.

Ich habe es vorhin schon einmal angesprochen: Beim Abwägen zwischen dem Erwerb einer vermieteten oder einer unvermieteten Wohnung zur Kapitalanlage hätten wir beinahe vergessen, dass wir die Wohnung in beiden Fällen vermieten wollen. Das ist ein weiterer Grund, der gegen den Kauf einer leer stehenden Wohnung spricht, wenn es um eine Immobilieninvestition zur Kapitalanlage geht. In dem Moment, in dem Sie Ihre leer stehende Wohnung nämlich neu vermieten, verliert sie automatisch an Wert am Transaktionsmarkt. Plötzlich sind Sie nicht mehr Eigentümerin einer frei verfügbaren Wohnung, sondern einer Wohnung mit Mieter – und man muss in Deutschland niemandem erklären, wie schwierig es für Vermieter ist, einen Mietvertrag zu kündigen. Wir haben in Deutschland eine der besten und ausgeprägtesten Mieterschutzgesetzgebungen weltweit, und dieser Schutz wird seit einigen Jahren von der Politik sukzessive weiter ausgebaut. Für Sie heißt das: Sobald die Wohnung vermietet ist, ist sie für Selbstnutzer nicht mehr interessant oder zumindest mit großen Risiken verbunden. Daher ist ein Weiterverkauf in den meisten Fällen nur noch an Kapitalanleger möglich. Derselbe Grund, der die Preise für leer stehende Wohnungen nach oben treibt, sorgt also auch dafür, dass Ihre Wohnung, wenn sie erst einmal vermietet ist, am Markt weniger wert ist.

Sie und mich braucht dieser fiktive Wertverlust nicht zu beunruhigen. Erstens wollen wir gar nicht weiterverkaufen, sondern halten, vermieten und den Kredit abbezahlen. Zweitens müsste Ihnen bereits klargeworden sein, dass es weitaus sinnvoller ist, sich zumindest zu Beginn Ihrer Karriere als Vermieterin nach bereits vermieteten Wohnungen umzusehen. Die Kaufpreise sind niedriger, Sie benötigen weniger Eigenkapital und weniger Kredit und die anfangs entsprechend niedrigeren Mieteinnahmen kennen nur eine Richtung: nach oben. Genau dazu kommen wir im nächsten Kapitel.

Zum Schluss des Kapitels wollen wir noch auf die Sanierungskosten eingehen. Wir haben darüber schon in anderen Kapiteln gesprochen, aber das Thema müssen wir bei der Frage, ob man eine vermietete oder unvermietete Wohnung kaufen sollte, unbedingt berücksichtigen. Denn selbstverständlich erscheint eine leer stehende Wohnung mit Blick auf eventuell notwendige Arbeiten sinnvoller – Sie können sehen, was gemacht werden muss und vor der Erstvermietung renovieren. Anders ist es bei einer vermieteten Wohnung, die erst nach einem Auszug saniert werden kann. Sie können also beim Kauf noch nicht kalkulieren, welche Ausgaben auf Sie gegebenenfalls zukommen werden. Das hört sich für manche zunächst einmal abschreckend an, ich sehe darin aber keine Gefahr. Die Angst vor zukünftigen Sanierungskosten geht davon aus, dass die leer stehende Wohnung in der Regel sofort bezugsfertig beziehungsweise grundsätzlich in einem besseren Zustand ist als die vermietete Wohnung. Das aber ist bei Bestandswohnungen nur selten der Fall. Die meisten Wohnungen ohne Mieter, die angeboten werden, sind nicht final saniert, sondern werden »besenrein« angeboten. Die Verkäufer gehen nämlich davon aus, dass die Wohnung zum Eigennutz erworben wird statt zur Kapitalanlage und die Erwerber eh nach »ihrem Geschmack« sanieren werden. Außerdem kann ich aus Erfahrung sagen, dass man beim Kauf einer leer stehenden Wohnung immer dazu neigt, zu viel machen zu wollen.

Wer also eine leer stehende Wohnung zur Kapitalanlage kauft, hat an mehreren Stellen mit Mehrausgaben zu rechnen: Die Wohnung ist teurer, Sie als neue Eigentümerin müssen erst einmal einen Mieter finden, und Sie werden Gefahr laufen, vor der Vermietung zu viel in Sanierung und Renovierung investieren zu wollen, um die Wohnung »perfekt« aussehen zu lassen – was aber weder für die Vermietung noch für unseren Ansatz der Immobilie zur Kapitalanlage notwendig ist.

Ihre erste Wohnung zur Kapitalanlage sollte beim Erwerb bereits vermietet sein. So sparen Sie viel Zeit und Nerven bei Ihrem ersten großen Schritt in die finanzielle Unabhängigkeit. Zweitens wirkt sich das positiv auf Ihr Kaufbudget aus, da vermietete Wohnungen bis zu einem Drittel günstiger sind als unvermietete. Und drittens machen Sie es sich und Ihrer Bank deutlich leichter, die Finanzierung durchzurechnen und abzusichern.

KAPITEL 2

IMMOBILIEN ODER IMMOBILIENAKTIEN?

Und jetzt schmeißen wir alles wieder über Bord – alles, was wir in den vergangenen Kapiteln über den Immobilienkauf gelesen haben. Die erste Immobilie, mit wie viel Eigenkapital (EK) man kalkulieren sollte, nach welchen Kriterien man Lagen für einen Kauf identifiziert, wie groß mit Blick auf Vermietung eine optimale Wohnung sein sollte, ob man Maklern und Beratern trauen darf (niemals) – weg damit! Denn eine Bekannte, die bereits zwei kleine Wohnungen besitzt, beschwerte sich neulich über ihre Mieter und schloss mit den Worten: »Ich verkaufe jetzt beide Wohnungen und investiere alles in Immobilienaktien.« Und was soll ich sagen? Ich war sprachlos!

Sie legte mir einen Artikel aus der *Frankfurter Allgemeinen Zeitung* vor. »Schau«, sagte sie, »die Rendite ist gut, die Wertentwicklung kann sich auch sehen lassen, und ich habe nie wieder Stress mit Mietern und Hausverwaltungen. Ich investiere ab sofort nur noch in Immobilienunternehmen. Das ist dasselbe, wie wenn ich direkt Immobilien kaufe. Nur ohne die Aufregung.«

Wir müssen uns mit den Bedenken gegenüber Kapitalanlagen in vermietete Immobilien auseinandersetzen. Nur noch einmal zur Erinnerung: Es geht nicht ums Eigenheim, sondern um eine Immobilie, die Sie kaufen, finanziert durch einen gewissen Stock an Eigenkapital sowie mehrheitlich durch einen Kredit, die bereits vermietet ist (oder anschließend vermietet wird) und deren Mieteinnahmen abzüglich der Nebenkosten den aufgenommenen Kredit mindestens decken. Warum das Ganze? Weil irgendwann in ein paar Jahrzehnten der Kredit abbezahlt ist und Sie die Mieteinnahmen selbst nutzen können: als Ergänzung zu Ihren Renten- oder Pensionsansprüchen. Oder – wenn Sie dann in die Situation kommen, Ihren Lebenswandel Ihrer Gesundheit und Ihren Wünschen und Umständen anpassen zu wollen oder zu müssen, Sie diese abbezahlte Immobilie wieder verkaufen können. Die Gefahren dabei sind das Mietausfallrisiko und der vollumfängliche Immobilienmarkt-Crash – zwei Gefahren, die die Bank gern Ihnen überlässt, weil sie überschaubar sind, und dafür als Sicherheit die Immobilie beleiht. Im Gegenzug hat Ihnen die Bank über mehrere Jahrzehnte hinweg Ihre Altersvorsorge und Ihren Vermögensaufbau finanziert. Kein schlechter Deal, wie ich finde.

Kommen wir nun wieder zu meiner Bekannten. Sie hat in den vergangenen beiden Jahren Pech gehabt. In der einen Wohnung war zunächst ein klassischer Mietnomade, der nach sechs Monaten Mietrückständen verschwunden ist und den Schlüssel weggeworfen hat. In der anderen Wohnung gab es mehrfach Wasserschäden durch Rohrbrüche in den Wohnungen darüber. Am Ende des Tages hat die Versicherung gezahlt. Zudem wurden die Leitungen in den betroffenen Wohnungen alle erneuert. Aber bis es so weit war, hatte meine Bekannte viel Stress. Außerdem musste sie regelmäßig Geld vorschießen, weil der Mieter ihr die Miete gemindert hatte. Mehrmals musste sie aus dem Urlaub alles regeln. In der ersten Wohnung musste sie zudem das Schloss auswechseln und nach Abzug der Kaution drei verlorene Mieten abschreiben. Eine alles in allem unangenehme Erfahrung.

Auch wenn meine Bekannte, statistisch gesehen, nach diesen unverschuldeten Missgeschicken fortan verschont bleiben sollte von weiteren Rohrbrüchen und Mietnomaden: Sie hat die Aufregung satt und möchte, dass ihre Kapitalanlage arbeitet, ohne sie wöchentlich zu belästigen. Ein Teil von mir kann ihre Entscheidung nachvollziehen. Es lohnt sich also, wenn wir uns einmal intensiver mit dieser Thematik beschäftigen.

Zunächst die alles entscheidende Frage: Was sind Investitionen in Immobilienaktien? Sind das Anlagen in Aktien oder in Immobilien? Die Frage ist berechtigt. Dennoch würden aktienaffine Menschen frei heraus antworten, dass Immobilienaktien ganz klar zu den Immobilien gehören. Warum? Weil den Aktien als realer Wert Immobilien zugrunde liegen. So einfach ist es aber nicht. Der Aktienmarkt ist naturgemäß volatil: Er reagiert als Erstes und sehr schnell auf politische und gesellschaftliche Entwicklungen und Debatten – wir kommen gleich noch dazu. Fest steht jedenfalls, dass Immobilien viel stabiler und konstanter sind als die Aktienmärkte. Und gerade das ist der größte Vorteil von Immobilien im Hinblick auf einen langfristigen Vermögensaufbau und die angestrebte finanzielle Unabhängigkeit.

Der zweite Aspekt ist, dass man sich die langfristige Strategie der Investition anschauen muss. Was ist das Ziel der Kapitalanlage? Um das zu erfahren, muss man zwei Fragen beantworten. Erstens: Will der Eigentümer die Immobilie nach einer gewissen Anzahl von Jahren behalten oder gewinnbringend verkaufen? Zweitens: Soll der realisierte Gewinn aus dem Verkauf *wieder* in eine Immobilie investiert werden oder in Immobilienaktien? Die Betonung liegt ganz klar auf dem Wort *wieder*, weshalb ich dieses Wort auch hervorgehoben habe.

Für den vermögenden Mitfünfziger spielt diese Frage tatsächlich eine Rolle. Mit Blick auf die Renditen der vergangenen Jahre mag sich die Investition in Aktien lohnen. Das gilt vor allem dann, wenn man noch weitere Immobilien besitzt. An dieser Stelle geht es also gar nicht darum, sich von der klassischen Immobilie als Kapitalanlage zu verabschieden. Es geht lediglich darum zu diversifizieren. Dafür unterteilt der vermögende Anleger seinen Kapitalkuchen in verschiedene kleine Stücke. Sind Sie in einer ähnlichen Situation? Können Sie sich noch nicht entscheiden, was mit dem Erlös aus dem Verkauf eines Ihrer Objekte geschehen soll? Dann haben Sie schon jetzt alles richtig gemacht. Die Frage, ob zu Beginn der 2020er-Jahre, nach zehn Jahren Wirtschaftswachstum und einer der längsten Niedrigzinsphasen der Moderne eine weitere Investition in Immobilien erstrebenswert ist, ist durchaus berechtigt. Aktien von Wohnungsunternehmen, gepaart mit einigen internationalen Immobilienfonds, sollten Sie auf jeden Fall in Betracht ziehen.

Diese Vorgehensweise kann für Investoren, die bereits vor vielen Jahren eine Immobilie erworben haben und zugleich große Preisschritte verzeichnen konnten, interessant sein. Das beste Beispiel dafür ist wahrscheinlich Berlin. Die Entwicklung in der deutschen Hauptstadt war und ist für Deutschland, für Europa und wohl auch für die ganze Welt einzigartig. Dass die Hauptstadt der stärksten und größten Volkswirtschaft Europas viele Jahrzehnte lang zu den preisgünstigsten Metropolen der Welt gehörte, hat die Wertentwicklungen der vergangenen Jahre erst möglich gemacht. Das Niveau, auf dem Berlin nach der Finanzkrise 2008/2009 startete, war weitaus niedriger als an vergleichbaren Standorten. Nicht ohne Grund witzelte man immer wieder, dass Berlin die zweitgünstigste Hauptstadt Europas sei – nur Tirana, die Hauptstadt Albaniens, sei preiswerter. Diese

Zeiten sind nun vorbei. Ob Preissprünge von 50 Prozent und mehr innerhalb der kommenden zehn Jahre nochmals zu erwarten sind, lässt sich in der Tat bezweifeln. Wir haben eher eine Phase der Preisstagnationen bis Preisbereinigungen erreicht.

Daher gilt: Wer vor zehn Jahren in ein Mietshaus investiert hat und überlegt, ob die in dieser Phase erzielten Renditen auch weiterhin realistisch sein werden, der sollte in der Tat mit dem Gedanken der Umwandlung einer Immobilie in Immobilienaktien spielen. Das gilt auch, weil man selbst in diesen zehn Jahren gealtert ist und – wer weiß – irgendwann auch der Gedanke an den Ruhestand und später der klug geplante Erbfall zu prüfen sind.

Es gibt einen weiteren Grund für die Preisentwicklungen am Ende des vergangenen Immobilienzyklus. Dafür müssen wir neben der Auseinandersetzung mit dem Markt auch einen Blick in die Welt der Gesetzgebung werfen. 2021 hat die Bundesregierung ein neues Gesetzespaket erlassen: das Baulandmobilisierungsgesetz. In dieser Gesetzesnovelle wurden viele Einzelgesetze geändert. Obwohl der Name des Gesetzespaketes vermuten lässt, dass dadurch mehr gebaut und in der Folge mehr Wohnraum auf den Markt kommen würde, sieht es in der Realität anders auf. Faktisch hat nämlich der Bund die Aufteilung von Häusern in einzelne Wohnungen verboten. Dadurch sollten Mieter vor Verdrängung geschützt werden. Doch letztlich hat dieses Aufteilungsverbot dazu geführt, dass noch weniger Bestandswohnungen zur Kapitalanlage vorhanden sind. Und das hat die Preise nochmals nach oben schießen lassen. Wir haben es also tatsächlich nicht nur mit kontinuierlichen Preissteigerungen zu tun gehabt, sondern an manchen Stellen auch mit markanten, durch einzelne Maßnahmen verursachten Preisschritten.

Und nun zurück zu meiner Bekannten: Bei ihr liegt der Fall ganz anders. Sie ist nicht im »besten Alter«, sondern jung und dynamisch. Ihre erste Wohnung hat sie vor fünf Jahren gekauft. Die zweite Wohnung vor drei Jahren. Der Kreditvertrag für die erste Wohnung ist mit 2 Prozent, der für die zweite mit 1,5 Prozent verzinst. Sie hat die Wohnungen in einem wachsenden Markt gekauft. Zu dieser Zeit gewannen deutsche Immobilien national und international an Attraktivität. Denn immer mehr Investoren wurde klar, dass Deutschland mit seinem Föderalismus und seinen vielen regionalen Metropolregionen weitaus mehr Sicherheit und Wachstumspotenzial bietet als zentralistisch organisierte Staaten mit nur einem nennenswerten Immobilienmarkt – dem Markt der Hauptstadt. Die bekanntesten Beispiele sind hier Großbritannien und Frankreich mit ihren alles überstrahlenden Hauptstädten London und Paris.

Die Immobilien meiner Bekannten haben bereits in den drei, respektive fünf Jahren ordentliche Wertsteigerungen erfahren, was mich sehr freut. Entsprechend hoch sind die theoretisch erzielbaren Renditen bei einem Weiterverkauf der Immobilien. Doch weder meiner Bekannten noch uns geht es darum, möglichst schnell eine größere Geldsumme zur Verfügung zu haben. Unser Ziel ist die finanzielle Unabhängigkeit, damit uns innerhalb der kommenden 20, 30 und vielleicht erst 40 Jahre ein Vermögen und ein sicheres Alterseinkommen zur Verfügung stehen.

Diese langfristige Perspektive traue ich mir bei Aktien nicht zu. Dabei geht es nicht darum, ob sich Aktien insgesamt positiv entwickeln werden oder nicht. Vielmehr geht es um die Zuverlässigkeit dieser Entwicklung. Ich kenne einige ältere Menschen, die vor Jahren ihre Altersvorsorge ganz klassisch mit Aktien deutscher Traditionsunternehmen absichern wollten, etwa Aktien der Lufthansa oder der Deutschen Bank. Manch einer hatte mit dem Eintritt in den Ruhestand ein böses Erwachen. Bei Immobilienaktien ist es auch so eine Sache, wir haben es bereits erwähnt: Sie reagieren wie Fieberthermometer auf jede gesellschaftliche und politische Debatte. Als zum Beispiel Berlin im Frühjahr 2020 den Mietendeckel einführte, verloren die größten deutschen Immobilienaktien innerhalb eines Tages über 20 Prozent an Wert – und das, obwohl einige dieser Unternehmen gar keine Wohnungsbestände in Berlin haben. Nein, das wäre mir zu volatil.

Umgekehrt weiß ich mit an Sicherheit grenzender Wahrscheinlichkeit, dass eine klug gekaufte Wohnung in den kommenden Jahrzehnten weiterhin nachgefragt sein wird und auch ruhige, kontinuierliche Wertsteigerungen erfahren wird. Deshalb würde ich mir weniger den Kopf über die jährlichen Anfangsrenditen zerbrechen als vielmehr über die kumulierte langfristige Anlage – und da ist eine vermietete Wohnung in stabiler Lage eine sichere Bank.

Außerdem haben Sie als Investorin keinen Einfluss auf die Investitionsentscheidungen des Konzerns. So haben Sie kein Mitspracherecht bei Sanierungs- und Renovierungsfragen und können daher weder den Wert der Immobilien noch mögliche Mieteinnahmen beeinflussen. Anders verhält es sich bei der unmittelbaren Investition. Hier können Sie selbst entscheiden, welche Maßnahmen Sie zur Verbesserung *Ihrer* Immobilie vornehmen, ob Sie etwa die Wohnung mit einer Einbauküche ausstatten und so den Vermietungswert und den absoluten Wert erhöhen.

Es gibt einen weiteren Aspekt, den ich ansprechen muss: Meine Bekannte hat die beiden Wohnungen mit hohen Krediten finanziert. Bei der ersten Wohnung hatte sie aufgrund einer kleinen Erbschaft 25 Prozent Eigenkapital zur Verfügung, bei der zweiten Wohnung waren es 10 Prozent. Das sind, wie wir bereits besprochen haben, nicht die besten Voraussetzungen für eine Investition. Nüchtern betrachtet hätte man ihr damals vielleicht sogar vom Kauf abraten müssen, weil die Risiken im Vergleich zum Erwartungshorizont stark ausgeprägt waren. Unabhängig davon, dass die Preiszuwächse der vergangenen Jahre sie eines Besseren belehrt haben, bleibt die Frage dieselbe: Eine Immobilie lässt sich finanzieren – geht das auch bei Aktieninvestitionen? Die Antwort fällt eindeutig aus. Stellen Sie sich bitte vor, dass Sie mit 25 000 Euro Eigenkapital Aktien im Wert von 100 000 Euro kaufen wollen. Nur in den wenigsten Fällen würde eine Bank das ermöglichen: Die Finanzierung wäre viel zu volatil und der Gegenwert in Aktien und Dividenden kaum kalkulierbar. Wer aber mit 25 000 Euro Eigenkapital eine Wohnung für 100 000 Euro kaufen möchte, um sie dann zu vermieten, erhält mit großer Wahrscheinlichkeit mehrere Finanzierungsangebote.

Meiner Bekannten habe ich ins Gewissen geredet. Sie weiß natürlich, dass der Verkauf der beiden Wohnungen frühestens nach zehn Jahren Haltedauer sinnvoll sein wird, da sie andernfalls den Gewinn versteuern müsste. Wir haben uns daher darauf geeinigt, dass sie sich dann wieder meldet und wir gemeinsam rechnen.

Aber was ist mit Ihnen, liebe Leserin? Sollen Sie nun Ihr Eigenkapital doch in Aktien investieren statt in eine Wohnung? Mit der Finanzierung einer Wohnung können Sie Ihre Rendite und Ihr Vermögen aufgrund der niedrigen Zinsen hebeln, was mit einer Investition in Aktien nur selten möglich ist. Mit 25 000 Euro Eigenkapital lässt sich ein Immobilienwert von 100 000 Euro finanzieren – im Gegenzug zu 75 000 Euro Schulden. Und da Sie die Wohnung vermieten und die Mieteinnahmen nutzen, um die Schulden Jahr für Jahr zu verringern, wächst Ihre Habenseite kontinuierlich an. So können Sie am Ende der Tilgung einen Wert von *mindestens* 100 000 Euro Ihr Eigen nennen. Warum betone ich das Wort *mindestens*? Weil wir annehmen können, dass die Wohnung nach mehreren Jahrzehnten nicht mehr 100 000 Euro wert sein wird, sondern 150 000 Euro oder auch mehr. Zählen wir also eins und eins zusammen: Sie investieren 25 000 Euro in eine Wohnung, die heute 100 000 Euro kostet. Die Wohnung ist vermietet und trägt sich selbst. Nach 35 Jahren haben Sie die Wohnung abbezahlt. Nun haben Sie auf der Habenseite einen Wert von 150 000 Euro stehen – zuzüglich der Mieteinnahmen, über die Sie ab sofort frei verfügen können. Ich würde sagen: Das kann sich sehen lassen.

KAPITEL 3

DIE WICHTIGSTEN REGELN FÜR TOLLKÜHNE UND WAHNSINNIGE

Hochmut, liebe Leserin, kommt vor dem Fall. Dieser biblische Satz gilt ohne Einschränkungen auch für Immobilien. Geschichten vom gescheiterten Immobilieninvestor kennt jeder. Überschuldungen, Insolvenzen, jahrelanges Abstottern leerer Finanzierungen und vieles mehr: Die Geschichten dahinter handeln meist vom zufälligen Aufeinandertreffen mehrerer unglücklicher Umstände. Ein Bestandteil davon aber ist immer der Hochmut oder – weniger streng ausgedrückt – die Selbstüberschätzung.

Der Gedanke an das – leider sprichwörtlich – todsichere Investment, die nicht ausreichende Überprüfung der infrage kommenden Immobilie, zu große Augen beim Preis und mindestens ein zugedrücktes Auge bei der Finanzierung, das Außerachtlassen der Gesamtlage (auch der familiären Situation und privater Pläne): All dies kann Ihnen den richtigen Einstieg in die Immobilienanlage für immer vermiesen. Dabei werden Sie sehen, dass viele der aufgestellten Fallen ganz unscheinbar aussehen. Nie würden Sie auf den Gedanken kommen, hierin größere Risiken zu erkennen.

Beginnen wir mit der ersten Übung: der Zwangsversteigerung. Ich habe schon mehrfach davon gesprochen, wie Sie sich der Kapitalanlage in eine Wohnimmobilie nähern. Sie identifizieren einen geeigneten Standort oder geeignete Standorte. Sie berechnen das verfügbare Eigenkapital und setzen sich damit Preisobergrenzen. Sie vergleichen realistische Mieteinnahmen und beginnen parallel mit der Suche. Sie führen Gespräche mit Maklern, schlagen die Lokalzeitung auf und suchen in den Internetportalen. Sehr bald werden Sie dort auf überraschend preiswerte Angebote stoßen, bei denen Immobilien im Rahmen von Zwangsversteigerungen angeboten werden. Manchmal finden sich dazu auch Print-Anzeigen in den Tageszeitungen – mit Einladungen zu Auktionsterminen und Musterfotos von Traumhäusern.

Die Geschichten dahinter sind unterschiedlich: mal eine Scheidung, mal ein Todesfall, mal die Auflösung von Betriebsvermögen. Fakt ist: Die gescheiterte Immobilie wird nun versteigert und die aufgerufenen Preise liegen merklich unter den Angeboten für klassische Investitionen. Diese Immobilienauktionen wiederum unterliegen bestimmten Regeln – und der Auktionserwerb wird mit Recht als exotisch und abenteuerlich bezeichnet.

Zwei wichtige Fakten muss man über Versteigerungen wissen: Erstens müssen Sie zwingend 10 Prozent des Verkehrswertes als Sicherheit zum Zeitpunkt der Versteigerung zur Verfügung haben. Denn sollten Sie den Zuschlag erhalten, müssen Sie diese Summe unmittelbar im Anschluss an die Auktion hinterlegen. Dieser Barwert lässt sich nicht finanzieren – er ist reines Wagniskapital. Zweitens ist es bei Zwangsversteigerungen sehr schwierig, genaue Daten und zuverlässige Informationen zum Objekt zu erhalten. Besichtigungen sind nur sehr selten möglich. In den meisten Fällen steht kaum mehr als ein einziges Datenblatt zur Verfügung. Im Internet gibt es dementsprechend verschiedene Portale und Ratgeber, die einen Überblick darüber vermitteln, was man bei Zwangsversteigerungen von Immobilien beachten sollte. Beispielsweise wird empfohlen, sich vor der Auktion bei Nachbarn zu erkundigen und zu versuchen, sich auf eigene Faust Zutritt zur Immobilie zu verschaffen. Mal im Ernst: Sehen Sie sich schon mit Taschenlampe und über den Kopf gezogenem Strumpf ausgerüstet in eine Wohnung einsteigen?

Der Immobilienmarkt ist kein Abenteuerspielplatz und Ihr Eigenkapital kein Spielgeld. Mein Rat ist daher sehr klar und deutlich: Überlassen Sie Zwangsversteigerungen und sonstige Immobilienauktionen professionellen Investoren und denjenigen, die sich Fehlkäufe im sechsstelligen Bereich leisten können. Wenn Sie in einigen Jahren ein Portfolio von 20 oder mehr Immobilien angesammelt haben, dann dürfen Sie gern auch mal mit dem Gedanken spielen, an einer Auktion teilzunehmen. Vorher aber gilt die Regel, dass wir nicht in eine Blackbox investieren dürfen, sondern alle Risiken nach Möglichkeit minimieren wollen. Seien Sie also genauso streng zu sich selbst, wie es Ihre Bank mit Ihnen ist. Gehen Sie nur Verbindlichkeiten ein, die auch Ihr Kreditinstitut finanzieren würde.

> Zwangsversteigerungen und Immobilienauktionen sind nur etwas für professionelle Investoren. Sie erhalten nur sehr wenige Informationen zur Immobilie und kaufen blind. Sie wissen nicht, wie viel Arbeit und wie viele Kosten auf Sie zukommen. Private Kapitalanleger sollten unbedingt die Hände davon lassen. Man kann bei einer Auktion Glück haben, die Risiken sind jedoch unüberschaubar.

Kommen wir nun zum zweiten Fall: dem Blinderwerb. Würden Sie eine Wohnung kaufen, die Sie nur auf dem Papier gesehen haben? Ich meine damit nicht die eben besprochene Zwangsversteigerung, sondern Fälle, in denen Sie die Wohnung nicht besichtigen können oder nicht besichtigen dürfen. Der klassische Blinderwerb betrifft dabei folgende Konstellation: Die Wohnung, die zum Verkauf steht, ist vermietet. Der alte Eigentümer und der Mieter sind zerstritten. Deshalb macht der Mieter niemandem die Tür auf. Manchmal hat der Mieter auch die vertragliche Zusicherung erhalten, dass er niemanden in die Wohnung lassen muss. Wie man sich in einem solchen Fall verhalten sollte, ist in der Tat schwieriger als bei der Versteigerung. Ich kann dem Blinderwerb aus eigener Erfahrung keine pauschale Absage erteilen, weil ich selbst schon einmal so eine Wohnung gekauft habe. Bei mir ist es damals gutgegangen. Zum einen zog der Mieter der Wohnung innerhalb weniger Jahre nach dem Erwerb aus, zum anderen war der damalige Kaufpreis überdurchschnittlich günstig. Das Wagnis, das ich mit dem Kauf einging, hielt sich daher tatsächlich sehr in Grenzen. Das ist heute in den meisten deutschen Städten nicht mehr der Fall. Wir sprachen bereits darüber: In den vergangenen zehn Jahren hatten wir eine Phase, in der die Zinsen immer weiter gesunken sind, die Preise für Immobilien dafür aber stark gestiegen sind. Nun aber steigen die Zinsen wieder. Die Preise für Immobilien stabilisieren sich. Und auch wenn die Mieten deutlich höher sein mögen, so sind die absoluten Parameter jetzt anders. Die persönliche Verschuldung und damit auch die Verantwortung, die man beim Erwerb einer Immobilie eingeht, sind heute weitaus größer als noch vor zehn oder 15 Jahren. Und dementsprechend sollte auch die Überprüfung potenzieller Investitionsobjekte deutlich genauer ausfallen.

Der Blinderwerb ist – anders als die Immobilienversteigerung – dennoch keine Blackbox, sondern eher eine Greybox. Die Unterlagen zur Immobilie liegen vor, ebenso die Mieteingänge und die Unterlagen zum Mieter. In den meisten Fällen können Sie auch das Wohngebäude und das Treppenhaus betreten und so einen ersten Eindruck von der Lage und dem Allgemeinzustand des Hauses und der Nachbarschaft erhalten. Was aber hinter der Wohnungstür vor sich geht, bleibt ein Mysterium – jedenfalls solange Ihr Mieter in der Wohnung lebt. In meinem Fall ist die Mieterin nach zwei Jahren ausgezogen und hinterließ ein gewaltiges Chaos. Ich musste nicht nur entrümpeln, sondern auch sanieren: Bad, Küche, Böden und vieles mehr. Danach aber hatte ich eine kleine, feine, auf Vordermann gebrachte Wohnung, die ich seither langfristig und mehr als kostendeckend vermiete.

In jüngster Zeit hat sich ein weiteres Verkaufsmodell entwickelt, das manche Makler anwenden – und zwar, um sich Zeit und Arbeit zu sparen: das Bieterverfahren ohne Besichtigung. Gerade in Städten mit angespannten Wohnungsmärkten gibt es zum Teil sehr viele potenzielle Käufer. Manche Verkäufer werben daher nicht nur um das Höchstgebot, sondern auch um den geringsten Kaufaufwand. Käufern, die von vornherein auf eine Besichtigung der Wohnung verzichten, wird versprochen, in die engere Auswahl zu kommen. Sie können sich sicher ausmalen, was meine Einstellung zu solchen Angeboten ist – kurz und knapp: Hände weg davon!

Sollten Sie zu einem Verzicht auf eine Besichtigung gedrängt werden, dann lassen Sie die Finger von der Immobilie. Es mag sein, dass die Wohnung ein Schnäppchen ist und sich die Investition lohnt, aber merken Sie sich bitte: Sie und ich sind keine Hütchenspieler, sondern suchen eine ruhige und verlässliche Kapitalanlage mit möglichst wenigen Risiken und Fallgruben.

Überhaupt ist die Besichtigung von Objekten eine der wichtigsten Phasen der Investition in eine Eigentumswohnung zur Vermietung. Die goldene Regel – vor allem für Erstkäufer – lautet: Man kauft nie nach nur einer Wohnungsbesichtigung, sondern schaut sich mindestens fünf Wohnungen an, ehe man sich für einen Kauf entscheidet. Wie aufwendig die Besichtigung von fünf Objekten und die – sei es auch nur – kursorische Prüfung der Unterlagen ist, muss ich nicht näher erläutern. Kauf und Suche erfordern Zeit. Doch diese Zeit sollten Sie sich nehmen, damit Sie den Immobilienerwerb hinterher nicht bedauern.

Das gilt auch umgekehrt: Es gibt keine unangenehmere Reue als die Reue wegen der nicht besichtigten Wohnung. Wenn Sie ein Wohnungsangebot sehen, das Ihren Parametern aus Kosten, Größe, Makro- und Mikrolage entspricht, dann scheuen Sie nicht die Zeit, die Wohnung zu prüfen. Selbst wenn Sie nach oder während der Besichtigung zu dem Entschluss kommen, dass die angebotene Immobilie Ihren Suchkriterien nicht entspricht, wird die Besichtigung nicht umsonst gewesen sein. Bei jeder Besichtigung lernt man dazu – und sei es auch nur, welche Wohnungen für Sie nicht in Betracht kommen.

Die Faustregel lautet: Fünf Wohnungen besichtigen – eine Wohnung finden. Das bedeutet nicht, dass erst die fünfte Wohnung auf der Liste allen Ihren Ansprüchen genügen wird. Es kann ebenso gut sein, dass Sie nach fünf Besichtigungen wieder bei der ersten Wohnung landen. Umso besser – kann ich dazu nur sagen! Denn dann haben Sie den unmittelbaren und zeitlich nicht weit auseinanderliegenden Vergleich und sind sich Ihrer Entscheidung noch sicherer. Gerade zu Beginn Ihrer Immobilienkarriere sollten Sie als private Investorin Standfestigkeit bei der Einhaltung dieser Regel an den Tag legen. Denn so investieren Sie aus Überzeugung und stehen damit sich selbst gegenüber und in den Gesprächen mit Ihrer Bank hinter Ihrer Kaufentscheidung. An dem Tag nämlich, an dem Sie beim Notar sitzen und den Kaufvertrag unterzeichnen, dürfen Sie keine Zweifel im Hinblick auf die Richtigkeit Ihrer Entscheidung hegen. Alle Fragezeichen müssen ausgeräumt sein. Das bedeutet nicht, dass es bei der Investition keinerlei Herausforderungen geben darf. Vielmehr müssen Sie sich sämtlicher Unwegsamkeiten, Mängel und Aufgaben, die auf Sie als neue Eigentümerin zukommen können, bewusst sein, um nach Möglichkeit Überraschungen zu minimieren.

Kommen wir nun zum nächsten Fall: der vorgetäuschten Übernachfrage. Beim Gebrauchtwagenhandel gibt es den Trick fingierter Interessenbekundungen während der Besichtigung. Sie sind gerade beim Autohändler angekommen und fragen nach einem bestimmten Modell. Während der Händler die Schlüssel sucht, klingelt überraschend sein Telefon. Der Anruf kommt von einem vermeintlichen weiteren Kaufinteressenten, der verspricht, innerhalb von zwei Stunden zu entscheiden, ob er das Auto kaufen wird oder nicht. Sie, die Sie gerade erst eingetroffen sind und das Auto noch nicht einmal gesehen haben, sollen so verunsichert werden. Man will Ihnen signalisieren: Es gibt schon jetzt mehrere Interessenten für das Auto. Sie sind nicht der erste Interessent und erst recht nicht der erste, der den Zuschlag bekommen wird! Das Ziel ist klar: Sie sollen weniger sorgfältig prüfen und immer wieder daran erinnert werden, dass das Auto stark nachgefragt ist. Wenn Sie nicht rasch zugreifen, ist der Wagen weg. Glauben Sie wirklich, dass diese Anrufe, die zufällig just zum Zeitpunkt Ihres Eintreffens beim Autohändler eingehen, ernst zu nehmen sind? Ist am anderen Ende der Leitung tatsächlich jemand dran?

Übertragen wir dieses Bild nun auf den Kauf einer Immobilie. Wenn Ihnen bei der Besichtigung unter die Nase gerieben wird, dass die Wohnung im Grunde genommen schon verkauft ist und man Ihretwegen eine Ausnahme macht, dann sind das die besten Anzeichen dafür, dass dieses Objekt für Sie als nüchterne Investorin definitiv nicht in Betracht kommt. Kühnheit und Tollkühnheit haben bei Immobilieninvestitionen nichts verloren. Das bestätigt auch die regulatorische Seite des Wohnungskaufs: Da Sie Verbraucher sind und nicht professioneller Immobilieninvestor, müssen bei einem gewerblichen Verkäufer zwischen dem Versand des notariellen Kaufvertrages und der Kaufvertragsunterzeichnung mindestens zwei Wochen liegen. So sollen Sie als Käuferin vor überstürzten Kaufentscheidungen mit Recht geschützt werden.

Kommen wir nun zum letzten Wagnis: der Frage des Geldes. Neben Versteigerungsobjekten, überhasteten Kaufentscheidungen und Blindkäufen gibt es ein weiteres Wagnis, das Sie als Investorin stets vor Augen haben sollten. Dieses Wagnis betrifft weniger die Immobilie selbst als vielmehr Ihre Finanzen und die Frage, wie gering Ihr Eigenkapital ausfallen darf. Darüber, dass Sie in der Regel rund 20 bis 30 Prozent des Kaufpreises aufbringen sollten, haben wir bereits gesprochen. Gegen Ende des letzten Zyklus, als die Zinsen weiter und weiter fielen, haben immer mehr Kreditinstitute damit geworben, dass sie bereit sind, beim Immobilienerwerb auf konservative Eigenkapitalregelungen zu verzichten. Das galt insbesondere für den Erwerb von Immobilien zur Kapitalanlage. Zeitweilig konnte man eine Immobilie auch ganz ohne Eigenkapital erwerben und zu 110 Prozent finanzieren. Auch wenn aktuell solche Investitionen nicht möglich sind, möchte ich Sie mit Blick auf die Zukunft warnen – meine Meinung dazu ist recht deutlich: Die Investition in eine Eigentumswohnung zur Kapitalanlage muss sich selbst tragen. Sie dürfen nicht monatlich draufzahlen. Stattdessen müssen Sie darauf achten, dass Ihr Budget aus Eigenkapital und Kreditwürdigkeit es erlauben, monatlich eine gewisse Rücklage zu bilden. Die Rücklage muss nicht groß sein. Aber Sie brauchen Sicherheit. Ich wage zu bezweifeln, dass eine zu mehr als 100 Prozent finanzierte Wohnung die notwendige Sicherheit für eine nachhaltige Investition bieten kann. Das ist viel zu riskant.

Es gibt Wagnisse, die sich später als Glücksfall erweisen – dazu gehören alle Beispiele, die ich in diesem Kapitel aufgezählt habe. Eine Immobilienversteigerung kann sich als Lottogewinn entpuppen. Ein Blindkauf mit Mieter ist wie der Kauf einer Überraschungstüte am Kiosk: Mal gibt es reihenweise saure Schnuller und Cola-Kracher, über die sich jedes Schulkind freut, mal findet man vertrocknete Marmeladenbonbons und zähe Lakritzschnecken. Aber seien wir ehrlich: Wir haben statt der Überraschungstüte viel lieber die bunte Tüte selbst zusammengestellt. Dann weiß man, was man hat.

Ebenso kann der Kauf des erstbesten Angebots ein Glücksgriff sein. Auch eine Finanzierung jenseits von Gut und Böse kann sich als Treffer ins Schwarze entpuppen – gerade wenn die Zinsen weiter fallen und die Inflation parallel dazu steigt, sodass sich die Hypothek im Vergleich zum Realwert des Geldes als das bessere Investment herausstellt. Die Frage ist nur, welche Seite die Wette gewinnt. Wagen Sie also nur etwas, wenn Sie den Verlust tatsächlich verschmerzen können. Für alles andere gilt: Seien Sie streng zu sich und klopfen sie sich bei jedem noch so geringen *Hoffentlich geht nichts schief!* ordentlich auf die Finger.

KAPITEL 4

MEHRFAMILIENHÄUSER SIND NUR ETWAS FÜR MILLIONÄRE

Wir nähern uns mit großen Schritten dem Ende unseres gemeinsamen Weges. Bevor ich mit einem letzten großen Vorurteil gegenüber dem Erwerb von Immobilien aufräumen werde, möchte ich zwei Themen Revue passieren lassen.

Sie erinnern sich noch an die *Kluge Else* und die Gefahr, vor lauter Angst gar nichts zu unternehmen. Dasselbe gilt natürlich auch für die entgegengesetzte Richtung. Dann heißt es wie im vorigen Kapitel: »Hochmut kommt vor dem Fall!« Gesundes Augenmaß und selbstkritische Reflexion sind bei jeder Form des Vermögensaufbaus essenziell. Deshalb rate ich von Wagnissen, die zu hohe Risiken bergen, immer ab. Dieses Sicherheitsbewusstsein ist zugleich einer der entscheidenden Gründe dafür, dass ich allen meinen Freunden vor allem zu einer ruhigen und langfristigen Investition in eine Immobilie rate. Denn hier sind das Wagnis und die Risiken überschaubar – in den meisten Fällen sogar planbar.

Abgesehen von gewaltigen Naturkatastrophen und großen Kriegen gibt es wenig Unvorhersehbares am Wohnimmobilienmarkt, weil:

1. Immobilien träge sind und in der Regel so langsam reagieren, dass die dann mögliche Reaktion sich häufig bereits selbst überlebt hat und sich gar nicht mehr lohnt (Sie erinnern sich an den Berliner Mietendeckel),
2. hinter den Preisen – mögen sie auch einmal kurzfristig fallen – ein realer und greifbarer Wert steht, der
3. auch noch eine Rendite (die Miete) erwirtschaftet.

Diese drei Faktoren – die Behäbigkeit des Investitionsguts Immobilie, der greifbare reale Wert hinter der Investition und die regelmäßige Rendite – sind für mich die Gründe, warum selbst die klügste Else unter uns in Immobilien investieren sollte.

Mit diesen drei Faktoren im Hinterkopf wollen wir uns nun dem Thema Augenmaß zuwenden. So wie es Schlösser gibt, die ganz klar eine Nummer zu groß für Ihren und meinen Geldbeutel sind, gibt es umgekehrt auch Investitionsmöglichkeiten, die wir als utopisch abtun, ohne deren Realisierbarkeit eingehend geprüft zu haben. Ich habe bereits von den vielen Diskussionen rund um das Thema, wer sich eine Immobilie leisten kann und wer nicht, berichtet. In vielen Foren und sozialen Netzwerken liest man häufig, dass eine Wohnung »viel zu teuer« sei oder sich das »eh nur Reiche« leisten könnten und so fort. In den meisten Fällen haben diese Kommentatoren sich nicht einmal die Mühe gemacht zu prüfen, ob ihr monatliches Mietbudget nicht ohne Weiteres in ein Immobilienbudget umgewandelt oder sogar um ein solches erweitert werden könnte. Diese falsche Bescheidenheit ist aus meiner Sicht ebenso ein Ausdruck von fehlendem Augenmaß. Was aber ist mit Ihnen, die Sie sich nun auf die Suche nach einer Wohnung zur Kapitalanlage machen: Muss es wirklich nur eine Wohnung sein? Oder könnte es vielleicht auch etwas mehr sein? Sagen wir: ein Mehrfamilienhaus? Darüber wollen wir jetzt sprechen.

Das Mehrfamilienhaus ist für die meisten Investoren in Wohnimmobilien die krönende Professionalisierung des Portfolios. In einzelne Wohnungen investieren der Privatmann und die Privatfrau – auf Mehrfamilienhäuser bieten auch Konzerne. Heißt das für Sie und mich: Hände weg von dieser allzu großen Last!? Ich schlage vor, dass wir uns dem Thema ohne Angst, ohne Übermut und ohne Emotionen nähern. So habe ich es seinerzeit auch getan.

Der triftigste Grund, nicht in ein Mehrfamilienhaus zu investieren, ist der Preis. Ein Mehrfamilienhaus besteht aus mehr Wohnungen und hat mehr Wohnfläche, ist also logischerweise in den meisten Fällen teurer als eine einzelne Wohnung. Auf dieses Argument, das uns allen einleuchtet, kommen wir nochmals zurück. Denn wir werden es mit aller Entschiedenheit hinterfragen.

Zunächst einmal sollten Sie sich aber bewusst machen, dass die meisten der uns bekannten Nachteile einer einzelnen Wohnung bei einem Mehrfamilienhaus automatisch wegfallen. Wer ein Mehrfamilienhaus sein Eigen nennt, benötigt für Investitionsmaßnahmen keine Entscheidung der WEG. Auch der übrige Verwaltungsaufwand fällt deutlich niedriger aus, sodass hier Jahr für Jahr Kosten und Ausgaben gespart werden können. Ein Beispiel aus der alltäglichen Praxis: Für die meisten WEG-Beschlüsse müssen Vergleichsangebote eingeholt werden, für deren Erstellung Dienstleister in der Regel bereits Gebühren veranschlagen – wer Alleineigentümer eines Miethauses ist, muss das hingegen nicht tun.

Ein weiteres wichtiges Argument ist der Renditepool, den ein Mehrfamilienhaus mit sich bringt. Sie erinnern sich noch an die

Diskussion zum Thema All-inclusive-Betreuung, die wir geführt haben. Da ging es um die Frage, ob Mietpools und andere Rund-um-sorglos-Pakete zu erheblichen Mehrkosten führen. Unsere klare Antwort lautete: ja. Denn für die Verwaltung des Mietpools verlangen die Anbieter abermals Gebühren. Die vermeintliche Sorglosigkeit hat ihren Preis, der sich bei der monatlichen Rendite bemerkbar macht. Dieser Nachteil bei einer Einzelwohnung wird bei einem selbst verwalteten Mehrfamilienhaus zu einem klaren Vorteil. Denn hier existiert der Mietpool real – ohne dazwischengeschaltete Verwalter- und Verteilermandate.

Verständlicherweise schwindet mit steigender Anzahl der vermieteten Wohnungen auch die Gefahr des Leerstands und dadurch entgangener Einnahmen. Wer »nur« eine große Wohnung vermietet, verzeichnet bei Leerstand 100 Prozent Verlust. Wer zwei mittelgroße Wohnungen vermietet, verzeichnet bei Leerstand einer der beiden Wohnungen 50 Prozent Verlust. Und wer ein Mehrfamilienhaus mit zehn kleinen Wohnungen vermietet, verzeichnet bei Leerstand einer der zehn Wohnungen 10 Prozent Verlust.

Diese und einige weitere Argumente sprechen für das Mehrfamilienhaus – wäre da nur nicht der Preis! Lassen Sie uns das also im nächsten Schritt etwas genauer unter die Lupe nehmen.

> Streuen Sie Ihre Risiken! Diese Regel gilt auch für Investitionen in Immobilien. Wer zwei große Wohnungen vermietet, hat ein höheres Ausfallrisiko, als der Eigentümer eines Mietshauses mit sechs kleinen Wohnungen.

Wir übertragen nun die geringere Sicherheit der einzelnen Wohnung und die größere Sicherheit, die das Mehrfamilienhaus dem Vermieter aufgrund seiner größeren Anzahl an einzelnen Wohnungen bietet, auf die Praxis der Investition. Angenommen, Sie würden sich für eine finanzierte Kapitalanlage in eine Immobilie entscheiden: Wie gehen wir vor?

Zunächst einmal erinnern wir uns an die Eigenkapitalquote. Wir haben bereits besprochen, dass wir rund 20 bis 30 Prozent Eigenkapital auf die Bruttoerwerbskosten voraussetzen sollten – auch, um die Kluft zwischen Kapitaldienst und Mieteinnahmen in ein gesundes Verhältnis zu setzen.

Mit diesen Informationen rechnen wir nun weiter. Bei 25 000 Euro Eigenkapital darf der Netto-Kaufpreis einer potenziellen Wohnung bei knapp 90 000 Euro liegen; bei 50 000 Eigenkapital bei rund 175 000 Euro; bei 150 000 Euro Eigenkapital kann er bis zu 500 000 Euro betragen. Auch wenn sich die Zahlen verändern, bleiben die Verhältnisse und Kostenparameter bekanntlich gleich.

Für unsere Rechnung setzen wir dieses Mal 150 000 Euro Eigenkapital an – eine stattliche Summe, aber auch nicht übertrieben für eine solide Investition in eine Immobilie. Sollten Sie damit nur nach einer einzelnen Wohnung Ausschau halten? Für 500 000 Euro gibt es in vielen deutschen Mittelstädten noch immer deutlich mehr als 120 Quadratmeter Wohnraum. Eine solche Investition erscheint also durchweg lohnenswert. Ein Weg wäre nun die Suche nach einer größeren Bestandswohnung, die Sie dann an einen Mieter vermieten oder mit Mieter übernehmen.

Ich werde jetzt aber etwas wagemutiger und schlage Ihnen vor, statt nach einer einzelnen Wohnung nach einem kleinen Mehrfamilienhaus zu suchen. Viele stellen sich unter einem Mehrfamilienhaus gleich ein Palais aus der Gründerzeit mit einem Dutzend großzügigen Wohnungen im Vorderhaus und im Seitenflügel oder ein Apartmenthaus mit 20 und mehr Parteien aus der Nachkriegszeit vor. Das meine ich aber eben nicht. Wie wäre es, wenn Sie sich nach einem Haus umschauen mit drei, vier oder fünf kleinen Wohnungen? Bestünde da nicht die Möglichkeit, die Vorteile des Mehrfamilienhauses gegenüber einer einzelnen Wohnung bei ähnlich hohen Investitionskosten auszunutzen?

Denken Sie an dieser Stelle unbedingt nochmals an die Logik der Investition zurück. Dann werden Sie mir zustimmen müssen: In den meisten Fällen lohnt sich an dem Standort, an dem Sie investieren wollen, tatsächlich eher die Kapitalanlage in ein kleines Mehrfamilienhaus als in eine einzige, dafür größere Wohnung in vermutlich auch besserer Lage. Auf der einen Seite streuen Sie die Ausfallrisiken und auf der anderen Seite erwirtschaften Sie höhere Mieterträge, da kleinere Wohnungen im Verhältnis teurer vermietet werden als große Wohnungen. Denken Sie dabei bitte konkret an eine mittelgroße Stadt in maximal einstündiger Entfernung von Ihrem Wohnort, in der Nachfrage, demografische Entwicklung und wirtschaftliches Wachstum in einem gesunden Mittelfeld spielen.

Schließlich gibt es einen letzten Punkt, den ich beim Erwerb einer einzelnen großen Wohnung zur Vermietung anbringen möchte. Der Hang zur Investition in eine größere und teurere Wohnung in besserer Lage ist für mich aus Erfahrung auch immer ein gefährliches Anzeichen dafür, dass man sich als Investor zu sehr mit der Immobilie identifiziert. Sie und ich aber wissen inzwischen sehr genau, dass wir bei der Investition in eine vermietete Immobilie zur Kapitalanlage keineswegs für uns selbst kaufen. Hüten Sie sich vor dem Gefühl, dass *Ihnen* Ihr Renditeobjekt gefallen könnte oder sogar müsste. Hier geht es nicht um

Geschmack, sondern um finanzielle Unabhängigkeit! Wenn Sie sich dieses Thema nochmals in Erinnerung rufen wollen, dann nur zu! Schlagen Sie im Kapitel *Kaufen Sie nicht für sich!* nach. Das war unser Einstieg in die Welt der Immobilieninvestitionen. Und ich habe nicht ohne Grund mit dem Thema der emotionalen Bindung zwischen Investor und Immobilie angefangen – und mit ihr gebrochen.

Den Mutigen gehört die Welt: So heißt der letzte Abschnitt unseres gemeinsamen Weges. Daher möchte ich am Schluss auch ein Geheimnis lüften: Nach dem Kauf meiner ersten beiden Wohnungen habe auch ich mich als Nächstes auf die Suche nach einem Mehrfamilienhaus gemacht. Ich hatte bereits die notwendige Erfahrung beim Erwerb von vermietetem Wohneigentum und habe mir diese größere Investition mit entsprechend mehr unbekannten Variablen endlich zugetraut. Erst recht habe ich keine Angst mehr vor Sanierungen und Leerstand gehabt, da ich bereits genügend Erfahrung im Management meines Eigentums gesammelt hatte. Dass von den vier Wohneinheiten eine Wohnung nicht vermietet war und eine weitere sicher in den kommenden Jahren saniert werden musste, hat mir keine Sorgen bereitet. Im Gegenteil: Es hat meine Neugier und meinen Ehrgeiz als angehende Vermieterin geweckt, zumal das Gebäude an sich gut in Schuss war.

Das Haus, das ich gekauft habe, hat 540 000 Euro gekostet. Ich lag also mit meiner Investition nicht weit hinter unserem Rechenbeispiel und im guten Mittelfeld privater Immobilieninvestitionen. Was ich dafür erhalten habe, ist dagegen weitaus mehr: Nicht nur die Erfahrung, sondern auch das Eigentum an einem Mehrfamilienhaus sind für mich als Investorin und für jedes Institut, das mich finanziert, ein Zeichen dafür, dass ich gelernt habe, meine Finanzen selbstständig zu verantworten.

Sie erinnern sich vielleicht noch an den Anfang des Buches, als wir vom *hässlichen Entlein* gesprochen haben. Diese Regel sollte Sie stets leiten. Das gilt erst recht für den Kauf eines Mehrfamilienhauses – auch ich habe mich an diese Regel gehalten. Wenn Dach, Leitungen, Fassade und Gemeinschaftsbereiche wie Treppenhaus, Flur und Keller in Ordnung sind und keine hohen Investitionen nach sich zu ziehen drohen, dann kann eine Investition in ein Mehrfamilienhaus rentabler sein als in eine einzige Wohnung. Die Renovierung, ja selbst die Sanierung einzelner kleiner Einheiten innerhalb des Mehrfamilienhauses sind kalkulierbare Kosten, zumal sie nach dem Auszug eines Bestandsmieters ohnehin Renovierungsarbeiten vornehmen werden, um bei der Neuvermietung eine bessere Miete zu erzielen. Ich darf an dieser Stelle sagen, dass sich mein Fokus auf Mehrfamilienhäuser verschoben hat. Alles, was ich beim Kauf einzelner Wohnungen gelernt habe, kann ich hier unmittelbar anwenden – der Effekt ist dabei stets deutlich größer als bei einer einzelnen Wohneinheit.

Wenn Sie nun, liebe Leserin, also eines mitnehmen, dann das: Fangen Sie möglichst bald mit dem Aufbau Ihres Vermögens an. Und: Fangen Sie klein und im Rahmen Ihrer Möglichkeiten an. Als ich meine erste Mietwohnung gekauft habe, hätte ich mir den Erwerb eines Mehrfamilienhauses nicht träumen lassen. Das wäre seinerzeit auch absolut wahnsinnig gewesen. Ich wäre mit der Investition schlicht überfordert gewesen. Heute aber traue ich mir das Mehrfamilienhaus zu – eben weil ich in den vergangenen Jahren die notwendigen Erfahrungen beim Kauf einzelner Mietobjekte gesammelt habe. Anfangen musste auch ich also klein – und vor allem *musste* ich anfangen. Diesen ersten Schritt sollten Sie wagen. Und meine Empfehlung ist, dass der erste Investitionsschritt für jede Frau jener wichtige Schritt in eine kleine, vermietete Immobilie sein sollte.

AUF GEHT'S

Es ist an der Zeit, dass Sie sich aufmachen in die Welt der Eigenverantwortung. Machen Sie sich gleich jetzt auf – wenn Sie es nicht schon längst getan haben – und beginnen Sie mit der Umsetzung Ihres persönlichen Vorsorgeplans zur Vermögensbildung. Überfliegen Sie noch einmal die Kapitelüberschriften, schauen Sie sich Ihre Notizen an, machen Sie sich eine kleine Liste mit den berühmten *next steps*. Hier habe ich die wichtigsten dieser nächsten Schritte aufgelistet:

1. Erstellen Sie eine ehrliche Übersicht Ihrer tatsächlichen Einnahmen und Ausgaben.
2. Verschaffen Sie sich einen Überblick über Ihre regelmäßigen Rücklagen.
3. Schauen Sie sich Ihre Schulden an. Arbeiten Sie daran, Ihre Privatkredite frühzeitig abzulösen und kündigen Sie Ihren Dispositionskredit.

Denken Sie auch an eines unserer ersten Kapitel zurück: Den Marshmallow-Test, den wir gemeinsam in einen Schuh-Test umgewandelt haben. Sofern Sie diesen Versuch nicht gleich unternommen haben, habe ich eine ernsthafte Bitte: Tun Sie es! Überlegen Sie, welchen Konsumwunsch Sie sich am liebsten erfüllen würden, und verzichten Sie im letzten Augenblick aktiv darauf. Dieses Geld ist ein Unterpfand Ihrer finanziellen

Unabhängigkeit – ein wenig wie der erste verdiente Dollar eines Unternehmers, der gerahmt an der Wand hängt und eben nicht ausgegeben wird.

Der Aufbau eines kapitalgedeckten Vermögens ist nichts, was über Nacht gelingt. Ich hoffe, dass ich Ihnen das verständlich machen konnte. Niemand wird wohlhabend und unabhängig wie im Märchen – und gerade deswegen ist es entscheidend, mit dem Vermögensaufbau möglichst früh anzufangen. Sind die Schritte noch so klein, Monat für Monat und Jahr für Jahr werden sie größer. Sie werden daher in einigen Jahren sehen, wie Sie unmerklich Ihren finanziellen Status geändert und damit Ihren ökonomischen Radius erweitert haben.

Auch das habe ich immer wieder betont: Um finanzielle Unabhängigkeit zu erreichen, dürfen Sie nicht erst in den letzten zehn Jahren vor dem Renteneintrittsalter damit beginnen. Dann ist es längst zu spät, und Sie werden gezwungen sein, Ihre Ausgaben im Alter zu reduzieren. Umgekehrt gilt aber: Wenn Sie früh, am besten in den ersten Jahren Ihres beruflichen Werdeganges, mit dem Aufbau Ihres kapitalgedeckten Vermögens beginnen, dann werden Sie auch deutlich früher finanziell unabhängig, und diese Unabhängigkeit wird Ihr Leben lang andauern. Dies zu erreichen, liegt ausschließlich in Ihrer Verantwortung – kümmern Sie sich also um sich, niemand anders kann es so gut wie Sie!

Sie werden dann sehen, dass finanzielle Unabhängigkeit kein Selbstzweck ist, sondern Ihnen mehr Freiheit bietet. Wer finanziell unabhängig ist, ist auch in seinen Entscheidungen freier. Ich möchte, dass mehr Frauen sagen können: *Ich lebe so, wie ich es will!* Um das zu erreichen, brauchen wir Frauen mehr finanzielle Unabhängigkeit. Und finanzielle Unabhängigkeit beginnt mit dem Vermögensaufbau.

Das Thema Märchen, das ich eben angesprochen habe, haben wir hinreichend am Beispiel der *Klugen Else* diskutiert. Erinnern Sie sich bitte an die wichtigsten drei Lehren, die wir aus dieser Geschichte mit einem sehr wahren Kern gezogen haben.

Da ist auf der einen Seite die jammernde Else, die den Rentenbescheid liest und sich selbst wegen ihrer Zukunft bemitleidet. Aber sie unternimmt nichts, um ihre Situation zu verbessern und aus dieser Sackgasse herauszukommen. So ist es auch in der Wirklichkeit: Sie werden in den sozialen Netzwerken und auch sonst in Zeitungen und Zeitschriften viel Kritik darüber lesen, dass die Altersvorsorge der Menschen am seidenen Faden hängt, dass sehr vielen Altersarmut droht, dass das Gehalt gleichzeitig nicht ausreicht, um etwas zurückzulegen, und dass, selbst wenn Sie Geld zurücklegen könnten, die Zinsen so niedrig sind oder die Inflation so hoch ist, dass es sich gar nicht lohnt. Mein Fazit – und ich hoffe inständig, dass es auch das Ihrige ist: Ausreden gibt es immer, um etwas *nicht* zu tun. Wir haben daher umso mehr Grund, *aktiv* zu werden – und zwar: jetzt!

Wenn Sie nun also aktiv werden, müssen Sie auch mit Risiken umgehen. Das ist die zweite Lehre, die wir aus dem Märchen ziehen sollten. Ein Leben ganz ohne Risiko gibt es nicht, auch wenn dies eine unliebsame Wahrheit ist. Von der Kreuzhacke bis zur Kellertreppe – es gibt immer etwas, was schiefgehen kann. Aber wenn Sie einfach nur sitzen bleiben und nichts unternehmen, dann wird gar nichts geschehen, und das wäre noch gefährlicher.

Und auch die dritte Lehre aus der *Klugen Else* vergegenwärtigen Sie sich bitte nochmals: So wie es keinen Sinn ergibt, über die Zukunft zu jammern und dabei nichts zu tun, ergibt es auch keinen Sinn, über die verpassten und verpatzten Gelegenheiten der Vergangenheit zu jammern. Es bringt nichts, sich vorzustellen, was alles gewesen wäre, wenn Sie denn früher etwas unternommen hätten. Lassen Sie die Vergangenheit Vergangenheit sein und nutzen Sie die Zeit, die vor Ihnen liegt.

Es gibt zahlreiche Vertiefungsthemen, die wir in diesem Buch nicht ansprechen konnten. Ich wollte Sie wachrütteln und Ihnen klarmachen, dass Sie aktiv werden müssen. Aber das heißt nicht, dass Sie jetzt alles über Ihre Finanzen und Ihre finanzielle Unabhängigkeit wissen. Im Gegenteil: Die Beschäftigung mit Ihrem Vermögensaufbau sollte mit weiterer Bildung und zunehmender ökonomischer Neugier einhergehen. Denn die Wahrscheinlichkeit ist sehr groß, dass auch Sie zu der Mehrheit der Frauen gehören, die sich bisher nicht um Geld gekümmert hat. Sie sind finanziell unterversorgt. Falls Ihre aktuellen Einkommensströme wegfallen, würden Sie wahrscheinlich schlecht dastehen – jedenfalls schlechter als die meisten Männer. Selbst gutverdienende Frauen – und davon gibt es immer mehr in unserem Land – haben keine ausreichende Altersvorsorge, verfügen über kein passives Einkommen, haben zu wenig Vermögen. Um Ihnen die Gefahren dieser Situation und die Auswege daraus aufzuzeigen, ist dieses Buch da. Sie haben es gelesen und den ersten Schritt in Richtung finanzielle Unabhängigkeit getan. Jetzt liegt es an Ihnen, viele weitere kleine und größere Schritte zu unternehmen.

Wir haben in diesem Buch viel über Kapitalanlagen in reale Werte gesprochen, und zwar in die realsten der realen Werte – nämlich Immobilien. Warum das so ist, liegt natürlich auch an meiner beruflichen Expertise. Aber verblüfft es Sie, liebe Leserin, dass sehr erfolgreiche Unternehmerinnen und Unternehmer einen überdurchschnittlich großen Teil ihres Vermögens am Ende in Immobilien investieren? Ist es die Sicherheit, die sie suchen? Ist es die mehrfach angesprochene Langsamkeit, mit der Immobilien auf Marktentwicklungen reagieren? Ist es die Immobilie und insbesondere die Wohnimmobilie als solche, die uns Menschen als Investitionsgut sympathisch scheint?

Ich bin überzeugt, dass es eine Mischung aus all diesen unterschiedlichen Facetten ist, die Immobilien so attraktiv machen. Ihr Ziel muss sein, Risiko- und Sicherheitsfaktoren möglichst gleichwertig gegeneinander aufzuwiegen. Deshalb empfehle ich Ihnen, Immobilien zur Kapitalanlage zu einem zentralen Element Ihres Vermögensaufbaus zu machen. Schließe ich andere Investitionsmöglichkeiten damit aus? Keineswegs! Und deswegen ist dieses Buch der Anfang. Fangen Sie mit Immobilien an, und dann geht es weiter mit Wertpapieren und anderen Investitionsmöglichkeiten.

Vor allem dürfen Sie sich nicht ausruhen und glauben, dass Sie nun, nach der Lektüre dieses Buches, genug über finanzielle Unabhängigkeit und Vermögensaufbau wissen. Mein Ziel ist es vielmehr, *Sie* wachzurütteln, damit *Sie* neugierig werden. Schauen Sie sich um, lesen Sie mehr zu Finanzthemen und machen Sie die Beschäftigung mit Ihrem Vermögen zu einem Bestandteil Ihrer täglichen ökonomischen Hygiene.

So wie Sie sich morgens und abends die Zähne putzen, so wie Sie Sport machen und duschen, die Haare kämmen, die Nägel schneiden, kurzum: so wie Sie sich um Ihre körperliche Hygiene kümmern, gibt es auch die Routine der ökonomischen Hygiene. Früher hat man für diese ökonomische Hygiene ein Haushaltsbuch geführt – Mädchen lernten in der Schule, es zu führen. Doch dieses Wissen allein wird nicht ausreichen. Ökonomische Hygiene ist ein Element auf dem Weg zu Ihrer finanziellen Freiheit. Sie müssen vor allem lernen zu investieren. Nur wenn Sie mittels Investitionen ein Vermögen aufbauen, das Ihnen langfristig passive Einnahmen beschert, werden Sie finanziell selbstbestimmt und unabhängig werden. Denn obwohl die Menschheit noch nie zuvor eine derart vermögende Gesellschaft wie die unsrige kannte, kann man sich vom monatlichen Gehalt und der späteren Rente nur sehr wenig leisten, vor allem wenn man eine Frau ist.

Nun haben wir in den vergangenen Kapiteln eines immer wieder gesehen: Man muss sich nicht ständig um seine Finanzen kümmern, um finanziell erfolgreich und unabhängig zu sein – Sie müssen sich auch nicht nach jedem Schluck Kaffee die Zähne putzen. Aber ein gewisses gesundes Maß der Beschäftigung mit dem eigenen Geld zahlt sich langfristig aus.

Fest steht dabei folgende Erkenntnis: So träge, langsam und unwegsam wie Investitionen in Immobilien ist kein anderes Asset. Und gerade dieser vermeintliche Nachteil von Immobilien entpuppt sich als deren größter Vorteil. Immobilien lassen sich nicht über Nacht zu Geld machen; Immobilien gewinnen, verlieren aber auch nicht über Nacht an Wert. Ihr Wert und ihr Preis entwickeln sich stetig, über Jahre und Jahrzehnte. So können Sie später, Jahrzehnte später, von Investitionen in frühen Jahren profitieren. Dieses Buch soll Ihnen die Vorzüge aufzeigen und verdeutlichen, worauf Sie dabei achten sollten. Ich wollte einige Vorurteile ausräumen und Ihnen nach Möglichkeit viele Ängste nehmen – vor allem mit Blick auf das Volumen der Investition und den Schuldenberg, den man sich in den meisten Fällen beim Kauf einer Immobilie auflädt.

Meine abschließende Frage an Sie ist daher hoffentlich rhetorischer Art: Handelt es sich bei der Hypothek, die Sie beim Kauf einer Immobilie zur Kapitalanlage aufnehmen, tatsächlich um konventionelle Schulden? Ich sage nein. Denn die Hypothek, die Sie aufnehmen, ist bereits zum Zeitpunkt des Kaufes gedeckt durch den realen Wert der Immobilie, der zudem mit sehr hoher Wahrscheinlichkeit Jahr für Jahr weiterwachsen wird. Und das Wichtigste an diesem Wert: Er gehört ganz und gar *Ihnen*. Anders als bei Aktien und anderen Wertpapieren, Beteiligungen und sonstigen Eigentumsverhältnissen bei Investitionen, ist die vermietete Immobilie, die Sie Ihr Eigentum nennen dürfen, eine kapitalgedeckte Vermögensklasse für sich. Wann immer Sie sich in Ihrem Leben um anderweitige Finanzierungen kümmern werden, wird Ihnen das Kreuzchen hinter der Frage, ob Immobilien vorhanden sind, Tür und Tor öffnen: Die vermietete Immobilie ist der Schlüssel zu Ihrer finanziellen Unabhängigkeit. Und genau das möchte ich mit diesem Buch erreichen: *Ich möchte, dass Sie mutig und entschlossen die Verantwortung übernehmen, die notwendig ist für ein sorgenfreies und finanziell selbstbestimmtes Leben.*

Was mir nun zu tun bleibt, ist, Ihnen viel Erfolg zu wünschen! Nutzen Sie die Zeit, die Sie vor sich haben, um zu investieren. Und warten Sie nicht, beginnen Sie: jetzt!

Ihre Laura Victoria Schick

ANMERKUNGEN

1 https://www.bpb.de/kurz-knapp/zahlen-und-fakten/soziale-situation-in-deutschland/158603/altersarmut/ (Zugriffsdatum: 4.11.2022)

2 https://www.focus.de/finanzen/altersvorsorge/heute-kaum-zu-erreichen-61-rentner-in-deutschland-bekommen-mehr-als-3000-euro-im-monat_id_10528159.html (Zugriffsdatum: 4.11.2022)

3 https://www.presseportal.de/pm/65820/4162851 (Zugriffsdatum: 08.11.2022)

4 https://www.presseportal.de/pm/65820/4162851

5 https://www.bpb.de/nachschlagen/zahlen-und-fakten/soziale-situation-in-deutschland/61754/einkommen-privater-haushalte (Zugriffsdatum: 10.11.2022)

6 https://www.ndr.de/ratgeber/gesundheit/Pflegeheim-Wie-teuer-ist-ein-Platz,pflegeheimkosten100.html (Zugriffsdatum: 4.11.2022)

7 https://www.faz.net/aktuell/wirtschaft/mehr-wirtschaft/frauen-erhalten-425-euro-monatlich-weniger-rente-17097032.html (Zugriffsdatum: 10.11.2022)

8 https://www.destatis.de/DE/Themen/Arbeit/Arbeitsmarkt/Qualitaet-Arbeit/Dimension-3/elternzeit.html (Zugriffsdatum: 10.11.2022)

9 https://www.sparkasse.de/themen/finanzielle-unabhaengigkeit-frauen/altersarmut-frauen.html (Zugriffsdatum: 10.11.2022)

10 Entsprechend liegt das Medianvermögen pro Kopf (das Medianvermögen hat mehr Aussagekraft, da es um die Ausreißer nach oben und nach unten bereinigt ist) in den Vereinigten Staaten bei 65 000 Dollar; in Deutschland liegt es pro Kopf bei 35 000 Dollar.

11 Oliver Koch: Die Zinsen bestimmen die Preise. Erschienen auf: https://finanzwelt.de/die-zinsen-bestimmen-die-preise/?fbclid=IwAR3P-GCmL7EGYSlv8r-vX-RmQafzL84GiDymyKXK67IVE9nwDQlP2kOHVhE (Zugriffsdatum: 8.11.2022)

Finanzielle Intelligenz

Niclas Lahmer

Geld besitzt seine ganz eigenen Regeln und finanziell intelligente Menschen kennen diese Gesetze des Erfolgs. Sie spielen nach den neuen Regeln, während sich der Rest weiterhin nach Althergebrachtem richtet. Niclas Lahmer erläutert anschaulich in seinem Buch, was es bedeutet, finanziell intelligent zu handeln und dabei zu lernen, was die Bildungspolitik jungen Menschen verweigert. Er zeigt neue Wege auf und lehrt, wie finanzielle Chancen entstehen, wie Geld für Sie arbeiten kann und wie Sie finanziell erfolgreich werden. Egal wo Sie gerade in Ihrem Leben stehen, Sie können immer das Ruder herumreißen und durch Ihre Entscheidungen alles verändern.

176 Seiten | Hardcover | 17,99 € (D) | ISBN 978-3-95972-102-8

MONEYMAKERS

Aya Jaff

MONEYMAKERS zeigt, wie junge Leute den Schritt an die Börse schaffen und welche Anlagestrategien ihnen am besten zum Erfolg verhelfen. Sie erfahren, wie man im Internet nach den richtigen Informationen sucht, online investiert und welche Apps sinnvolle Begleiter sind. MONEYMAKERS zeigt nicht nur Chancen auf, sondern erläutert anhand von Alltagsbeispielen, warum sich junge Leute mit dem Thema Wirtschaft und Börse beschäftigen sollten. Viele Interviews von bereits erfolgreichen Anlegern und Unternehmern wie Tim Draper, einem der angesehensten Investoren im Silicon Valley, bieten zudem einen interessanten Einblick in deren Alltag – mit handfesten Tipps der Profis. Ein absolutes Must-read für junge Leute, die Börse und Co. verstehen und endlich mitmischen wollen!

240 Seiten | Softcover | 16,99 € (D) | ISBN 978-3-95972-022-9